U0922089

珍藏本
纪念版

汉译世界学术名著丛书

心的分析

〔英〕伯特兰·罗素 著

贾可春 译

商务印书馆
SINCE 1897
The Commercial Press

2017年·北京

Bertrand Russell
THE ANALYSIS OF MIND

本书根据 Routledge 出版社 2002 年版译出

汉译世界学术名著丛书
（120年纪念版·珍藏本）
出 版 说 明

2017年2月11日，商务印书馆迎来120岁的生日。120年前，商务印书馆前贤怀揣文化救国的理想，抱持"昌明教育，开启民智"的使命，立足本土，放眼寰宇，以出版为津梁，沟通中西，为中国、为世界提供最富智慧的思想文化成果。无论世事白云苍狗，潮流左右激荡，甚至战火硝烟弥漫，始终践行学术报国之志，无改初心。

迻译世界各国学术名著，即其一端。早在20世纪初年便出版《原富》《天演论》等影响至今的代表性著作，1950年代后更致力于外国哲学和社会科学经典的译介，及至1980年代，辑为"汉译世界学术名著丛书"，汇涓为流，蔚为大观。丛书自1981年开始出版，历时三十余年，迄今已推出七百种，是我国现代出版史上规模最大、最为重要的学术翻译工程。

丛书所选之书，立场观点不囿于一派，学科领域不限于一门，皆为文明开启以来，各时代、各国家、各民族的思想与文化精粹，代表着人类已经到达过的精神境界。丛书系统译介世界学术经典，引领时代思想，为本土原创学术的发展提供丰富的文化滋养，为推动中国现代学术和现代化进程做出了突出的贡献。

为纪念商务印书馆成立120周年，我们整体推出“汉译世界学术名著丛书”120年纪念版的珍藏本，寄望既利于文化积累，又便于研读查考，同时向长期支持丛书出版的译者、编者和读者致以敬意。

两甲子后的今天，商务印书馆又站在了一个新的历史时间节点上。我们不仅要铭记先辈的身影和足迹，更须让我们的步伐充满新的时代精神。这是商务人代代相传的事业，更是与国家和民族的命运始终紧密相连的事业。我们责无旁贷，必须做好我们这代人的传承与创造，让我们的努力和成果不仅凝聚成民族文化的记忆，还能成为后来人可以接续的事业。唯此，才能不负前贤，无愧来者。

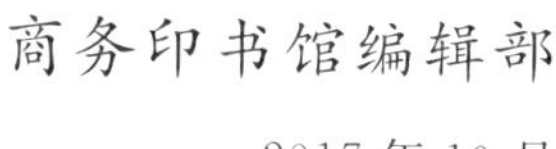

2017年10月

译者序

《心的分析》是伯特兰·罗素(1872—1970)于1921年写成的一部著作,也是早期分析哲学史上的一部经典之作。

一

罗素是现代英国著名的逻辑学家、数学家、哲学家、文学家及社会活动家。在哲学上,他是分析哲学、语言哲学及新实在论的创始人。在其哲学生涯的最初时期,罗素受当时的英国新黑格尔主义代表布拉德雷及麦克塔加特的影响,对黑格尔哲学抱有好感,相信内在关系说及真理一元论。但后来在另一位英国哲学家摩尔(也曾信奉德国唯心论)的带领下,从1898年开始,他逐步摆脱了新黑格尔主义的影响,并与后者一道创立了英国新实在论哲学。罗素的新实在论哲学,坚持外在关系说及与之相关的多元论,而反对内在关系说及与之相关的一元论,并认为心、物、共相及个体都是世界的终极实体。这种新实在论哲学的基本立场比较集中地体现在他于1912年出版的《哲学问题》一书中。此书出版后不久,罗素就着手写一部知识论问题的著作,原计划完成的这本著作的基本立场仍然是实在论的。但在罗素尚未写就时,维特根斯坦就对

手稿提出了“最猛烈”的批评，而且这种批评对当时的罗素的哲学来说几乎是毁灭性的，因为它使罗素在随后的几年中陷入了一种“彻底绝望”的状态，甚至认为自己“绝不能再希望去搞哲学基本问题的研究了”，并逐步对自己的新实在论哲学产生动摇；而且，由于维特根斯坦的批评，罗素关于知识论问题的手稿最终未能出版（该书稿已于上个世纪八十年代在英国出版，即 *Theory of Knowledge*：*the 1913 Manuscript*，London：George Allen & Unwin，1984）。就在产生动摇与绝望的过程中，罗素读到了美国哲学家詹姆士的有关著作，后者的中立一元论哲学给他带来了新的启发与希望。这最终导致他在上个世纪二十年代前后放弃新实在论哲学，并提出了其自己的中立一元论。罗素的中立一元论认为，世界的终极实体既非心、亦非物，而是一种比二者都更基本的材料即感觉；心物之间不存在根本的差别，二者乃殊相的不同组合的结果，或者说都是抽象的逻辑的构造。

从新实在论到中立一元论，是罗素哲学思想的一次最重要的转变；而这种转变，首先就体现在 1921 年出版的这部《心的分析》中。罗素的中立一元论思想是首次在这本书中得到系统的表述的。正如他在序言中所说，他的主要目的就是针对心理学所关心的现象，“努力而详尽地阐述”詹姆士的中立一元论观点。（当然，罗素的中立一元论并非詹姆士的中立一元论的翻版，它有其自己的许多重要创见。）在本书中，罗素首先批评了当时流行的并且也是他自己此前所主张过的一种意识观，它的主要代表是奥地利哲学家布伦坦诺和迈农。这种观点认为，全部精神事件的本质特征就在于意识，而意识自身则是与对象的一种关系。具体到认识论问题上，这种观点认为，任何关于一个对象的思想都包含行为、内容与对象三种成分。但是罗素认为，通常所谓的“意识”是不存在的，而行为乃多余之物，与经验观察不相容，而且思想的本质并非在于同对象的关联。这一批评是罗素全部心的分析的前提。然后，在这种批评的基础上，罗素以信念-欲望的心理学为背景，深入地分析了信念、欲望及情感等各类精神现象，并由此重建了一种新的心灵概念，而且也回答了通常所谓的意识及主观性实际为何物。罗素对精神现象的探讨，始终是在吸收了詹姆士的中立一元论及华生的行为主义思想中他认为是合理的成分的基础上进行的。在分析的终了，罗素着重指出：(1)物理学和心理学并不是通过它们的材料而得以区分的，心与物同样都是逻辑的构造；(2)心灵是一个程度的问题，此种程度主要体现在习惯的数量与复杂性上；(3)我们的所有材料，包括物理学的和心理学的，都服从于心理学的因果律，而心理学则更接近于实际。

罗素在本书中提出的中立一元论，不仅代表了罗素对自己此前基本哲学观点的背离，而且也是他此后所有哲学研究的新起点，他后来在不同年代出版的《物的分析》、《意义与真理的探究》及《人类的知识：其范围与限度》等书，大体上都坚持了中立一元论立场(尽管后两部著作在一定程度上背离了其经验论原则)，所以此书在罗素哲学的发展中具有十分重要的地位。

二

罗素曾于1920年10月至1921年7月应邀来华讲学。在华期间，罗素就政治、教育、宗教、哲学及科学等许多问题在全国各地作了一系列的讲演。这其中就包括“心的分析”。“心的分析”是罗素于1920年11月至1921年2月期间在北京大学第一院所作的讲演。罗素原计划把这个题目分为十五讲，也就是本书的第一至第十五讲的内容。罗素在北京期间的确就这个问题做了十五次讲演，但由于生病，这十五次讲演的内容实际只讲了原计划中的七讲，分别是本书的第一、二、三、四、六、八、九讲。在剩余的八讲中，第五讲（“心理的及物理的因果律”）及第十三讲（“真与假”）的内容，在罗素于1920年11月至1921年1月在北京大学第三院及北京琉璃厂高师礼堂所作的“哲学问题”系列讲演中部分地讲过。因此，原计划的十五讲中，实际上只有六讲没有讲。罗素在中国作了“心的分析”的讲演后，讲稿当时很快就由记录者整理出来并出版，比如1921年北京大学新知书社出版了《心之分析》（孙伏庐记录），还有1922年惟一日报社出版了《罗素及勃拉克讲演集》（宋锡军和李小锋记录），里面亦有“心的分析”。但是，当时根据对现场的中文翻译所作的记录而整理出来的这些东西，与罗素后来在英国出版的这部《心的分析》相比，在文字上有相当大的出入。

《心的分析》的写作开始于1918年，那时罗素尚因反对英国政府参与第一次世界大战而被关在狱中。罗素于当年5月入狱，9月出狱，出狱后于1920年5月访问苏联，后于年底来华讲学，最终于1921年在中国完成了本书的写作。

本书英文版最早于1921年，作为缪尔赫德哲学丛书（the Muirhead Library of Philosophy）的一部分，由乔治·艾伦-昂温出版社（George Allen & Unwin）在英国出版。国内的商务印书馆曾于1947年出版过李季先生翻译的中译本，后又经过修订，于50年代末及60年代初重印。

贾可春

2009年1月于石家庄

目　　录

序 viii

本书是试图调和两种不同倾向的结果。这两种倾向，一种在
心理学中，另一种在物理学中。我发现自己对这两种倾向都表示
赞同，尽管乍看上去它们似乎是相悖的。一方面，许多心理学家，
尤其是行为主义学派的那些人，倾向于采纳本质上是唯物论的立
场，并把它当作一个方法问题——假如不是当作一个形而上学问
题。他们使心理学日渐依赖于生理学及外在的观察，并倾向于把
物质看作是某种比心灵更坚实、更无可置疑的东西。与此同时，物
理学家，尤其是爱因斯坦及相对论的其他阐释者，已使“物质”越来 1
越不成其为物质了。他们的世界是由“事件”构成的，而“物质”则
是通过逻辑构造从“事件”中获得的。例如，任何读爱丁顿教授《空
间、时间与重力》(*Space*, *Time and Gravitation*, Cambridge
University Press, 1920)的人都将发现，旧式的唯物论不可能从现
代物理学那里获得支持。我认为，行为主义者的观点中具有永久
价值的东西是这样的看法，即物理学是现存的最基本的科学。但
是，假如物理学并未假定物质的存在(而情况似乎就是如此)，这种
立场就不能被称为唯物论的。

在我看来调和了心理学的唯物论倾向和物理学的反唯物论倾向的观点，是威廉·詹姆士与美国实在论者的观点。根据这种观

点，世界的“材料”既非精神的，亦非物质的，而是二者都从中构造出来的一种“中立的材料”。在本著中，针对心理学所关心的现象，我努力而又详尽地阐述了这种观点。

我要感谢华生(John B. Waston)教授和纳恩(T. P. Nunn)博士；他们早先阅读了我的手稿，并给了我许多有价值的建议。我也要感谢沃尔格穆斯(A. Wohlgemuth)先生，他为我提供了许多非常有用的重要文献的信息。我也必须对这套哲学丛书的编辑缪尔赫德(Muirhead)教授的帮忙表示谢忱，他提出了几个让我受益的建议。

本著在伦敦和北京都通过讲演的形式出现了，并且论欲望的那一讲已在科学协会发表了。

本书有几处提到了中国。那些都是我到中国以前写成的，而且我不希望读者认为它们在地理上是准确的。当我要说明不熟悉的事物时，我只是把“中国”作为“一个遥远的国度”的代名词。

1921年1月于北京

第一讲　近来对“意识”的批评 9

有些事件，我们习惯上称之为“精神的”。在这些事件中，我们可以把相信与欲望当作典型。我希望，“精神的”这个词的精确定义将随着讲演的展开而出现；而眼下，我将用它来意指任何通常被称为精神的东西的事件。

在这些讲演中，我希望尽可能充分地分析，当我们（例如）相信或欲望时真正发生了什么。在这第一讲中，我将反驳一种人们广泛持有的理论，而我本人以前也曾持有这一理论。这种理论认为：一切精神事物的本质都是某种相当独特的并被称为“意识”的东西，此种东西或被构想为与对象的一种关系，或被构想为精神现象的一种普遍的性质。

我对这种理论将要提出的反对理由，主要来自以前的作者。有两类理由，而它们将把我的讲演分成两部分：

（1）直接的理由。它们来自分析及分析的困难。

（2）间接的理由。它们来自对动物的观察（比较心理学）及对 10
疯人与癔病患者的观察（心理分析）。

在流行的哲学中，几乎没有什么东西比心灵与物质的区分更根深蒂固了。那些不是职业形而上学家的人，愿意承认自己并不知道心灵实际为何物，或者物质是如何构成的；但他们依然相信，二者之间有一条无法跨越的鸿沟，而且它们都是世界的实际存在物。另一方面，哲学家们时常认为物质纯粹是心灵所想象出来的一种虚构物，而且有时又认为心灵是某种物质的一种单纯的属性。那些认为心灵是实在而物质是噩梦的人被称为“唯心论者”——这个词在哲学中的意义不同于它在日常生活中的意义。那些主张物质是实在而心灵只是原生质的一种属性的人被称为“唯物论者”。他们在哲学家中是为数稀少的，但在某些时期的科学人士中却是常见的。唯心论者、唯物论者以及普通人在以下这点上是一致的：他们完全知道自己用“心灵”和“物质”这些词代表什么，从而能机智地进行他们的争论。然而，依我看，恰恰在他们达成一致的这点上，他们全都同样地是错误的。

在我看来，我们的经验世界由以组成的材料，既非心灵，亦非物质，而是比二者都更基本的某种东西。心灵和物质似乎都是复合的，而且它们的组成材料在一种意义上介于二者之间，在一种意
11 义上处于二者之上——就像一个共同的祖先。就物质而言，我以前[①]已陈述过这种观点的理由，而现在就不再重复了。但是，关于心灵的问题是更困难的，而且它正是我意欲在这些讲演中加以讨论的。我所不得不说的大量的东西，都不是我独创的；事实上，在各种不同的领域，近来的许多工作都倾向于表明，我要提倡的那些理论是必然的。因而，在这第一讲中，我将试图概略地描述各种观念体系，而且我们的研究将在这些体系的范围内加以展开。

---

① *Our Knowledge of the External World*（Allen & Unwin），Chapters Ⅲ and Ⅳ. 另见 *Mysticism and Logic*，Essays Ⅶ and Ⅷ。

如果有一种事物在通常的看法中可以说是代表了心灵的，那么此种事物就是“意识”。我们说我们“意识”到我们的所见和所闻、我们所记住的，以及我们自己的思想和感受。我们绝大多数人都认为，桌子和椅子是没有“意识的”。我们认为，当我们坐在一张椅子上时，我们感到自己坐在那张椅子上，但那张椅子并未感到自己被人坐着。任何时刻都不能怀疑，当我们认为我们和椅子之间在这方面存在某种差别时，我们是正确的：可以把这些东西当作事实及我们的研究材料。但是，一旦我们试图说出这种差别严格来讲是什么，我们就陷入了困惑。“意识”是最终的、简单的，即某种只被接受和思考的东西吗？拟或它是某种复杂的事物，并且其本质也许就在于对象出现时我们的行为所采用的方式，要不就是被称为“观念”的东西——这些东西虽和对象不同，并且只是象征性地代表它们，但与它们拥有某种关系——在我们身上的存在？这样的问题不易回答；但直到回答了它们，我们才能声称知道，当说 12
自己具有“意识”时我们意味着什么。

在考虑现代的理论之前，让我们先从旧式心理学的立场来看看意识，因为这代表了当我们开始思考这个主题时自然而然地想到的那些观点。为此，作为第一步，让我们考虑诸多不同的意识方式。

第一种方式是*知觉*。我们“感知”到桌子和椅子，马和狗，我们的朋友，街上的车流——简言之，我们经由感官所认识到的任何东西。眼下，我不考虑这个问题，即纯粹的感觉是否应被看作一种意识形式：我现在所说的是知觉，而在知觉中，根据旧式的心理学，我们超越了感觉，到达了它所代表的“事物”。当你听到一声驴叫时，你不仅听到了一种声音，而且认识到那种声音来自一头驴。当你看见一张桌子时，你不仅看见了一个着色的表面，而且认识到那个表面是硬的。这些成分超越了天然的感觉，并且据说，补充了这些东西之后，就可以构成知觉。我们以后将对此有更多的说明。眼下，我只想指出，关于对象的知觉是所谓的“意识”的一个最显而易见的例子。我们“意识”到我们所感知的任何事物。

其次，我们可以采取记忆的方式。假如我开始回忆今晨所做的事情，那么这就是一种不同于知觉的意识形式，因为它所涉及的是过去。关于我们当前如何能意识到不再存在的东西，存
13 在种种不同的问题。当我们开始分析记忆时，将会顺带处理这些问题。

从记忆到所谓的“观念”这一步骤是容易的；这里的“观念”不是柏拉图所说的观念，而是洛克、巴克莱及休谟所说的观念，并且这后一种意义上的观念，是与“印象”相对的。你或者可以通过看到或者可以通过“想到”而意识到一个朋友；而且通过“思想”，你能意识到像人类或生理学这样的不能看见的对象。这种比较狭义的“思想”，就是存在于同印象或单纯的记忆相对的“观念”中的那种意识形式。

我们可以用信念来结束我们这一最初的目录，而我用信念所意指的是那种可以要么为真要么为假的意识方式。我们说一个人“意识到自己在打量一个傻子”；而我们以此来意指，他相信自己在打量一个傻子，并且相信自己是正确的。这种意识形式与前面的任何一种都不同。正是这种形式提供了严格意义上的“知识”，同时也提供了错误。至少表面看来，它比我们先前的那些意识形式

更复杂，尽管我们将会发现，它们就像看起来的那样，不可与它分离。

除了意识方式以外，还有另外一些事物通常也被称为“精神的”，诸如欲望、愉悦及痛苦。这些都产生了它们自己特有的问题，而我们将在第三讲中去讨论它们。但是，最难的问题是在“意识”方式上所出现的那些问题。这些方式，当放到一起时，被称为心灵中“认识的”成分；而且正是这些方式将会在以下的讲演中花费我们最多的精力。

有一种成分似乎显然是这些不同的意识方式所共有的，那就
是它们全部直接指向对象。我们意识“到”某种事物。似乎，意识 14
是一件事物，而我们所意识到的那种东西是另一件事物。除非我们默认这样一种观点，即我们绝不能意识到我们自己的心灵以外的任何事物，我们必须说意识的对象无须是精神的，尽管意识必须是的。（我是在旧式的理论的范围内谈论的，而不是在表达我自己的信念。）指向对象通常被看作是一切认识形式的典型特征，并且有时亦被认为是全部精神生活的典型特征。在传统心理学中，我们可以区分两种不同的倾向。有些人，正如他们会天真地看待物理现象那样，也会天真地看待精神现象；这派心理学家往往不强调对象。另一方面，有些人主要对下面这个明显的事实感兴趣：我们拥有知识，而且有一个我们所感到的并围绕我们的世界。这些人对心灵感兴趣，既因为它与世界的关系，也因为知识是一种非常神秘的事实（假如它是一种事实）。它们对心理学的兴趣自然地集中在意识与其对象的关系上；而这种关系，恰当地说，更是一个知识论的问题。我们可以视奥地利心理学家布伦坦诺为这个学派最好

和最典型的代表之一；他的著作《来自经验立场的心理学》[1]，尽管是 1874 年出版的，但仍然产生着影响，而且是大量有趣工作的起点。他说（第 115 页）：

15 “每一心理现象都可以用中世纪的经院学者所说的对象的意向性的（亦即心灵的）内存在（inexistenz），以及我们略为含糊地称之为对一内容的指称，对一对象（这里不一定指实在的对象）的指向，或内在的客体性这样的东西来刻划。每种现象本质上都包含某种作为对象的东西，尽管并非每种现象都采用相同的包含方式。在表象中，某种东西被表象；在判断中，某种东西被承认或拒绝；在爱中，某种东西被爱；在恨中，某种东西被恨；在欲望中，某种东西被欲望；如此等等。

“这种意向性的内存在是心理现象所特有的。任何物理现象都没有显示出类似的东西。因此，我们能够为心理现象下这样一个定义，即它们都意向性地把某个对象包含于自身之中。”

这里所表达的观点，即与一个对象的关系是心理现象之最终的不可还原的特征，是我要与之论战的观点。像布伦坦诺一样，我对心理学感兴趣；这与其说是因为心理学本身的缘故，不如说是因为它可以阐明知识问题。直到非常晚近的时候，我还像布伦坦诺一样认为，很可能除了愉悦与痛苦以外，心理现象同对象之间有必然的关联。我现在已不再相信这一点；而且甚至就知识而言，我也不相信情况是这样的。随着我们的讲演的进行，我将试图使我拒

---

[1] *Psychologie vom empirischen Standpunkte*, vol. i, 1874.（第二卷从未出版过。）

绝这一点的理由变得清楚。一望即知，知识的分析因为这种拒绝而变得愈发困难了。但是，假如我没有弄错的话，那么将会发现，布伦坦诺的知识观的那种显而易见的简单性，要么不能经受分析的审查，要么不能解释心理分析与动物心理学中的许多事实。我不想轻视这些问题。为了减轻我们未来的劳动，我将只说：思考不管要经受什么样的分析，其本身都是一项令人愉快的工作，并且对 16
它来说，没有比一种虚假的简单性更致命的敌人了。无论在精神的还是物理的世界中，旅游都是一件乐事，并且知道以下这点是件幸事，即至少在精神世界中，有些广大的国度尚未得到非常完满的考察。

布伦坦诺所表达的观点，非常普遍地被人坚持着，并为许多作者所发展。在这些人中，我们可以把他的奥地利继承者迈农(Meinong)①作为一个例子。按照他的看法，在关于一个对象的思想中，有三种成分。这三种成分，他称之为行为、内容与对象。在同一种意识的任何两个实例中，行为都是相同的。比如，假如我想到史密斯或想到布朗，那么在两种场合下，想的行为，就其本身而论，是完全相似的。但是，当我想到史密斯和当我想到布朗时，我的思想的内容，即发生在我的心灵中的特殊事件，是不同的。迈农论证说，内容不可与对象相混同，因为在我拥有思想的那个时刻，内容一定存在于我的心灵中，而对象则不必如此。对象可以是过去或未来的某种东西；它可以是物理的而非精神的；它可以是某种

① 例如，参见他的文章“Ueber Gegenstände höherer Ordnung und deren Verhältniss zur inneren Wahrnehmung”，*Zeitschrift für Psychologie und Physiologie der Sinnesorgane*，vol. xxi，pp. 182～272（1899），尤其是pp. 185～188。

抽象的东西，比如像相等这样的东西；它可以是某种想象的东西，即像金山这样的东西；它甚或可以是某种自相矛盾的东西，即像圆的方这样的东西。但在所有这些情况下——因此他主张——当思想存在时内容就存在，并且后者把前者作为一个事件与其他思想相区分。

17 为了使这种理论具体化，我们且假定，你正想到了圣保罗大教堂。那么，根据迈农，我们不得不区分在构成这一思想时必然被结合起来的三种成分。首先有思想的行为；不论你在思考什么，此种行为都恰好是相同的。然后有另一种东西，此种东西就是产生该思想——它不同于其他思想——的个性的东西，这就是内容。最后有圣保罗大教堂，这是你的思想的对象。一种思想的内容与它所涉及的东西之间一定存在着差别，因为思想是此时此地的，而它所涉及的东西可以不是这样的。因此，这个思想显然不等同于圣保罗大教堂。这似乎表明，我们必须区分内容与对象。但是，假如迈农是对的，那就不可能存在没有对象的思想：二者之间的关联是必然的。对象可以在没有思想的情况下存在，而思想不可以在没有对象的情况下存在：为了构造这个单一的被称为“想到圣保罗大教堂”的事件，行为、内容和对象这三种成分都是必需的。

上述对思想的分析，尽管我认为是错误的，但却非常有用，因为它提供了一种其他理论可以据之被陈述的纲要。在本讲的余下部分中，我将概略地陈述我所主张的观点，并将表明，我的观点从中产生出来的各种其他观点，是如何从对行为、内容及对象之三重分析的修正中产生的。

我要做出的第一种批评是，行为似乎是不必要的，并且是虚构的。一种思想的内容的出现，构成了该思想的出现。从经验上看，我不能发现任何符合于该假定的行为的东西；而且从理论上看，我 18
不能发现它是必不可少的。我们说：“我想如何如何”(I think so-and-so)，并且“我”这个词暗示着想是一个人的行为。迈农的“行为”是主体的幽灵，或是原先的纯粹的灵魂。人们猜想，思想不可能只是来来去去，而需要一个思考它们的人。当然，现在有一点是真的：思想可以聚集成束，以至于一束是我的思想，另一束是你的思想，再一束是琼斯先生的思想。但我认为，人不是单一思想中的一种成分：他是由思想与思想之间以及思想与身体之间的关系构成的。这是一个大问题，我们眼下无需全面地去关心它。此刻我所关心的全部东西是，如果认为“我想”、“你想”及“琼斯先生想”这些语法形式表明了对一个单个的思想的分析，那么它们就会产生误导。最好说“我心中产生了思想”(it thinks in me)——就像“这儿下雨了”(it rains here)一样；或者说“我心中有一种思想”(There is a thought in me)，那就更好了。这只是因为，迈农所谓的思想中的行为，在经验上是不可发现的，并且也不可从我们所能观察到的东西中逻辑地演绎出来。

第二点批评涉及内容与对象的关系。我认为，思想与对象的关联并不是简单的、直接的、必不可少的东西，而布伦坦诺和迈农则认为它是这样的。依我看，它是派生的，而且主要取决于这样的信念，即构成思想的东西与联合组成对象的各种其他成分是有联系的。比如说，你拥有圣保罗大教堂的意象(image)，或者你只是在头脑中有“圣保罗大教堂”一词。你相信——不管怎样模糊而又

19 晦暗——这与你去圣保罗大教堂时将会看到的东西或者你触摸其墙面时将会摸到的东西是有关联的；它与其他人的所见、所摸和礼拜、教长、全体教士及克里斯托弗·雷恩(Christopher Wren)[①]爵士拥有另一种关联。这些事物并不只是你的思想，但你的思想与它们处于一种关系中，并且你或多或少觉知到了它们。对这种关系的觉知是另一种思想，并导致了你的这种看法，即原来的思想有一个“对象”。但在纯粹的想象中，你可以在没有这些相伴的信念的情况下获得非常相似的思想；在这种情况中，你的思想并不拥有对象，或似乎不拥有对象。因此，在这样的例子中，你拥有内容而没有对象。另一方面，在看或听的行为中，说你拥有没有内容的对象则较少使人产生误解，因为你的所见或所闻实际上是物理世界的一部分，尽管不是物理学意义上的物质。因而，关于精神事件与对象之关系的全部问题变得非常复杂了，而且不可能通过把其与对象的关联看作思想的本质而得以解决。以上的所有论述都只是初步的，并且将会在以后得以扩充。

用通俗而又非哲学的方式来讲，我们可以说，当你思考一种思想时，它的内容被假定为你的头脑中的某种东西，而对象通常是外部世界中的某种东西。人们认为，关于外部世界的知识是由它与对象的关系构成的，而知识之所以不同于自己所知道的东西，乃是因为它是经由内容而来的。我们能够开始借助内容与对象的对立来陈述实在论与唯心论的差别了。用相当粗略而又近似的方式来

① 克里斯托弗·雷恩(1632～1723)，英国建筑师、天文学家和数学家，伦敦大火(1666)后设计了圣保罗大教堂。——译者注

讲，我们可以说，唯心论倾向于压制对象，而实在论倾向于压制内 20
容。因而，唯心论说，除了思想，没有什么东西能被认识，并且我们所认识的一切实在都是精神的；而实在论坚持认为，我们直接认识对象——当然是在感觉中，而且也可能在记忆和思想中。唯心论并不说在当前的思想以外没有什么东西能被认识，但是却坚持认为模糊的信念的背景——我们在以关于圣保罗大教堂的思想为例时所谈及的那种信念背景——只把你带到其他的思想那里，而绝不会带到根本不同于思想的事物那里。这种观点的困难是在感觉方面，而在感觉中我们好像直接与外部世界相接触。但是，对付这种困难的巴克莱的方式是人们所熟悉的，我现在无需加以详述。我将在以后的一讲中回到这个问题上来，而眼下我只指出，在我看来，我们并无有效的根据，来认为我们的所见所闻并非物理世界的一部分。

另一方面，实在论者通常压制内容，并主张一种思想要么只由行为与对象组成，要么只由对象组成。我过去是一个实在论者，并且在感觉方面我现在还是一个实在论者，但在记忆或思想方面则不是。我将试图解释，在我看来赞成和反对实在论的各种理由是什么。

现代唯心论公开声称，知识绝不限于当前的思想或当前的思想者；确实，它认为世界是有机的，并且是紧密相连的，以至于从任何一部分都可以推出整体，就像从一根骨头就可以推论出一种灭绝了的动物的完整骨架一样。但是，在实在论者看来，正像在我看来那样，名义上证明这种假想的有机性的逻辑是有缺点的。他们 21
主张，假如我们不能直接知道物理世界，我们就不能真正知道任何外在于我们心灵的东西：世界的其余部分也许只是我们的梦。这是一种令人消沉的观点，而且他们因此寻找逃避它的方式。因而，他们坚持认为，在知识中，我们直接与对象接触，而对象可以是并且通常是在我们的心灵之外的。毫无疑问，他们之所以提出这种观点，首先是因为偏见，即希望认为他们能够了解外在于他们自身的世界的存在。但是，我们必须考虑的，不是导致他们希望拥有这种观点的东西，而是他们赞同它的论证是否有效。

依照我们是使一种思想由行为和对象组成，还是使其单由对象组成，存在两种不同的实在论。它们的困难是不同的，但二者似乎都不能始终站得住脚。为明确起见，以对一个过去事件的记忆为例。记忆发生在现在，因此必然与过去的事件不相同一。只要我们保留行为，这无需遭受任何困难。记忆的行为发生在现在，而且按照这种观点，它与它所记忆的过去事件有某种必然的联系。对于这种理论，不存在逻辑上的反对意见，但存在我们先前提及的一种反对意见，即行为似乎是神秘的，而且不能通过观察被发现。另一方面，假如我们试图构成没有行为的记忆，那么我们被迫得到一种内容，因为我们必须拥有现在发生的某件事情，它与过去发生的事件形成对照。因而，当我们抛弃——我认为我们必须抛弃——行为时，我们被迫得出一种更类似于唯心论的记忆理论。
22 然而，这些论证不适用于感觉。我认为，尤其是感觉，方是那些只保留对象的实在论者所考虑的[①]。他们的观点多半来自威廉·詹姆士，并主要在美国流行。在继续进行我们的讲演之前，考虑

① 马赫(Mach)《感觉的分析》(*Analysis of Sensations*)一书明显是这样的。在当前的问题上，此书具有根本的重要性。(Translation of fifth German edition, Open Court Co., 1914. First German edition, 1886.)

他所主张的这种革命性的学说将是合适的。我相信，这种学说包含重要的新真理，而且我所必须说的东西，将在相当大的程度上受到它的启发。

在一篇题为“‘意识’存在吗？”的论文中，威廉·詹姆士的观点首次被提出。[①] 在这篇论文中，他解释了过去作为灵魂的东西是如何逐渐精炼为“先验自我”的；而且他说，这个“先验自我”“将自身　减到一种完全的幽灵般的状况，从而仅仅成为经验的‘内容’认识这个事实的名称而已。它失去了具有人格性的形式和活动（这些东西转移到内容一边去了），变成了一种赤　的 Bewusstheit（意识）或 Bewusstsein überhaupt（知觉一般），并且凭其自身的权利，它绝对没什么可说的。我相信（他继续说），‘意识’一旦衰　到这种纯粹透明的地步，就要完全消失了。它就是一种非实体的名称，并且无权在第一本原中占有一席之地。那些固守意识不放的人，所固守的不过是一种回声，即正在消失的‘灵魂’遗留在哲学空气中的微弱的嘟哝声”（第 2 页）。

他解释说，这并不是他的看法出现了突然的转变。他说，“过
去二十年中，我对‘意识’是一种实体表示怀疑；过去七、八年中，我 23
对我的学生说它是不存在的，并试图在经验的实在性中为他们提供它的实用主义的等价物。我认为，公开并普遍地抛弃意识的时期已经成熟了”（第 3 页）。

他接下来所关心的，是澄清自相矛盾的外表，因为詹姆士绝未

① *Journal of Philosophy, Psychology and Scientific Methods*, vol. i, 1904。重印于 *Essays in Radical Empiricism*（Longmans, Green & Co., 1912），pp. 1～38。下文中的引文出处，指的是这个重印本。

存心要自相矛盾。“不可否认”，他说，“‘思想’确实是存在的。”“我只想否认这个词代表一种实体，但我极其明显地认为，它确实代表一种功能。我是想说，物质对象是用存在的原始材料或性质做成的，而我们关于物质对象的思想则与此相反，没有什么存在的原始材料或性质用来做成它们。但是，存在一种功能，它是思想在经验中所履行的，并且为了履行这种功能，我们就求助于这种存在的性质。这种功能就是认识”（第 3～4 页）。

詹姆士的观点是，世界所由建成的原料不是两种，即一种为物质，另一种为心灵。但他认为，它是根据其内在的关系并按不同的模式排列的，一些排列被称为精神的，另一些被称为物理的。

“我的论点是”，他说，“如果我们首先假定世界上只有一种原始材料或质料，即一切事物都由之构成的材料，并且假如我们把那种材料称为‘纯粹经验’，那么认识可以轻易地被解释为纯粹经验的诸部分相互之间可以产生的一类特殊关系。这种关系自身是纯粹经验的一部分；其‘关系项’之一变成了知识的主体或承载者即认识者，另一个变成了所认识的对象”（第 4 页）。

在提及主体与对象的二重性——人们假定此二重性构成了意
24 识——之后，他继续用斜体字写道：“我认为经验不存在这样的内在二重性，并且经验之分离为意识与内容不是来自减法，而是来自加法”（第 9 页）。

他通过把颜料店里的颜料与图画中的颜料进行类比来说明他的意思：在一种情况下，它只是“可售的物质”，而在另一种情况下，它“履行了一种精神的功能。同样地，我认为（他继续说），经验的一个给定的、未分的部分，当在一种相关物的背景中来看待时，扮演一个认识者的角色、一种心灵状态的角色、‘意识’的角色，而在一种不同的背景中来看待时，这同一段未分的经验扮演一种被认识的事物的角色、一种‘客观的’内容的角色。一句话，在一组相关物里它表现为一种思想，在另一组相关物里，它表现为一种事物”（第 9～10 页）。

他并不相信思想的被想象出来的当下的确定性。他说：“情况在别人那里是怎样的，就让它是怎样吧。就像我确信任何事物一样，我同样确信，在我这里，思想之流（我明确地认为它是一种现象）是代表一种事物的一个不确切的名称，而这种事物，若加以仔细考察，则会揭示自身主要是由我的呼吸之流组成的。康德所说的必须能为我的一切对象所伴随的‘我思’，就是实际上确实在伴随它们的‘我呼吸’”（第 36～37 页）。

同一种“意识”观在后来的论文即“一个纯粹经验的世界”中被提了出来（同上，第 39～91 页）。两篇论文对“纯粹经验”这个短语的使用，揭示了唯心论的一种残留的影响。像“意识”一样，“经验”一定是一种成品，而非世界的基本材料的一部分。假如詹姆士的主要论点是对的，那么大致说来，经过不同排列的同一种材料，一定有可能不产生任何可被称为“经验”的事物。这个词已被美国实 25
在论者抛弃了，而在他们中间，我们可以特别提及哈佛的培里（R. B. Perry）教授和霍尔特（Edwin B. Holt）先生。这个学派的兴趣在一般哲学及科学哲学上，而非在心理学上。他们从詹姆士那里获得了一种强有力的推动，但对逻辑、数学及哲学的抽象部分，他们比詹姆士更感兴趣。他们把“中立的”实体说成是心灵与物质两者都从中构造出来的材料。因而，霍尔特说：“假如逻辑的项和命

题必须实体化，那么它们全都严格地来自一种实体；而此种实体的最不危险的名称就是中立的材料。我们现在将不得不相当详细地思考中立的材料和物质与心灵的关系。”[①]

我自己认为（理由将在随后的讲演中出现），詹姆士拒绝把意识看作一种实体是对的，而且当美国实在论者认为心灵和物质都由一种中立的材料——孤立地看，这种材料既非精神的亦非物质的——组成时，他们部分说来是对的，尽管不是完全对的。就感觉而言，我承认这种观点：所闻或所见同等地属于心理学和物理学。但我应该说，意象只属于精神世界，而那些并不构成任何经验之一部分的事件（假如有的话）只属于物理世界。初步看来，我认为有两类不同的因果律，一种属于物理学，另一种属于心理学。例
26 如，引力定律是一条物理学定律，而联想律是一条心理学定律。感觉从属于两种定律，并因而在霍尔特的意义上真正是“中立的”。但仅仅从属于物理学定律或仅仅从属于心理学定律的实体，并不是中立的，而且可以分别被称为纯粹物质的和纯粹精神的。然而，甚至那些纯粹精神的实体，同对象之间也不拥有布伦坦诺所指派给它们的那种内在关系，人们通常认为那种关系构成了“意识”的本质。但是，现在该进而探讨同样敌视“意识”的其他现代倾向了。

有一个叫“行为主义者”的心理学派，其领军人物是华生[②]教授，他以前是约翰·霍普斯金大学的。总体说来，杜威教授也属于

① *The Concept of Consciousness* (Geo. Allen & Co.,1914),p. 52.

② 尤其参见他的 *Behavior: an Introduction to Comparative Psychology*, New York, 1914。

行为主义者；与詹姆士和席勒(Schiller)博士一样，他是实用主义的三位开创者之一。“行为主义者”认为，除了通过外在的观察以外，不能认识任何东西。他们全然否认有一种叫做“内省”的单独的知识来源，而我们通过内省，能够知道我们绝不能在他人身上发现的关于我们自己的事物。他们绝不否认各种事物都可以在心灵中产生：他们只是说，这样的事物，假如产生的话，无法加以科学地观察，并且因此与作为科学的心理学无关。他们说，作为科学的心理学仅仅关心行为，即关心我们所做的事情；他们主张，只有这种东西才能被精确地观察。他们告诉我们，无法知道我们是否同时也在思想。在对人的行为的观察中，他们迄今为止并未发现任何思想的证据。的确，我们谈得很多，并想象当这样做时我们就是在 27
表明我们能够思想。但行为主义者说，他们所必须倾听的谈话，可以在不假定人们会思想的情况下被解释。在你可以期待有谈论“思想进程”的一章的地方，你却遇到了谈论“语言习惯”的一章。发现这个假设原来是非常充分的，是让人羞愧的。

然而，行为主义不是从观察人的愚蠢行为中产生的。正是动物的智慧暗示了这种观点。动物是否“思想”，总是大众讨论的一个普通话题。在这个话题上，人们打算支持一方，但却毫不清楚他们用“思想”来意指什么。那些想研究这样的问题的人，只得观察动物的行为，并希望它们的行为会在某种程度上阐明它们的精神官能。乍看上去，似乎就是如此。人们说，一条狗“知道”它的名字，因为有人唤它时，它就来了，而且它“记得”它的主人，因为主人不在时它会表现得心情不好，而主人回来时，它会摇尾并发出吠声。狗以这种方式做出行为是观察的问题，而它“知道”或“记得”

任何东西则是一种推论，而且事实上是一种非常可疑的推论。人们愈考察这样的推论，就愈发现它们是不确定的。因此，对动物行为的研究只得逐渐地放弃一切精神解释的企图。而且，几乎不能怀疑，在许多复杂的、非常充分地适应于其目标的行为中，也不可能有对那些目标的预见。当一只鸟首次筑巢时，我们几乎不能假
28 定，它知道将有鸟蛋在其中产生，或者它会伏在这些蛋上，或者鸟蛋将会被孵成幼鸟。它做它每一阶段所做的事，因为本能促使它只去做这些，而不是因为它预见并想要得到其行为的结果。[①]

细心观察动物的人，急于避免不确定的推论，并愈来愈发现怎样在不假定我们所谓的“意识”的情况下去解释动物的行为。行为主义者认为，类似的方法能应用于人的行为，且无须假定任何不能接受外部观察的东西。让我们给出一种简单的说明；这种说明对于所提到的作者来说太过简单了，但能对他们的意思提供一种大体的洞察。假定问一个学校里的两个儿童“6 乘 9 是多少?”一个说是 54，另一个说是 56。但是，我们所能观察到的一切，就是某种语言习惯。一个儿童已经形成了说“6 乘 9 是 54”这样的习惯，另一个则没有形成这样的习惯。一匹马回到它所熟悉的马棚时不需要“思想”，而在这里也同样不需要“思想”，这里只有更多的、更复杂的习惯。显然存在一种可观察的事实，即被称为“知道”如此这般的一种事物的事实；考试是发现这种事实的实验。但是，一切观察到的或发现的东西，都是词的使用上的一组特定习惯。受试者心灵

① 对本能的行为在首次完成时是否包含某种预见(不管这种预见是多么模糊)这一问题的有趣讨论，将会在劳埃德·摩尔根(Lloyd Morgan)的 *Instinct and Experience* (Methuen，1912)，chap. ii 中被发现。

中的思想（假如有的话）对于主考者来说是无趣的，而且后者也没 29
有理由去假定，即使最成功的受试者也能具有哪怕最小量的思想。

因而，所谓的“知道”，在我们能弄清他人所“知道”的东西这种意义上，是体现在他们身体的行为中的一种现象——包括说出的和写下的词。没有理由假定——所以华生主张——他们的知识是显示在这种行为中的习惯之外的某种东西：因此，推断他人拥有被称为“心灵”或“思想”的某种非物理的东西是没有根据的。

到此为止，行为主义的结论中尚无与我们的先入之见特别不相容的地方。我们全都愿意承认他人是没有思想的。但是，当我们涉及自身时，我们确信我们实际上能够感知我们自己的思考行为。绝大多数人认为“我思故我在”有一个真实的前提。然而，行为主义者否认这一点。他们认为，我们关于自己的知识与我们关于他人的知识在类型上并非两样。我们可以看见得更多，因为我们自己的身体相较于他人的身体是容易观察的。但是，与我们所看见的关于他人的东西相比，我们看不到某种完全不同的东西。反省，作为知识的一种单独的来源，被这派心理学家完全否定了。我将在以后的一讲中详细讨论这个问题，而目前我将只是指出，它绝不是简单的，并且尽管我认为行为主义者在某种程度上夸大了他们的例子，然而他们的论点中亦有一种重要的真理成分，因为在某个非常重要的方面，我们通过反省所能发现的事物，似乎无异于通过外在的观察所能发现的事物。

至此，我们主要关心的是知道。但可以充分地认为，欲望确实 30
是心灵极其显著的特征。人始终要去完成某种目的：他们在成功中感到愉快，并在失败中感到痛苦。在一个纯粹物质的世界中，可

以说没有愉快与不快、善与恶、所欲与所惧的对立。一个人的行为是由意图控制的。我们且假定，他决定去某个地方，然后继续前往车站取票，最后登上了火车。假如常走的道路因一场事故而被阻断，那么他会取它道而前往。他所做的一切，都是——或似乎是——由他所拥有的可见的目标即展现在他面前的东西所决定的，而不是由他后面的东西所决定的。对于无生命的物质来说，情况并非如此。山顶的一块石头可以开始滚动，但在试图达到山脚的过程中并未表现出任何执着。任何突出的东西或障碍物都将阻止它，并且假如这种情况发生了，它将不会表示任何不满。它不会被山谷令人愉悦的性质所吸引，而牛羊则可能会被吸引；但在它所处的地方，它会被山的陡峭所驱动。在所有这一切中，我们在动物的行为与物理学所研究的物质的行为之间有了典型的差别。

当然，像知识一样，欲望在某种意义上是一种可观察的现象。一头大象会吃一块小面包，但不会吃羊排；一只鸭子会走进水里，但一只母鸡不会。但是，当我们想到自己的欲望时，绝大多数人都认为，我们能通过一种直接的自我认知而知道它们，而这种直接的认知不依赖于对我们的行为的观察。然而，假如情况是这样的，那
31 么人们如此频繁地弄错他们所欲望的东西就让人感到奇怪了。"某某人不知道他自己的动机"或者"A 嫉妒 B 并对他怀有恶意，但却全然没有意识到"，是通常的观察问题。这样的人被称为自欺者，并且据说不得不经历某种多少有点精致的隐藏过程，即向自己隐藏本来显见的东西。我认为这是一种十足的错误。我相信，要发现我们自己的动机，只能借助于我们由之发现他人动机的同一种过程，即观察我们的行为并推断能促成它们的欲望的过程。一

种欲望是“有意识的”，当我们告诉自己我们拥有它时。一个饿汉可以自言自语地说：“啊，我确实需要吃午餐。”那么，他的欲望是“有意识的”。但是，它只是因为有了适当的词才有别于“无意识的”欲望，而且这种差别绝非一种根本的差别。

相信动机通常是有意识的，会使得我们在自己的动机问题上比在别人的动机问题上更容易出错。当我们为之感到羞耻的某种欲望被归于我们时，我们注意到，在我们自言“我希望那种事情会发生”这种意义上，我们从未有意识地去拥有那种欲望。我们因而为我们的行为寻找某种其他的解释，并且当我们否认自己所主张的东西是一种毁谤，而我们的朋友却不相信时，我们认为他们很不公正。道德方面的考虑在很大程度上增加了清晰地思考这个问题的难度。通常认为，人们不责备无意识的动机，而仅仅责备有意识的动机。因此，为了完全成为善的，只需重复善的公式。我们说：
“我希望对朋友是友善的，在事务上是正直的，对穷人是博爱的，在 32
政治上是热心公益的。”只要我们甚至在夜间醒来时也不允许自己承认任何相反的欲望，我们便可以在家乡做恶霸，在伦敦城做见不得人的事，在付工酬时做小气鬼，在对待公众时做投机者。然而，假如只有有意识的动机才包含道德的评价，那么我们将是模范人物。这是一种合人心意的学说，而且人们不愿意放弃它并不令人吃惊。但是，道德方面的考虑是科学精神的最糟糕的敌人，并且假如我们希望获得真理，我们必须从我们的心灵中将其驱逐。

就像我在以后的一讲中将试图证明的那样，我认为，欲望，如同力学中的力一样，对于简单地描述某些行为规律来说具有一种方便的虚构性质。一只饿了的动物是焦虑不安的，直到它发现了食物；

而得到食物之后，它就安静下来了。消除不安状况的东西，据说就是它所欲望的东西。但是，只有经验才能表明什么东西将会拥有这种使其安静的效果，而且这是容易出错的。我们觉得不满意，并认为某某事物将会消除它；但在思考这种情况时，我们是从理论上对一种显著的事实进行说明，而非观察它。我们的理论化说明时常是错误的，并且当它出错时，在我们认为自己所欲望的东西与事实上将会带来满足感的东西之间存在一种差别。这是一种如此平常的现象，以至于任何没有对它作出解释的欲望理论都一定是错误的。

近年来的心理分析着力把所谓的“无意识的”欲望放在非常显著的地位。就像每一个人都知道的那样，心理分析主要是一种理
33 解癔病和某些形式的疯狂的方法。[①] 但在普通人的生命中，已发现有很多东西与疯人的幻觉有着不光彩的相似之处。弗洛伊德、荣格及他们的追随者们，已阐明了梦、不合理的信念及愚蠢的行为同无意识的愿望之间的关联，尽管这种阐明带有某种夸张的成分。关于这些无意识的愿望的性质，我认为——尽管作为门外汉，我对自己所说的东西是缺乏自信的——许多心理分析家过分狭隘了；无疑，他们所强调的愿望是存在的，但其他的东西，比如荣誉和权力，也同样在起作用，并同样是易于隐藏的。然

① 存在一种范围广泛的“无意识的”现象，它不依赖于心理分析理论。诸如自动书写这样的现象使得莫顿·普赖斯(Morton Price)博士说：“当我考虑这个关于潜意识的问题时，我极其看重我们的意识过程中的感到(awareness)或未感到(not awareness)这一点。事实上，我们发现了完全相同的现象，即除了在感到这方面以外其余各方面都相同的现象；在感到这方面，我们有时感到这些有意识的现象，有时没有感到它们”(p. 87 of *Subconscious Phenomena*, by various authors, Rebman)。莫顿·普赖斯博士设想，可以有“意识”而没有“感到”。但这种看法存在着困难，并且它使得“意识”的某种定义成为必要的。就我而言，我看不出如何把意识从感到中分离出来。

而，从理论心理学的观点看，这并不影响他们的一般理论的价值，而且正是从这种观点来看，他们的结论对于心灵分析来说才是重要的。

我认为，清晰地确立了的东西是，人的行为与信念可以完全受制于一种具有下述特点的欲望：他完全没有意识到这种欲望，并且当有人认为他有此种欲望时，他会极其气愤地加以否认。在不正常的场合，这样的一种欲望通常是病人视之为邪恶的东西；假如他
不得不承认他有这种欲望，他就会厌恶自己。然而，它是如此强 34
烈，以至于必须为自己找到一条出路；因此，为了隐藏所欲的东西的性质，有必要坚持整个错误信念的体系。假如能使癔病患者或疯子面对关于他自己的事实，那么在很多场合所出现的幻觉就消失了。这一点所导致的结果是：与从前相比，对许多形式的疯狂的治疗，已经变得更心理化了，而较少生理化了。那些治疗幻觉的人，不再在脑部寻找身体方面的缺点，而去寻找被压抑的并已形成了此种扭曲了的表现形态的欲望。对于那些不希望深入到心理分析先驱者的这种多少有点令人反感且时常相当原始的理论中的人，值得读一读伯纳德·哈特（Bernard Hart）博士的一本薄书《疯狂心理学》（*The Psychology of Insanity*）。[①] 在同关于疯狂的原因之心理学研究相对的关于精神的问题上，哈特博士说：

“（疯狂的）心理学概念基于下述这种观点：精神过程能加以直接的研究，而根本无需涉及被假定发生在脑中的相伴随的变化，并且因此可以依据心理学的立场对疯狂进行适当的治疗”（第 9 页）。

① Cambridge，1912；2nd edition，1914. 下文的引述出自第 2 版。

这证明了我从一开始就急于弄清楚的一点。任何从古老的唯物论和唯心论的立场出发来澄清现代观点——像我打算主张的那些观点——的尝试，都只会使人误入歧途。在某些方面，我将提出的观点近似于唯物论；在另外一些方面，它们近似于唯物论的反
35 面。在幻觉研究这个问题上，现代理论的实际效果，正如哈特博士所指出的，从唯物论的方法中解放出来了。另一方面，也像他所指出的(第 38～39 页)，低能和痴呆仍不得不从心理学上加以考虑，它们由脑的缺陷所致。在这个问题上，并不存在不一贯的地方。假如像我们所认为的那样，心灵与物质二者都不是实在的实际材料，而是同一种基本材料的不同的方便的组合，那么，这一问题，即我们应为一种给定的现象寻找物理的原因还是寻找精神的原因，显然只能通过试验来决定。在心灵与物质的交互作用问题上，形而上学家们展开了无休止的争论。笛卡尔的追随者们认为，心灵与物质是有差异的，并且其中一个不可能对另一个发生任何作用。他们说，当我想移动我的胳膊时，并不是我的意志而是上帝转动了我的胳膊；每当我想要移动它时，上帝就会用他的全能来移动我的胳膊。现代的身心平行论与笛卡尔学派的这种理论并没有明显不同。身心平行论是说，精神的与物理的事件在其自己的范围内各有其原因，并且由于以下的事实而并行不悖：每一种脑状态都与一种确定的心灵状态同时存在，而且反之亦然。除了在形而上学的理论中，这种心与物在原因上相互独立的观点并无任何基础。①

① 然而，哈特博士似乎把这种理论作为一种方法论的告诫接受了下来。参见他在 *Subconscious Phenomena*(前文所引用过的那本书)上发表的作品，尤其是第 121～122 页。

而我们则没有必要作出任何这样的假定，因为这种假定很难与显而易见的事实相一致。我收到一封晚宴邀请函，信函是物理的事 36
实，但我对其意义的理解则是精神的。由于我理解了这封信的意义，我在正确的时间去了正确的地方；这里，我们有了心灵对物质的作用。在这些讲演的过程中，我将试图让你相信，物质并不像通常所设想的那样是物质的，心灵也并不像通常所设想的那样是心灵的。当我们说到物质时，我们仿佛倾向于唯心论；而当我们说到心灵时，我们仿佛又倾向于唯物论。二者都不是真理。我们的世界是由美国实在论者所谓的“中立的”实体构成的，而这种实体既不具有物质的硬性与不可摧毁性，也与被假定为代表着心灵的对象没有关系。

确实，有一种可以觉察到的反对意见；这种反对意见其实不是反对物质对心灵的作用，而是反对心灵对物质的作用。可以证明，物理学定律显然足以解释物质所发生的一切——甚至当物质是人脑中的物质时。然而，这只是一种假设，而非一种已确立了的理论。不存在有说服力的经验理由来假定，决定生物体的运动的规律与适用于无生命物质的那些规律是完全一样的。当然，它们有时显然是一样的。当一个人从悬崖上落下或滑倒在一块桔皮上时，他的身体仿佛失去了生命。这些是使柏格森发笑的时刻。当一个人身体的运动是我们所谓“自愿的”时，至少乍看上去，它们非常不同于来自无生命之物的运动的规律。我不想武断地说，这种
差别是不可　减的；我认为，极有可能不是这样的。我只说，在我 37
们当前的知识状况中，对生物体的行为的研究有别于物理学。对气体的研究最初完全不同于对刚性体的研究，并且假如不是独立

地加以探求的，那么绝不会发展到其当前的状态。今天，气体和刚性体两者都是从一种更基本的、普遍的物质中制造出来的。同样地，作为一种方法论问题，生物体的规律首先是要在不过分仓促地使其从属于物理学定律的前提下加以研究。波义耳定律和其余的规律，不得不在动力学的气体理论成为可能之前被发现。但在心理学中，我们几乎尚未达到波义耳定律的阶段。同时，我们无需受阻于物理学通常的严格的精确性之恶魔。到目前为止，这只是一种假设，并有待于不带成见地从经验上加以检验。它可能是真的，或者不是真的。迄今为止，这就是我们所能说的一切。

从无关的东西回到我们的主题即对“意识”的批评上来，我们发现，弗洛伊德及其追随者们，尽管无可争议地证明了“无意识的”欲望在决定我们的行为与信念时具有极端的重要性，但并未尝试去完成如下这项任务，即告诉我们“无意识的”的欲望实际上是什么，并因此使他们的学说蒙上了一种神秘及神话的色彩，而这种色彩构成了其普遍吸引力的一个很大的部分。按照他们的说法，事情好像是这样的：一种欲望是有意识的才是正常的，并且假如它是无意识的，那么就要为它指派一种实实在在的原因。因而，“无意识的东西”成了一类地下的囚犯，它们住在地牢里，并用神秘的呻
38 吟、诅咒及过时已久的奇怪的贪欲，间或打断我们白天的高贵。普通的读者几乎不可避免地认为，这个住在地下的人是另一种意识，并且弗洛伊德所谓的“潜意识压抑力”不让它的声音被人听见——除非在罕见而又可怕的场合，它突然大声呼喊，以至于每个人都能听到，并引起了公愤时。我们绝大多数人都喜欢这种观念，即只要我们放纵自己，我们就可以变得其坏无比。由于这个原因，这种弗

洛伊德式的"无意识的东西",对于许多行为温和而又善良的人来说,已是一种安慰。

我认为,事实并未完全生动到这种地步。我相信,一种"无意识的"欲望只是我们的行为的一种因果律。[1] 这种因果律指的是:我们永不安宁地活动着,直到某种事态变成了现实,而在那时我们就获得了暂时的平衡。假如我们预先知道这种事态是什么,那么我们的欲望就是有意识的;假如不是这样,我们的欲望就是无意识的。无意识的欲望并非某种实际存在的东西,而只是倾向于做出某种行为;它与力学中的力具有完全相同的地位。无意识的欲望绝不是神秘的;它是欲望的自然的原始的形式,另外的那种欲望是经由我们的观察和理论化说明(时常是错误的)的习惯而从这种原始的形式中发展出来的。没有必要像弗洛伊德那样设想,每一种无意识的愿望都曾经是有意识的,并且当时——用他的术语说——是因为得不到我们的认可而受到了压制。恰恰相反,我们将会设想,尽管弗洛伊德的"压制"无疑发生了,并且是重要的,但这并非我们的愿望之未被意识到的通常的原因。通常的原因仅仅在于,愿望首先全都是无意识的,并且仅当它们被人主动地注意到 39
时,它们才被人知道。出于懒惰的原因,人们通常不是去注意而是去接受他们发现正在流行的人性理论,并把这种理论将会导致他们去期待的任何愿望都归于自身。我们过去常常充满了善良的愿望,但自从弗洛伊德以来,我们的愿望变得——用先知耶利米的话说——"比万物都诡诈,并坏到极处。"这两种观点,在绝大多数持

① 参见 Hart,*The Psychology of Insanity*,p. 19。

有它们的人那里，都是理论的而非观察的产物，因为观察需要勉力的尝试，而重复语句则无需这样。

我所一直主张的对无意识的愿望的这种解释，已由华生教授在一篇名为“愿望实现的心理学”（The Psychology of Wish Fulfilment）的文章中简要地提出来了。这篇文章发表在1916年11月号的《科学月刊》（*The Scientific Monthly*）上。下面的两段引文将有助于表明他的观点：

“（他说）弗洛伊德的信奉者们或多或少从潜意识的压抑力中推断出一种‘形而上学的实体’。他们猜想，当愿望被压制时，它们就被压制成了‘无意识的东西’，而且这种神秘的潜意识压抑力立于有意识的东西与无意识的东西之间的活板门前。我们许多人都不相信有一个无意识的世界（我们当中有几个人甚至怀疑无意识这个术语的有用性），因此我们试图按照通常的生物学的路线来解释潜意识的压抑作用。我们相信，一组习惯可以‘战胜’另一组习惯——或者本能。既然这样，我们通常的习惯体系——我们称这些习惯是我们的‘真实自我’的表达——就会抑制或平息（保持不活动或部分地不活动的状态）那些主要应归于过去的习惯或本能的倾向”（第483页）。

40 在说到某些冲动的受挫——这种受挫涉及到一个文明的成年人的习惯之获得——之后，他又继续说：

“正是在这些受挫的冲动之间，我将会发现未实现的愿望的生物学基础。这样的‘愿望’本来永不必是‘有意识的’，而且本来永不必压制成弗洛伊德的无意识王国。从这点可以推断，没有特别的理由把‘愿望’这个术语应用到这样的倾向上”（第485页）。

我将在以下的讲演中谈及一般的心灵分析。这种分析的一个优点是，它将从心理分析家们所揭示的现象中消除神秘的气氛。神秘是令人愉悦的，但它是非科学的，因为它依赖于无知。人是从动物进化而来的，并且他和阿米巴之间没有严重的鸿沟。某种极其近似于知识和欲望的东西，就其对行为的影响而言，也存在于动物中间，而且甚至在难以相信在有我们所谓的“意识”的地方亦是如此；在一些不能发现“意识”的任何踪迹的场合，某种同样类似的东西也存在于我们身上。所以，无论“意识”的正确定义可能是什么，“意识”都不是生命或心灵的本质。因而，在以下的讲演中，这个术语将会消失，直到我们处理了词的问题；而在那时，它将主要作为语言习惯的一种平凡而又不重要的结果再度出现。

41
第二讲　本能与习惯

在试图理解精神现象由以组成的成分时，最重要的是要记住，从原生动物到人，无论在结构上，还是在行为上，任何地方都不存在一条很宽的鸿沟。从这个事实出发，极有可能作出这样的推论，即任何地方也都不存在一条很宽的精神的鸿沟。当然，以下这点是可能的：在进化的某些阶段，可以有这样的一些成分，从分析的立场来看它们是全新的，尽管在其初期的形式上，它们对行为几乎没有什么影响，而且在结构方面并无显著的相关物。但是，精神发展连续性的假设显然是更合人意的，假如没有任何心理的事实使其成为不可能的。如果我没有弄错的话，我们将会发现，没有任何事实会反驳精神连续性的假设，而且另一方面，这个假设为心灵的性质提供了一种有用的检验。

贯穿有机体进化全过程的精神连续性之假设，可以有两种不同的使用方式。一方面，可以认为，我们对于自己的心灵比对于动物的心灵拥有更多的知识，而且我们应该使用这种知识来推断动
42 物，甚至植物身上有某种相似于我们自己的精神过程的事物；另一方面，可以认为，动物和植物呈现了比较简单的现象，这些现象比人的心灵的现象更易于分析。由此可以主张，适宜于动物的解释，在用于人时，不应当轻易加以拒绝。这两种观点的实际效果是截

然相反的:第一种使我们利用我们在自己的智力方面所知道的东西来提升动物的智力,而第二种使我们试图把自己的智力降低到与我们在动物身上所观察到的东西相距不太遥远的某种事物上。因此,重要的是要考虑精神连续性原理的两种应用方式的相对合理性。

显然,这个问题取决于另一个问题,即:我们能最充分知道的是动物的心理,还是人的心理?假如我们能对动物知道得最多,我们将把这种知识用作关于人的推论的基础;假如我们能对人知道得最多,我们将采取相反的步骤。而且,这个问题,即我们能对人的心理知道得最多还是对动物的心理知道得最多,又取决于另一个问题,即:在心理学中,是内省还是外在的观察更可靠?我打算在第六讲中详细讨论这个问题。因此,我现在将满足于陈述即将获得的结论。

我们知道大量的关于我们自己的东西;而这些东西若放到动物及他人身上,我们几乎不能如此直接地知道。我们知道我们何时牙痛,知道我们在想什么,知道我们睡着时梦到了什么;我们还知道许多其他现象,而这些现象若放到他人身上,只有当他们告诉我们时我们才会知道,要不然就只有当他们使那些现象可以从他 43
们的行为中推论出来时我们才会知道。因而,就关于孤立事实的知识而言,自知(self-knowledge)胜于外在的观察。

但是,当我们对事实进行分析并加以科学地理解时,自知的优势就变得极不清楚了。例如,我们知道我们拥有欲望和信念,但我们并不知道什么东西构成了一种欲望或一种信念。我们如此熟悉这些现象,以至于难以认识到我们对之真正知道得多么的少。我们在动物身上发现了——而且在一种较小的程度上也在植物身上发现了——某些行为，这些行为或多或少类似于欲望和信念在我们身上所激起的行为。我们还发现，当我们沿着进化的等级下降时，行为会变得更简单，更容易还原成规律，并能更科学地加以分析和预言。正是因为我们不为熟悉的东西所误导，我们发现，在讨论远离我们自己的心灵之现象的现象时，做到小心地解释行为是比较容易的。而且，正如心理分析所证明的那样，甚至在我们觉得有高度确定性的地方，内省也是特别容易出错的。最终的结果似乎是这样的：尽管自知对心理学有一种确定而又重要的贡献，但是，除非始终接受外部观察之试验的检查与控制，以及当应用于动物的行为时这样的观察所提示的那些理论的检查与控制，它是极易引人误解的。因此，总体看来，人类心理学从动物中所要学的东西，很可能比动物心理学从人类中所要学的东西多。但是，这个结论是一种程度的问题，不能超出某种程度来占有它。

44 在动物身上，甚或严格说来在他人身上，只有身体的现象才能直接加以观察。我们能够观察到像它们的运动、它们的生理过程以及它们所发出的声音这样的东西。类似欲望与信念这样的事物，对内省来说是显而易见的，而对外部观察来说并不是直接可见的。因此，如果我们从外部观察来开始我们的心理学研究，那么我们必不能通过假定诸如欲望与信念之类的事物来开始我们的研究，而只能通过假定外部观察所能揭示的东西而开始，因为这样的东西反映了动物的运动及心理过程的特点。例如，一些动物总是躲避光线，并在黑暗处把自己隐藏起来。假如你捡起一块浅植土中并长了苔藓的石头，那么你将看到许多小动物从不习惯的日光下跑了出来，并再次寻找你从它们那里剥夺了的黑暗。在它们的运动受光线的影响这种意义上，这样的动物对光线是敏感的。但是，推断它们无论如何都拥有同我们的视觉类似的感觉，那将会是轻率的。这样的推断，由于超出了可观察的事实的范围，所以应当极其小心地加以避免。

人们习惯上将人的运动分为三类：自愿的、反射的和机械的。我们可以通过来自詹姆士的一段引文来说明这种区分（*Psychology*，i，12）：

“假如当我走进车站时我听到售票员喊‘上车啦’，我的心脏先是停了下来，然后又急速地跳动，并且我的腿通过加快自身的运动速度对落到我耳膜上的电波作出了反应。假如我在跑的时候跌倒了，那么跌倒的感觉将促使我的手朝着跌倒的方向运动，而这一运
动的效果将是保护我的身体免受过分突然的撞击。假如一粒煤渣 45
进了我的眼睛，那么眼皮就会紧闭，并且大量的泪流往往把它冲洗掉。

“然而，对感觉刺激的这三种反应，在许多方面是不同的。闭眼、流泪完全是不由自主的，而且心脏的骚动也是如此。我们知道这样的不由自主的反应是‘反射的’行为。手臂为了消除身体跌倒时遭受的撞击而作出的运动也可称为反射的，因为它发生得太快了，从而无法被故意地作出。我们无法弄清它是否是本能的，或者说是否是孩提时代的学步的结果。无论如何，与前面的行为相比，它较少具有自发的特点，因为一个人可以通过有意识的努力，来学习如何更巧妙地完成这种行为，甚或完全地压抑它。这类行为——本能与习惯在相同的条件下进入其中——被称为‘半反射

的’。另一方面，在跑向火车的行为中不存在本能的成分；它纯粹是教育的结果，而且在它发生之前，我已意识到了将要达到的目的，并且我的意志已下了一道清楚的命令。它是一种‘自愿的’行为。因而，动物的反射的和自愿的举动逐渐地相互融合，因为一些行为把它们联结了起来，而这些行为可以时常自动地发生，但也可以被有意识的智力所修改。

“一个不能感知伴随着的意识的外部观察者，也许完全不知道如何辨别自发的行为和意志陪伴着的行为。但是，假如心灵存在的标准是对达到假想中的目的之手段所作的适当的选择，那么所有类似的行为似乎都是由智力所激发的，因为适当性同样是所有这些行为的特征。”

46 在詹姆士首先提及的这些运动中，有一种运动，他后来没有对它进行归类，这就是跌倒的动作。这种运动，我们可以称之为“机械的”；它显然既不同于反射的运动，也不同于自愿的运动，而且更类似于无生命物质的运动。当一个动物的身体运动在进行过程中好像只牵涉到无生命物质时，我们就可以把这种运动定义为“机械的”。例如，假如你从悬崖上摔了下来，那么你是在重力的影响下运动的，并且你的重心恰好描绘了一条正确的抛物线，就好像你已失去了生命一样。除非在偶然的场合，比如像一个醉汉跌落到水桶中并被浸醒了，机械的运动并不具有适当性的特征。但是，除了在某种非常晦涩的意义上之外，反射的和自愿的运动并非总是适当的。一只扑火的飞蛾并不是在理智地行动，而一个太急于去取票乃至不能记得目的地之名称的人，也是这样。适当性是一种复杂而又纯粹近似的观念，并且我们眼下最好还是将其从我们的思

想中开除。

如詹姆士所陈述的那样，从外在观察者的观点来看，自愿的运动和反射的运动是没有差别的。心理学家能够发现，二者都依赖于神经系统，并且他可以发现，我们所称的自愿的运动，相比于反射的运动，依赖于脑的更高级的神经中枢。但是，涉及到“意志”或“意识”的出现或不出现，他发现不了任何东西，因为这些东西如果确实存在的话，只能从内部被发现。目前，我们希望坚决地把我们自己置于外部观察者的位置上；我们因此将会忽略自愿的与反射 47
的运动的差别。我们将把二者合称为“生命的”(vital)运动。于是，通过以下的事实，我们可以把“生命的”运动从机械的运动中区别开来：生命的运动在原因上依赖于神经系统的特殊属性，而机械的运动只依赖于动物的身体与通常的物质所共有的那些属性。

假如要使机械的运动与生命的运动的区分精确化，那么需要加以某种程度的小心。假如我们对动物的身体了解得更多，那么我们完全有可能从化学及物理学的定律中演绎出它们的所有运动。已经很容易发现化学是如何还原成物理学的，即不同的化学元素之间的差别如何能用物理结构的差别来解释；这是因为，物理结构的构成成分是电子，它们在所有种类的物质中都是完全相同的。我们只是部分地知道如何把生理学还原成化学，但我们知道足够多的东西，以至于可以让人相信这种还原是可能的。如果我们设想这种还原实现了，那么生命的运动与机械的运动的差别将会变成什么样子呢？

一些类比将会使这种差别变得明确。撞击一堆炸药与用同样的力量撞击一堆钢铁，所产生的效果是完全不同的：在一种场合下产生了巨大的爆炸，而在另一种场合下几乎没有可发觉的震动。类似地，你有时可以发现，一块微妙地悬在山腰的巨岩，只要被人一碰，就会冲向山谷，而周围的岩石由于非常牢固，只有用相当大的力量才能搬动它们。这两种情形的相似之处在于，不稳定的平
48 衡中有一种巨大的能量储藏，施加一种非常轻微的扰动就会使其立即爆发出剧烈的运动。类似地，只需耗费很轻微的一点精力就可以寄出一张写有“一切都已被发现，逃吧！”的明信片，但这在动能上所产生的效果据说是惊人的。一个人体，像一堆炸药一样，也在不稳定的平衡中包含一种能量的储藏；只要从身体上给予一种很小的干扰（比如说出一个词），此种能量就会立即对准这个或那个方向释放出来。在所有这样的情况下，只有考虑到重要的细微之处，才能把行为还原到物理学定律。只要我们把自己限定于相对较大的质量，扰乱平衡的方法就不可能得到确定。物理学家区分了宏观方程和微观方程：前者决定普通大小的物体的可见运动，后者决定发生在最小的部分里的微小事件。据说只有微观方程对于各类物质才是同样的。宏观方程来自于求平均的过程，并且在不同的场合可能是不同的。因此，在我们的例子中，宏观现象的规律对于机械的和生命的运动是不同的，尽管微观现象的规律可以是相同的。

以多少有点粗略的方式讲，我们可以说，施加于神经系统的刺激，就像落到炸药上的一粒火花，能乘机利用储存起来的处于不稳定平衡中的能量，并因此产生与直接的原因不成比例的运动。以这种方式产生的运动是生命的运动，而机械的运动是生命体储藏的能量并不牵涉于其中的运动。类似地，炸药可以被引爆，并由此

展示其特有的属性，或者可以像任何别的矿石一样，在近处用货车 49
搬运（要加以应有的小心）。爆炸类似于生命的运动，而在近处搬运则类似于机械的运动。

心理学家对机械的运动是不感兴趣的，而且只是为了能够排除它们，我们才有必要定义这种运动。当心理学家研究行为时，只有生命的运动才是他所关心的。因此，我们将继续忽略机械的运动，并且只研究余下的那种运动的属性。

下一点是要区分本能的运动与通过经验而习得的运动。这种区分在某意义上也是一种程度的区分。摩尔根教授对“本能的行为”给出了下述的定义：

“它第一次出现时不依赖于先前的经验；它有助于个体的康乐与种族的保存；它为或多或少受限制的同一群动物中的所有成员以相同的方式所实施；它可以在经验的指导下接受随后的修改。”①

这个定义是为了生物学而构造的，而且在某些方面不适于心理学的需要。尽管也许不可避免地要提及“或多或少受限制的同一群动物”，但是这种提及使得人们无法判断，在一个孤立个体的行为中，什么样的东西是本能。而且，“个体的康乐和种族的保存”只是我们心目中的所谓的本能运动的一种通常而非普遍的特征；
关于有害的本能的例子很快就将给出。从我们的观点看，此定义 50
的重要之处在于，一种本能的运动是独立于其先前的经验的。

我们可以说，“本能的”运动是动物首次发现自己处在新的环境中时就会去完成的生命的运动，或者更正确地说，当环境是新的

① *Instinct and Experience* (Methuen, 1912), p. 5.

时它便会去完成的一种运动。[1] 动物的本能在其生长的不同阶段是不同的，并且这个事实可以引起并非由于学习而导致的行为的变化。性本能的成熟和季节性波动为此提供了一个好的例证。当性本能首次成熟时，在其配偶出现的情况下，动物的行为不同于它先前在类似场合下的行为，但这不是学来的，因为假如动物以前从未出现过在配偶的面前，情况也是完全一样的。

另一方面，假如一种运动是由类似环境中先前的经验所导致的，它就是“学来的”或者说体现了一种“习惯”，并且假如动物没有过这样的经验，这种运动就不会是其所是。

存在各式各样的复杂情形，这些情形在实践中使得这种区分的明晰性变得模糊了。首先，许多本能是逐渐成熟起来的，并且当它们尚未成熟时，动物能够以摸索的方式做出行为来，而这种方式是难以同学习的行为相区分的。詹姆士（*Psychology*，ii，407）认为，儿童走路靠的是本能，并且他们首次尝试时之所以表现出笨手笨脚的样子，只是因为本能尚未成熟。他希望，“在关键时刻与其
51 子女独处一起的某个科学鳏夫，在不久以后会在充满生命力的主体上检验这种意见。”不管此事如何，他援引证据来表明，“鸟并不是学习飞行”，而是在到达适当的年龄时通过本能来飞行（同上，p. 406）。其次，本能时常只是给出了做这类事情的一个粗略的轮廓，而在这样的情况下，为了在行为中获得确定性与精确性，学习是必要的。再次，甚至在最明显的关于习得的习惯——比如说

[1] 虽然这只能通过与种群中其他成员的比较而确定，并因此表明我们需要比较。我们认为这种比较是对摩尔根教授的定义的一种反对。

话——的情形中，为了启动学习的过程，也需要某种本能。就说话而言，所涉及的主要本能通常被认为是模仿的本能，但我们可以对这点提出怀疑。（参见 Thorndike’s *Animal Intelligence*，p. 253 ff.）

尽管有这些限制，还是不能否认本能与习惯之间存在着广泛的区别。举一些极端的例子：在有机会学习以前，刚出生的每种动物都凭本能进食；另一方面，任何人都不能凭本能骑自行车，尽管经过学习之后，必要的运动完全变成了自动的，就好像它们真是本能的一样。

学习的过程就在于获得习惯，人们已在各种不同的动物身上对它进行了许多研究。[①] 例如，你把一个饥饿的动物——比如一只猫——放在一只笼子里，这只笼子有一个通过移动门闩就可以打开的门，而且你在笼子的外面放上了食物。这只猫首先会在笼子的周围冲撞，并作出狂乱的努力，以求冲出去。最后，门闩偶然地被移动了，这只猫扑向了食物。第二天，你重复了同样的试验，并且你发现它出去的速度比第一次快多了，尽管它还会做出一些 52
胡乱的运动。第三天，它出去的速度更快了，而且不久它就会径直走向门闩并立即移动它。或者，你制作一个汉普顿宫廷迷宫的模型，把一只老鼠放在它的中间，并让食物的味道从外面进入模型。这只老鼠开始跑下走廊，并在遇到死路时不断地停下来，但最终经过持久的尝试，它出去了。你日复一日地做这个试验，你测量老鼠在到达食物跟前时所花的时间；你发现时间迅速地减少了，并且

① 对这个主题的科学的研究几乎可以说是以桑代克（Thorndike）的 *Animal Intelligence*（Macmillan，1911）为起点的。

过了一段时间以后，老鼠就不再作出任何错误的回转了。正是通过实质上相似的过程，我们才学会了说话、写字、数学或帝国的管理。

关于习惯从胡乱的运动中产生的方式，华生教授（*Behavior*，pp.262～263）有一种巧妙的理论。我认为，有理由表明，仅就其本身而言，他的理论不能被视作充分的，但似乎并非不可能的是，它部分说来是正确的。为简单起见，假定正好有十种可以被这个动物做出的胡乱运动——比如说它可以沿着走下去的十条道路，并且假定这其中只有一种运动可以使它获得食物，或其他任何能代表成功的东西。那么，成功的运动在这个动物的尝试期间始终出现，而平均说来，每一种其他的运动仅在半数的尝试期间出现。因而，重复先前的一次动作的倾向（这可以轻易地得到说明，而无需“意识”的介入）导致它相对重视成功的运动而非任何其他的运动，并最终导致这一动作单独被完成。对这种观点——假如被当作唯一的解释——的反对意见是，直到第二次努力之后才应当有进
53 步，然而实验表明，动物在第二次尝试时已经比第一次做得好。因此，需要某种其他的东西来解释习惯是如何起源于胡乱的运动的；但我看不出有什么理由假定所需要的其他的东西包含着“意识”。

桑代克先生（在前面所引的那本书中，第 244 页）明确地陈述了如下两条“关于后天的行为或学习的临时定律”：

“结果律：在对同一种环境所作的几种反应中，当其他条件相同时，那些为动物的满意感所伴随或紧随其后的反应将会与环境更紧密地联系起来，以至于当那种环境再次出现时，它们也更有可能会出现；当其他条件相同时，那些为动物的不适感所伴随或紧随

其后的反应将会使它们与那种环境的联系弱化，以至于当那种环境再次出现时，它们出现的可能性将会变得更小。满意感或不适感愈大，这种联结的强化或弱化就愈大。

“练习律：当其他条件相同时，对一种环境所作的任何反应，都将在同那种环境相联结的次数及这些联结的平均力度与持续时间成比例的情况下，更强有力地同那种环境联系在一起”。

鉴于当前所给出的关于“满意感”和“不适感”之意义的解释，似乎有充分的理由接受这两条定律。

在本能与习惯方面，符合于动物的东西，同样符合于人。但是，一般说来，我们在进化的等级中上升得愈高，学习的力量就变得愈大，并且在成年生活中展现纯粹本能未被改变的机会就愈少。
这点极其适用于人，以至于有些人认为，本能在人的生活中没有它 54
在动物的生活中重要。然而，这是一种错误。仅当本能提供了驱动力时，学习才是可能的。逐渐学会走出去的笼中动物，首先做出了胡乱的运动，而这些运动是纯粹本能的。倘若没有这些胡乱的运动，它们绝不会获得后来使它们能够产生正确运动的经验。（这部分地引起了霍布豪斯[Hobhouse]的怀疑——我认为，这是错误的怀疑。）同样地，学习谈话的儿童会发出各种各样的声音，直到有一天偶然发出正确的声音为止。显然，最初发出胡乱的声音乃出于本能，但没有这些，就绝不能学会说话。我认为，对于我们所获得的所有习惯与倾向，我们都可以这样说：在所有这些东西中，从始至终都呈现了一些本能的活动，而这些本能的活动首先激起了相当无效的运动，但在越来越多的有效方法被习得的过程中，它们提供了驱动的力量。一只饥饿的猫闻到了鱼，并走向了橱柜。当

橱柜中有鱼时,这是一种完全有效的方法,而且时常成功地被儿童加以实践。但在以后的生活中将会发现,仅仅走向橱柜并不能使那里有鱼;在一系列的胡乱的运动之后就会发现,这种结果来自于早晨进伦敦城而晚上赶回来。没有人会先天地猜想,一个中年人的这种身体运动,会使鱼从海中出来,并进入他的橱柜;但经验表
55 明,情况确实如此,并且这个中年人因此会继续去伦敦城,而这正像笼中之猫继续移动门闩——当它已有一回发现门闩时——一样。当然,通过语言,人的学习事实上变得容易了,尽管从心理学上讲,变得更复杂了。但实质上,语言并未改变学习的本质特征,或者说没有改变本能在促进学习的过程中所起的作用的本质特征。然而,直到以后的一讲,我才想继续谈论语言这个题目。

通常的本能概念想象本能是不可错的、异常有智慧的,并且是不可修改的,但这种本能概念是错误的。这是一种十足的错觉。总的来说,本能是非常粗糙而简单的,能在通常的条件下获得它的结果,但容易被任何不正常的事物所误导。小鸡凭着本能跟着它们的母亲,但当它们相当幼小时,它们将会同样乐意地跟着任何移动着的并稍像其母亲的对象,甚或跟着人(James,*Psychology*,ii,396)。柏格森引用法布尔(Fabre)的作品,强调了独居的泥蜂阿莫费拉(Ammophila)所具有的人们想象中的超常的准确性;这种泥蜂是在毛虫身上产卵的。关于这个问题,我将引用德莱弗(Drever)的《人的本能》(*Instinct in Man*,p. 92)一书:

"根据为柏格森所接受的法布尔的观察结果,阿莫费拉精确而又毫无错误地刺击其猎物的每一根神经中枢。结果,毛虫瘫痪了,但又并未立即死去;这种结果的好处是,阿莫费拉——它的卵存放

于毛虫的身上——的幼仔不会被毛虫的任何运动所伤害，而且当时间到来时，还获得了毛虫的鲜肉。

“现在，佩克汉姆(Peckham)博士夫妇已经表明：泥蜂的刺击并非如法布尔所宣称的那样毫无错误，刺击的次数并不是恒常不变的，有时毛虫并未瘫痪，有时毛虫被彻底刺死，而且不同的环境 56
显然并未对它的幼仔造成任何影响；毛虫的轻微的运动不会伤及泥蜂的幼仔，并且幼仔吃分解过的食物而不吃新鲜的毛虫亦不会伤及其自身。”

这表明，对奇异的事物的喜好，甚至可以使像法布尔这样的细心的观察者以及像柏格森这样的卓越的哲学家作出错误的判断。

关于由本能引起的错误，在德莱弗的那本书的同一章中有一些例子。我将引用其中的一个作为样本：

“洛美曲萨(Lomechusa)甲虫的幼仔吃幼蚁，并在蚁穴中被抚养长大。然而，蚂蚁拿出与照料自己的幼仔同样程度的细心，来照料洛美曲萨的幼仔。不仅如此，它们显然还发现，适于自己幼仔的喂养方法，对它们的客人来说，已证明是致命的；因此，它们改变它们的全部照料方法”(在与前述引文相同的地方，第106页)。

西蒙(Semon)(*Die Mneme*, pp. 207～209)给出了一个好的例证，来说明本能会通过经验而变得更聪明。他陈述了猎人是如何通过模仿成年牡鹿种族中的其他成员(或雄鹿，或雌鹿)的声音来吸引它们的；但他发现，牡鹿的年龄越大，欺骗它的难度就越大，而且模仿的准确性就得越高。

有无数关于本能的文献，而且我们可以无限地加以举例说明。在本能问题上，需要加以强调并与关于它的通常想法形成对立的主要之点是：

(1)本能无需预知它为之服务的生物学的结果；

57 (2)本能只适合于用来在所考虑的动物所处的通常环境中获得这种结果，而且通常并不具备成功所必需的那种精确性；

(3)有了经验以后，由本能所启动的过程时常会完成得更好；

(4)本能推动了为学习过程所必需的试验性运动；

(5)动物的早期本能是容易改变的，并且能与不同种类的对象联结起来。

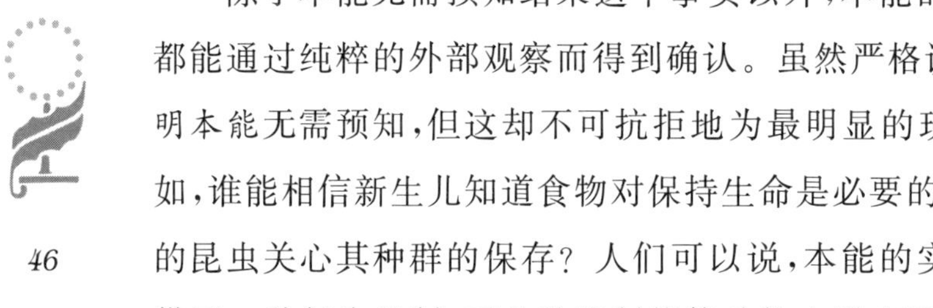

除了本能无需预知结果这个事实以外，本能的所有上述特征都能通过纯粹的外部观察而得到确认。虽然严格说来观察不能证明本能无需预知，但这却不可抗拒地为最明显的现象所暗示。例如，谁能相信新生儿知道食物对保持生命是必要的，或者相信产卵的昆虫关心其种群的保存？人们可以说，本能的实质就在于它提供了一种行为机制，而此种机制能使动物在没有预见的情况下，用一种通常在生物学上有利的方式来行动。部分说来，正是由于这个原因，理解本能在促进动物及人的行为过程中所处的根本地位，才显得如此重要。

第三讲　欲望与感受 58

在欲望问题上，假如我没有弄错的话，几乎只有把通常的非反思的意见完全颠倒过来，才能获得真实的观点。本质上把欲望视为对待某种想象中的而非实际的事物的态度，是合乎常理的。这某种事物被称为欲望的目标或对象，并且据说就是任何来自欲望的行为的意图。我们认为，欲望的内容恰好类似于信念的内容，而它们对内容所采取的态度则是不同的。根据这种理论，当我们说“我希望下雨”或者“我预料会下雨”时，在第一种情况下我们表达了一种欲望，在第二种情况下我们表达了一种信念，而它们拥有同一种内容，即对雨的想象。人们容易说，正像信念是内容方面的一种感受(feeling)一样，欲望因此是另一种感受。根据这种观点，在欲望方面首先出现的是某种想象的东西，并伴有一种与其相关的特殊感受，即我们称之为“欲望”它的那种感受。这样看来，与未被满足的欲望相联系的不适感以及把满足欲望作为目标的行为，都是欲望的结果。我想，可以公正地说，常识不会背离这种观点。不
过，我认为它是极端错误的。我们无法从逻辑上反驳它，但能举出 59
各种各样的事实，这些事实会使其逐渐变得不再这么简单、这么貌似合理。直到最后的结果表明，彻底放弃它，并以一种完全不同的方式来看这个问题，是更容易的。

将被引证来反对常识的欲望观的第一组事实，是心理分析所研究的那些事实。在所有人身上（但最显著地是在那些受癔病和某些形式的疯狂所折磨的人身上），我们都发现了所谓的“无意识的”欲望，而人们通常认为这些欲望显示了自欺。绝大多数心理分析家几乎都不关心欲望的分析；他们所热衷的事情，是通过观察去发现人们所欲望的东西是什么，而不是去发现实际上是什么东西构成了欲望。我认为，假如用行为主义欲望理论的语言而非日常信念的语言来表达，他们所报告的东西的不可思议性将会显著地减少。人们通常这样描述与我们当前的问题有关的现象：一个人说他的欲望是某某东西，并且正是这些欲望激发了他的行为；但是，外部观察者发觉，同他所声称的相比，他的行为实现了完全不同的目标，并且这些不同的目标也许就是人们觉得他欲得到的东西。一般地，这些目标不如他所公开声称的欲望有道德，而且公开声称前者因此也就不如公开声称后者更令人愉快。因而人们假定，它们确实是作为对目标的欲望而存在的，但它们存在于心灵的潜意识部分，而且由于必须认为自己是有病的，所以这个病人拒绝让它们进入意识。毫无疑问，在许多场合下，这样的假定可以得到
60 应用，同时又没有明显的做作。但是，弗洛伊德的信奉者们越深入挖掘本能的地下部分，他们就越远离于任何类似有意识的欲望的东西，并且就越不可能相信，唯有真实的自欺才向我们隐藏了这一点，即我们确实想得到我们的正大光明的生活对其感到厌恶的事物。

在所说的这些情形中，我们在外部观察者与这个病人的意识之间有一种冲突。心理分析的整个倾向就在于相信外部观察者而

非内省的证据。我认为，这种倾向是完全正确的，但需要对构成欲望的东西进行重新陈述，并将其展现为我们的行为的一种因果律，而非某种实际存在于我们的心灵中的某种东西。

但是，让我们首先来更清晰地陈述这种现象的本质特征。

我们发现，一个人说他欲望某种目标A，并且为了达到这个目标而行动。然而我们观察到，他的行为很可能达到一种完全不同的目标B，并且B往往好像属于动物和野蛮人所欲望的那类目标，尽管文明人据说已经抛弃了它。我们有时也发现整组的错误信念；当病人的行为事实上是达到B的手段时，这种信念使他相信自己的行为确实是达到A的手段。例如，我们有一种向我们所憎恨的人施加痛苦的冲动；我们因此相信他们是邪恶的，并相信那种惩罚将会使他们改过自新。这种信念能使我们遵循这种施加痛苦的冲动去行事，虽然我们相信自己是在遵循着使罪人悔改的欲望
而行事。正是由于这个原因，一切时代的刑法，都比真的想使罪犯 61
变好的那种情况下严酷得多。把这样的一种事态解释成是由“自欺”所造成的，似乎是容易的；但这种解释时常是虚构的。就像人们没有必要隐藏指数定理一样，绝大多数人在思考冲动时已同样没有必要向自己隐藏复仇的冲动。我们的冲动并不暴露于因果的观察之下，而只有对我们的行为进行科学的研究才会发现它，并且在这种研究过程中，我们必须像看待行星的运动及新的元素的化学反应那样，客观地看待我们自己。

动物研究强化了这个结论，并在很多方面都是欲望分析的最好的准备。在动物方面，我们不为伦理学的意见所具有的那种令人烦恼的影响所干扰。在讨论人时，我们永远会因为有人告诉我

们如此这般的观点是令人沮丧的、愤世嫉俗的或悲观厌世的而感到心烦意乱：人类在自负的年代中逐步构造了一种如此宏大的关于我们的智慧与美德的神话，以至于只要受到认识事实的真相这一纯粹科学的欲望的入侵，就会立即遭到那些固守舒适的幻觉的人的怨恨。但是，没有人会关心动物是否是有道德的，也没有人会误以为它们是理性的。另外，我们并不期待它们是如此“有意识的”，并且我们打算承认，在对它们所实现的目标没有任何预见的情况下，它们的本能激发了有用的行为。因为所有这些理由，在心灵分析中，有许多东西用研究动物的方法比用观察人的方法更容易被发现。

我们全都认为，通过观察动物的行为，我们能或多或少地发现
62 它们所欲望的东西。假如情况是这样的（我完全认为情况就是如此），那么欲望一定能展现在行为中，因为它仅仅是我们能够观察到的动物行为。它们也许拥有各类事物都在其中发生的心灵，但是除非从它们的行为中进行推论，我们不能认识任何关于它们心灵的东西，而且越是检验这些推论，它们就越显得可疑。因此，似乎只有行为才一定是检验动物欲望的标准。由此出发，容易得出这样的结论：动物的欲望只是某个系列行为的一种特征，即通常认为是由所说的这种欲望激发出来的那些行为的一种特征。而且，当已表明这种观点对动物的欲望提供了一种满意的解释时，不难发现同样的解释也能应用于人的欲望。

从一种熟悉的动物的行为中，我们容易判断它是饿了还是渴了，是高兴还是不高兴，是好奇还是害怕。假如有可能证实我们的判断，那么证实一定来自动物当下的相继的行为。绝大多数人都会说，他们首先推断出关于动物的心灵的状态的某种东西（比如它是饿了还是渴了等等），并且由此形成对它的后继行为的预期。但是，这种经由动物之假想的心灵而做出的迂回是完全不必要的。我们可以简单地说：动物刚刚发生的行为已具有了那些能使人分清所谓的“饥饿”的特征，而且它下一刻的行为可能在这方面也是类似的，除非它发现了食物，或者被诸如恐惧这样的更强的冲动所打断。饥饿的动物是不安宁的；它会到那些时常会发现食物的地 63
方去；它会用鼻子闻，用眼睛看，要不然就提高自己感官的灵敏性；一旦它充分靠近食物，从而使其感官有所感受时，它会以最快的速度走到食物近前，并吃起食物；在这之后，假如食物的量是充足的，其整个的行为就发生变化了：它很有可能躺下来睡觉。这些事物及与其类似的东西，都是把饥饿的动物从不饥饿的动物中区分出来的可观察现象。我们由以把一系列表现饥饿的行为识别出来的这种特有的标记，并非我们无法加以观察的动物的精神状态，而是出现在其身体行为方面的某种东西。正是身体行为中的这种可观察的特性，才是我打算称之为“饥饿”的东西；它不是动物心灵中的某种也许神秘而又确实不可知的成分。

总结饥饿情况下所发生的事情，我们可以说，所谓的动物的欲望总是体现在一个行为链（a cycle of actions）中，而且这个行为链具有某些相当明显的特征。首先有一种活动的状态，此种状态是由一些可能会拥有某种结果的运动构成的，而这种构成具有一些我们即将要提及的条件。除非被打断，这些运动会继续下去，直到获得了那种结果；此后，通常有一段相对安静的时期。此种类型的一个行为链，拥有一些通常把自己从无生命物质的运动中区分出

来的标记。这些标记中最显著的是:(1)行为相对于实现某种结果的适当性;(2)在获得那种结果之前行为的连续性。这二者都不能超出一定的范围。在这二者中,任何一个(a)都可以在某种程度上出现在无生命的物质中,并且(b)都可以在相当大的程度上不在
64 动物身上出现,而植物则是处于中间的东西,并且只体现出一种微弱得多的行为形式,这种形式会使我们把欲望归于动物。(a)一个人可以说河流“欲望”海洋:大体说来,水依然会保持一种不息的运动状态,直到它到达了海洋,或达到了一个若不往上流便不能再流出的地方;而且我们因此可以说,这就是它在流动时所期望的东西。我们并不这么说,这是因为我们能够根据物理学定律解释水的行为;并且假如我们知道更多的关于动物的东西,我们同样可以不再把欲望归于它们,因为我们可能发现物理的及化学的反应足以解释它们的行为。(b)动物的许多运动并未展现似乎体现着欲望的那些行为链所具有的特征。首先有像滑倒和坠落这样的“机械”运动;在这些运动中,物理的力作用于动物的身体,而身体几乎就像无生命的物质一样。一个从悬崖上落下来的动物在空中时可能会做出许多绝望的挣扎行为,但其重心将会完全像它是死的时那样去移动。既然这样,假如这个动物落地时摔死了,那么乍看上去我们恰好就拥有了一个体现着欲望的行为链所具备的特征,即不停地运动,直至到达地面后才会安静下来。不过,我们并不想说这个动物欲望所发生的事情,这部分是因为这整个事件具有明显的机械的特征,部分是因为当落下后并没有摔死时它就不再倾向于重复这种经历。也可能有一些其他的原因,但我尚不希望提及它们。除了机械的运动之外,还有被打断的运动;比如,一只鸟在

去吃你的最好的豌豆的途中被你雇来看护的儿童吓走了，这样的 65 运动就是被打断的运动。假如打断是频繁的，并且链条的完成是罕见的，那么链条由之被发现的那些特征就是非常模糊的，以至于几乎不可能被识别。这些各式各样的考虑所导致的结果是，当我们把自己限定于对完整的行为进行外在的、非科学的观察时，动物和无生命物质的差别只是一个程度的问题，并且不是很精确的。正是由于这个原因，所以总有可能存在这样的情况，即爱想象的人认为甚至岩石与石头也有某种模糊的灵魂。动物具有灵魂的证据是非常不可靠的，以至于如果我们假定这种证据是有说服力的，那么一个人也满可以再往前跨一步，并通过类推的方法把这个论证扩展到所有的物质。不过，尽管存在模糊性及可疑的情形，动物行为中行为链条的存在，仍是它们乍看上去区别于通常的物质的一个宽泛的特征；而且我认为，正是这个特征使得我们把欲望归属于动物，因为它使它们的行为类似于我们（如我们所说的）在依据欲望行动时所做的事情。

我将采用下述的定义来描述动物的行为：

一个“行为链”是动物一系列自愿的或反射的运动；这些运动倾向于引起某种结果，并且会持续到获得那种结果为止，除非它们被死亡、意外事故或某个新的行为链所打断。（这里的“意外事故”可以定义为引起机械运动的纯粹自然规律的介入。）

一个行为链的“意图”就是使这个行为链走向终结的结果，并且在通常情况下，这种结果是用一种暂时的安宁的状态使其终结的——只要它没有被打断。

当一个行为链正在展开时，一个动物据说“欲望”这个行为链 66

的意图。

我认为，这些定义也充分适用于人的意图与欲望；但眼下我只研究动物以及我们通过外部观察所能学到的东西。我极力希望，除了包含在上述定义中的以外，不要把任何观念同“意图”和“欲望”这些词联系在一起。

我们迄今尚未考虑一个行为链的初始刺激物的性质是什么。然而，正是在这里，通常的欲望观似乎拥有最强有力的根据。饥饿的动物会继续做出运动，直到它获得了食物；因此，作出下述的假定好像是自然的：食物的观念出现在整个过程中，而且由于想到了将被获得的目标，整个过程就得以启动了。然而在许多场合，特别是在涉及本能的地方，这样的一种观点显然是站不住脚的。比如，以幼仔的繁殖和抚养为例。鸟儿交配、筑巢、产卵、孵卵、喂养幼鸟，并看护它们，直至它们完全长大。我们完全不可能假定这一连串的行动——它们构成了一个行为链——是由对结果的某种预见激发的；无论如何，在其首次被完成时情况是这样的。[1] 我们必须假定，完成每一次行为的刺激物都是此前的冲动，而非来自未来的吸引力。鸟儿在每个阶段都做其所做的事，这是因为它对那种特殊的行动有一种冲动，而非因为它知道整个行为链将有助于种群
67 的保存。同样的考虑也适用于别的本能。一个饥饿的动物感到烦躁不安，并在本能的冲动的引导下完成为其提供养料的运动；但是，觅食的行为并不能充分证明动物在其“心灵”中想到了食物。

现在来谈人以及我们在自己的行为方面所知道的东西。以下

[1] 关于鸟巢的证据，参见 Semon，*Die Mneme*，pp. 209～210。

这点似乎是清楚的：同我们一道启动一个行为链的东西是某种类型的感觉，并且我们将其称为不合意的感觉。以关于饥饿的情况为例：我们先在内部有一种不舒适的感受，它导致我们不愿意安静地坐着，让我们对美味有一种敏感性，并使周围可能存在的任何食物对我们产生一种吸引力。在我们对自己说“我饿了”这种意义上，我们在此过程的任何时刻都可能感到(aware)我们饿了；但在这个时刻以前，我们可能一直在围绕食物而行动了一段时间。我们在谈话或阅读时，可以在完全没有意识到的情况下吃东西。但是，我们完成吃的行为的方式，恰好同我们在意识到的情况下完成它们的方式是一样的；而且当饥饿消失时，这些行为就停止了。我们所谓的“意识”似乎不过是这个过程的一个旁观者；甚至当它给出命令时，它所给出的那些命令，像聪明的父母的命令一样，即使没有被给出，恰好也会被遵守。这种观点起初似乎是夸张的，但我们越是检验所谓的选择(volition)以及它们的原因，我们就越是强迫自己接受它。在所有这一切中，语词所起的作用是复杂的，并且是产生混乱的一种强有力的根源；我以后将回过头来讲语词问题。现在，我仍然关心存在于人身上的原始的欲望；在其存在的形式中，人类表明了自己与其动物祖先所拥有的密切关系。

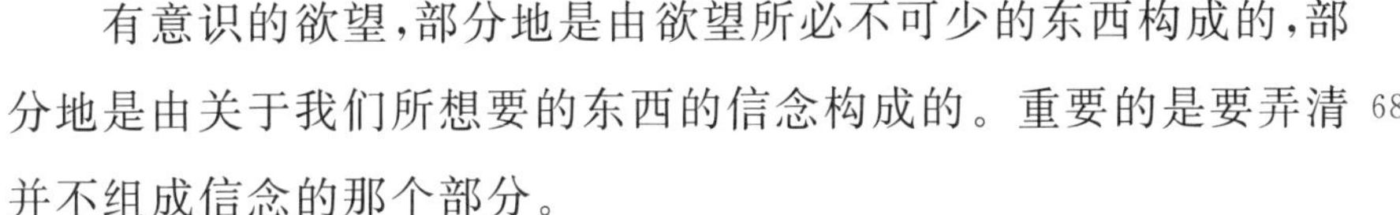

有意识的欲望，部分地是由欲望所必不可少的东西构成的，部分地是由关于我们所想要的东西的信念构成的。重要的是要弄清 68
并不组成信念的那个部分。

欲望中原始的非认识的成分似乎是一种推动而非一种拖动，即一种远离现实的冲动，而非理想所产生的一种吸引力。某些感觉和其他的精神事件拥有一种我们称为不适的属性；这些东西产生了很可能导致其停下来的身体运动。当不适消失时，甚至当它在相当大的程度上减轻时，我们就有了一些感觉，而这些感觉具有一种我们称之为愉悦的属性。愉悦的感觉要么根本不激发行为，要么至多激发可能会延长它们的行为。我将很快回过头来考虑不适和愉悦实质上是什么；目前，正是它们与我们的行为和欲望的联系才是我们所关心的。暂时放弃行为主义的立场，我们可以假定，饥饿的动物经历着包含不适的感觉，并激发很可能将它们带向笼外的食物的运动。当它们获得并吃食物时，它们的不适就停止了，并且它们的感觉就变得愉悦了。当动物事实上频繁地为不适所推动时，它们的心灵中似乎——这是错误的——从头至尾都拥有这种情境。并且，当一个动物像一些人那样在反思时，它开始认为自己从头至尾都在心灵中拥有这种确定性的情境；有时它开始知道什么样的情境将带来满足，以至于不适事实上的确让它想到了将会减轻不适的东西。不过，包含不适的感觉依然是首要的原动力。

这给我们带来了关于不适与愉悦之性质的问题。自康德以
69 来，人们习惯上认可了对精神现象进行三大划分；知识、欲望与感受则是这类划分的典型，而这里的“感受”是用来意指愉悦与不适的。当然，“知识”是一个过分确定的词：所牵涉的心灵状态被共同归类为“认识的”（cognitive），而且既包含信念，也包含知觉、怀疑及对概念的理解。“欲望”在内容上也比所想要的东西更贫乏：例如，意志应当包括在这个范畴中，而且事实上所有包含各种努力或“意动”（conation）——技术上这样称呼它——的事物都应包括在其中。我自己认为，这种关于心灵内容的三重划分没有任何

价值。我认为，感觉（包括意象）提供了心灵的所有“材料”，并且每种其他事物都能分析成以不同方式关联起来的成组的感觉，或分析为代表感觉或成组的感觉的东西。就信念而言，我将在以后的讲演中给出这种观点的根据。就欲望而言，我已在本讲中给出了某些证据。眼下，正是愉悦和不适才是我们所关心的东西。

一般地，人们可以持有三种关于它们的理论。我们可以认为，在经历它们的那些人身上，它们是独立存在的项；或者我们可以认为，它们是感觉和其他精神事件的内在性质；或者我们可以认为，它们只是不舒服的或愉快的事件具有因果关系性质的特征的名称。我认为，这些理论中的第一种，即把不适与愉悦视为存在于经历它们的那些人身上的实际内容的理论，说不出任何有说服力的支持自己的东西。[①] 它主要受到了“疼痛”这个词的模棱两可性的 70
暗示，而这种模棱两可性误导了很多人；它也误导了巴克莱，并为其主观唯心论提供了一种论据。我们可以把“疼痛”用作“愉悦”的对立面，并把“疼痛的”用作“愉快的”的对立面；或者我们可以在与热的感觉、冷的感觉及触的感觉相同的层面上，用“疼痛”来意指某种类型的感觉。该词的后一种用法在心理学文献中是盛行的，并且它现在不再被用作“愉悦”的对立面。黑德（H. Head）博士在近

① 沃尔格穆斯提出了各种不同的支持它的论证，见“On the feelings and their neural correlate, with an examination of the nature of pain,” *British Journal of Psychology*, viii, 4 (1917)。但由于这些论证主要是对其他理论——我为之辩护的理论并不包括在其中——的间接证明，我不能认为它们确立了自己的论点。

来的一篇出版物中陈述了如下的这种区分：[1]

“在开始的时候就有必要清晰地区分‘不适’与‘疼痛’。疼痛，像热和冷一样，是一种独特的感觉性质，并且其强度大致可以根据消耗在刺激中的力量而分成不同的等级。另一方面，不适是与愉悦直接相反的那种心境（feeling-tone）。它可以伴随本身并非必然会带来痛苦的感觉，比如由搔脚底所产生的那种感觉。由反复的刺痛所产生的反应包含这两种成分，因为它唤起了作为疼痛而被人认识的那种感觉性质，而这种感觉性质又为一种不宜人的心境所伴随，我们称此心境为不适。另一方面，过分的压力倾向于产生不适而非疼痛，除非当它直接压在某根神经干上时。”

71 不适与疼痛之间的混淆使得人们把不适视为比它本身更真实的一种事物，并且这反过来又影响人们对于愉悦所采取的观点，因为在这方面，愉悦与疼痛显然处于一个层次上。一旦把不适从疼感中清晰地区分出来，把不适与愉悦看作精神事件的属性而不认为它们自身就是独立的精神事件，就变得合乎常理了。因此我将不再认为它们是独立的精神事件，并将把它们看作分别被称为舒适的与愉快的经验之属性。

有待考察的是：它们是这样的事件的实际性质，还只是单纯的因果属性上的差别？我自己看不到任何解决这个问题的方法；两种观点似乎同样都能解释事实。假如情况是这样的，那么比较安全的做法就在于避免假定存在类似所说的精神事件的内在性质，

① “Sensation and the Cerebral Cortex,” *Brain*, vol. xli, part ii (September, 1918), p. 90. Cf. also Wohlgemuth, *loc. cit.*, pp. 437, 450.

而只是假定有这些不可否认的因果的差异。我们可以在不批评内在的理论的情况下，把不适与愉悦定义为因果的属性，并且只说在两种理论中都成立的东西。循着这条路线，我们将会说：

“不适”是一种感觉或其他精神事件的属性；它在于这样的事实，即所说的事件激发了自愿的或反射的运动，而这些运动倾向于 72
产生某种或多或少确定的变化，且这种变化包含了该事件的终止。

“愉悦”是一种感觉或其他精神事件的属性；它在于这样的事实，即所说的事件要么没有激发任何自愿的或反射的运动，要么只激发——假如它激发了——倾向于延长该事件的那些运动。[①]

我们现在必须思考“有意识的”欲望。它是由我们迄今所讨论的这种意义上的欲望和对其“意图”的一种真实的信念所组成的，而所说的“意图”则是指因不适的终止而带来安宁的事态。假如我们的欲望理论是正确的，那么对其意图的信念很可能是错误的，因为只有经验才能表明什么东西使得一种不适停下来。就像在饥饿的情形中那样，当所需要的经验是通常而又简单的时，错误是不太可能发生的。但在其他情况下，例如在几乎没有或根本没有经历过相关满足的那些人的性欲方面，预计会发生错误，并且事实上常常发生。抑止冲动的实践，虽在很大程度上对于文明的生活是必需的，但因为它阻止了欲望所要导致的那些行为的经验，并时常导致被抑止的冲动本身不被人注意或很快被人忘记，所以使得错误更加容易发生。如此产生的完全自然的错误，构成了被称作——部分说来是错误的——自欺的东西及被弗洛伊德归于“潜意识压

① 参见 Thorndike，*op. cit.*，p. 245。

抑力”的东西的一大部分。

但是，还有一点需要加以强调，那就是：相信某种事物被人欲望，时常会产生这么一种倾向，即正好唤起了被相信的那种欲望。正是这个事实使得“意识”对欲望所产生的影响变得如此复杂。

当我们相信自己欲望某种事态时，时常容易真的产生一种对它的欲望。这部分地是由于语词对我们的情绪产生了影响，例如
73 在修辞法中，部分地是由于这样一种一般的事实，即当感到不适时，我们通常相信我们欲望自己所没有的某某事物。因此，起初对一种欲望对象所持的错误意见，就获得了某种真实性：这种错误的意见产生了一种继发性的附带欲望，但此种欲望是真实的。让我们举例说明。设想你被情人抛弃了，并因此伤害了你的虚荣心。你的自然的冲动性欲望将属于多恩(Donne)的诗所表达的那种类型：

啊，女凶手，因为你的轻蔑，我死了！

在这里，他解释自己成为鬼魂时将会怎样纠缠那个可怜的太太，并且不会让她享受片刻的安宁。但是，有两件事情妨碍你如此自然地表达自己：一是你的虚荣心，它将不会承认你受到的打击有多大；二是你的信念，你相信自己是一个有教养的、仁慈的人，从而不可能沉迷于像复仇那样的粗俗的欲望。你将因此经历一种烦躁，这种烦躁起初似乎是完全没有目标的，但最终将在一种有意识的欲望中亮明自身，而有意识的欲望则是指改变你的职业，或环游世界，或像阿诺德·本涅特(Arnold Bennett)①作品中的男主人公那

① 阿诺德·本涅特(1867～1931)，英国小说家、批评家。——译者注

样隐藏你的身份并居住在普特尼(Putney)。尽管这种欲望的最初原因是对你先前的无意识的欲望所作的一种错误判断，然而这种新的有意识的欲望有其自己衍生的真实性，并可以影响你的行为，从而使你环游世界。然而，开始时的错误将会产生两种影响。首先，当未受抑制时，在困倦、饮酒或神志失常的影响下，你将说出一些打算伤害无信的欺骗者的事情；其次，你将发现旅游是令人失望的，并且东方也不像你曾经希望的那样富有吸引力——除非有一 74
天你听说那个邪恶的人也被情人抛弃了。假如这种情况发生了，你将相信你对她有真诚的同情，但同以前相比，热带岛屿的美丽和中国艺术品的奇妙将会突然为你带来多得多的欣喜。继发性的欲望是从对原初的欲望的错误判断中产生的，它有其自己影响行为的力量；因而，根据我们的定义，它是一种真实的欲望。原初的欲望在实现时能够带来完全的满足感，但继发性的欲望并不拥有这样的力量；只要原初的欲望尚未实现，烦躁的状态就会继续下去，尽管继发性的欲望取得了成功。因此，在人的希望的虚荣中会产生一种信念：虚荣的希望是那些继发性的希望，但错误的信念阻止我们认识到它们是继发性的。

可以适当地称为自欺的东西，是从信念之欲的运作中产生的。我们希望得到很多我们无力获得的事物：我们受到人们普遍的欢迎与羡慕，我们的作品成为时代的奇迹，而且宇宙被适当地组织并为所有人带来最终的幸福，尽管并不为我们的敌人带来幸福，直到他们产生悔意并因遭受苦楚而得到了净化。这样的欲望过大了，从而不能通过我们自己的努力而实现。但我们发现，在若因实现这些事物而带来的满足感中，一大部分是因为相信它们实现了或

将会实现而获得的，而相信它们是这样的则容易得多。与对实际情况的欲望相反，这种信念之欲是继发性欲望的一种特殊情形；并且像所有继发性欲望一样，它即使得到了满足，也不会导致最初的
75 不适完全消失。不过，信念之欲不同于对事实的欲望，它在个体和社会方面都是极其有力的。依据被欲望的信念的形式，它被称之为虚荣、乐观或宗教。那些拥有充分权力的人，通常监禁或处死任何试图动摇相信他们或宇宙是卓越的人。正是由于这个原因，煽动性的侮辱和亵渎神明的言词总是算作并且现在仍然算作刑事犯罪。

很大程度上正是通过信念之欲，欲望的原始性质才变得如此隐蔽，并且意识所起的作用才变得如此模糊不清和言过其实。

我们现在可以总结一下对欲望与感受的分析。

任何一种精神事件——感觉、意象、信念或情绪——都可以引起一连串的行为；除非被打断，这串行为会继续下去，直到某种或多或少具有确定性的事态得以实现。我们称这样的一串行为为一个“行为链”。确定性的程度可以有很大的不同：饥饿只要求得到一般的食物，而看到一块特殊的食物会唤起一种要吃那块食物的欲望。产生这样的一个事件链条的属性被称为“不适”；这个链条末端的精神事件的属性被称为“愉悦”。构成这个链条的行为一定不是纯粹机械的；也就是说，它们必须是身体的运动，并且它们的原因包含神经组织的特殊属性。这个链条终止于一种静止的状况，或终止于一种只倾向于维持现状的行为的状况。静止的状况得以在其中实现的事态被称作这个链条的“意图”，并且最初的包含不适的精神事件被称作一种“欲望”，即对带来静止的事态的

欲望。

一种欲望被称作"有意识的",当它伴有一种对将会带来静止 76
的事态的真实信念时;否则,它就称作"无意识的"。所有原始的欲望都是无意识的,并且在人身上,对欲望之意图的信念时常是错误的。这些错误的信念产生继发性的欲望,而继发性的欲望在关于人类欲望的心理学中带来了种种有趣的复杂情形,不过并未根本改变它们与动物的欲望所共同拥有的特征。

77 第四讲　生命有机体过去的历史对其当前事件的影响

在本讲中，我们所要讲的是一种非常一般的特征，这种特征把生命有机体的行为与无生命物质的行为完全——尽管不是绝对——区分开来了。这种特征是这样的：

有机体对一特定刺激的反应，往往依赖于该有机体过去的历史，而不只依赖于那种刺激及该有机体迄今可发现的当前状态。

这种特征体现在“烧伤过的孩子怕火”这句谚语中。烧伤处可能并未留下明显的痕迹，然而它却改变了孩子在火面前的反应。人们习惯于假定，在这样的情形中，过去的事件是通过改变脑的结构而非直接产生作用的。我不希望暗示这个假设是错误的。我只想指出，它是一种假设。在本讲的末尾，我将考察支持它的根据。假如我们把自己限定于实际观察到的事实，那么我们必须说，除了当前的刺激和有机体的当前可确定的状况以外，过去的事件也构成了那种反应的原因。

78 这个特征并不完全限定于生命有机体。例如，磁化过的钢看起来和未磁化过的钢正好是一样的，但它的行为在某些方面是不同的。然而，与生命有机体相比，在无生命物质那里，这样的现象是不常见的，也是不重要的，而且对于在过去的事件与当前变化了的反应之间起中介作用的结构之细微变化提出一些令人满意的假设，也远不及在有生命有机体那里困难。在生命有机体那里，既为其物理行为、亦为其精神行为所特有的一切东西，几乎都同过去事件的持续影响密切相关。而且，一般地讲，反应上的变化，从生物学的角度看，对有机体通常是有利的。

就迄今所观察到的而言，一个有机体的某些反应，只能通过把该有机体历史上的过去事件算作其当前反应的原因之一部分而纳入因果律。对于这些反应，我们将遵循来自西蒙的建议，把“记忆现象”这个名称给予它们（*Die Mneme*，Leipzig，1904；2nd edition，1908，English translation，Allen & Unwin，1921；*Die mnemischen Empfindungen*，Leipzig，1909）。我并不只是意味着——事实总是如此——过去事件是导致当前事件的一个原因链条之一部分。我的意思是，在试图陈述当前事件的最近的原因时，某个或某些过去的事件必须包括进来，除非我们求助于脑结构的假设性改变。例如，你闻到了泥炭的烟味，并且你想起了你以前闻到它的某个场合。就迄今可观察的事实而言，你回想的原因既在于泥炭的烟味
（当前的刺激），也在于先前的场合（过去的经验）。同样的刺激，在 79
并未分享你先前经验的另一个人身上，并不产生同样的回想，尽管先前的经验并未在脑结构上留下可观察的痕迹。根据“同因则同果”的格言，我们因此不能只把泥炭烟味看作你回想的原因，因为它在其他场合并不拥有同样的结果。你回想的原因，一定既在于泥炭烟味，也在于过去的事件。因此，你的回想是我们所说的“记忆现象”的一个实例。

在进行深入的探讨之前，对不同种类的记忆现象进行举例说

明将是妥当的。

(a)后天的习惯。在第二讲中，我们看到动物如何能通过经验去学习怎样走出笼子和迷宫，或者去完成对它们有用但并非由它们的本能所单独提供的其他行为。一只放入笼中的猫，若有关于笼子的经验，则在行为方式上会不同于其起初的情形。对于过去的经验所导致的脑中的连接以及那些连接自身导致不同的反应这个事实，我们可以轻易地构建一些完全可能为真的假设。但可观察的事实是，囚在笼中的刺激因重复而产生了不同的结果，而且猫之行为可确定的原因不仅仅在于笼子及自身可确定的构造，而且还在于它过去的与笼子有关的历史。从我们当前的观点看，这件事情独立于下述的问题：猫的行为是由被称为“知识”的某种精神事实所导致的，还是只展示了一种身体的习惯？我们的习惯性知识并不总是在我们的心灵中，但会被适当的刺激所唤起。假如有人问我们说“法国的首都在哪里？”那么我们会因为过去的经验而
80 回答说“巴黎”；在我们的反应的原因中，过去的经验同当前的问题一样必不可少。因此，我们的所有习惯性知识都是由后天习惯组成的，并且可以归于“记忆现象”的项下。

(b)意象。关于意象，我在以后的一讲中将有很多东西要说。现在，我只在它们是过去的感觉的“复本”这种意义上关心它们。当你听到有人谈及纽约时，你的头脑中就可能出现某种意象，这种意象或是关于那个地方本身的(假如你去过那里)，或是关于它的某幅图画的(假如你没有去过那里)。这种意象的产生，既是因为过去的经验，也是因为当前的刺激即“纽约”这个词。类似地，你在梦中所拥有的意象，全都依赖于你的过去经验，同时也依赖于当前

刺激你做梦的东西。通常认为，所有的意象，就其比较简单的部分来说，都是感觉的复本；假如这样的话，它们的记忆特征就是显而易见的。这一点是重要的；而这之所以重要，既有其本身的缘故，也因为——就像我们以后将会看到的那样——意象在所谓的“思考”中起着必要的作用。

(c)联想。在精神的方面，关于联想的一般事实是这样的：当我们经验以前经验过的某种事物时，它容易使人想起与先前经验相联系的东西。泥炭烟的味道会让人想起先前的一个场合，这是我们刚刚讨论过的例子。这显然是一种记忆现象。还有一种更纯粹的身体的联想，它无法同身体的习惯相区分。这是桑代克先生在动物身上所研究过的一种联想；在动物身上，某种刺激与某种行为相联系。例如，训练中的士兵就被教之以这类联系。在这样的
情况下，无须有任何精神的东西，而只需一种身体的习惯。联想和 81
习惯之间没有实质的区分，并且我们对作为一种记忆现象的习惯所作的观察，也同样能应用到联想上。

(d)知觉中的非感觉成分。当我们感知任何熟悉的对象时，从主观上看似乎是被即刻给予的东西中有许多其实来自于过去的经验。当我们看见一个对象时，比如一枚便士，我们似乎知道其“真实的”形状：我们拥有关于某种圆的东西而非某种椭圆的东西的印象。在学习绘画时，有必要习得那种根据感觉而非知觉来表象事物的艺术。而且，视觉现象得到了关于对象的触觉之类的东西的扩充。这种对“真实的”形状的扩充和提供，是由我们知觉中的感觉核心的最寻常的相关物构成的。也许会发生这样的情况，即在特殊的情形中，真实的相关物是不同寻常的；例如，假如我们

看到的是地毯,但这地毯却造得像瓦片。假如这样的话,我们的知觉中的非感觉部分就将是幻觉,也就是说,它所提供的将是所说的对象实际并不拥有的性质。但是,对象通常确实拥有知觉所补充的那些性质,而且这也是人们所要期待的,因为关于通常之物的经验导致了这种补充。假如我们以往的经验是不同的,我们将不会以同样的方式扩充感觉,除非这种扩充是本能的,而非后天的。在人身上,构成空间知觉的一切东西,包括视觉与触觉的关联等等,
82 好像几乎全是后天的。既然这样,在我们由之把握通常对象的所有通常知觉中就有一种很大的记忆成分。再举另外一种例子:想象一下,假如我们听到猫发出了狗吠的声音,或狗发出了猫咪的声音,那么我们将会何等吃惊。这种吃惊的情绪依赖于过去的经验,并且根据定义,它因此也是一种记忆现象。

(e)作为知识的记忆。我现在要提及的这种记忆,是关于一个人自己的经验中的某个过去事件的确定知识。我们不时记得我们所发生的事情,因为当前的某种事物使我们想到了它们。假如我们过去的经验是不同的,那么完全同样的事实不会唤起同一种记忆。因此,我们的记忆是由下述东西引起的——

(1)当前的刺激;

(2)过去的事件。

根据我们的定义,它因此也是一种记忆现象。一个关于记忆现象的定义,若不包括记忆,当然将会是一个有缺陷的定义。这个定义的关键,不在于它包括记忆,而在于它是把记忆作为包含了心理学主题所特有的一切东西的那类现象之一而包括进来的。

(f)经验。“经验”这个词时常用得很模糊。如我们所看到的那样,詹姆士用它来包含世界的全部原始材料,但是这种用法似乎是可以反对的,因为在一个纯粹物理的世界中,即使没有任何经验,事物也是会出现的。只有记忆现象才体现了经验。我们可以说,一个动物“经验”了一个事件,当这个事件改变了动物随后的行为时,即当它是这个动物生命中未来事件之原因的记忆部分时。83
被灼伤过的怕火的孩子“经验过”火,而一根扔到火里又被取出来的棍子并未“经验”任何东西,因为同以前一样,它并未因被投入火里而表现出任何抵抗。“经验”的本质就在于由被经验的东西所导致的行为上的改变。事实上,我们可以把一个经验链条或一部个体历史定义为由记忆的因果关系联系在一起的一系列事件。我认为,正是这种特征而非任何其他东西,把处理生命有机体的科学与物理学区别开来了。

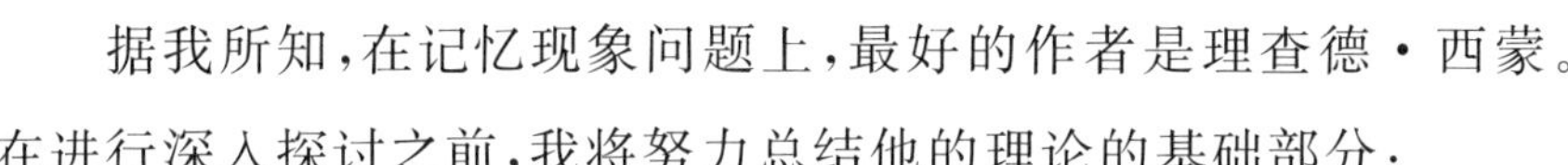

据我所知,在记忆现象问题上,最好的作者是理查德·西蒙。在进行深入探讨之前,我将努力总结他的理论的基础部分:

当一个有机体——或者动物,或者植物——经受一种刺激,并且该刺激在其身上产生某种激动的状态时,对该刺激的移除允许它回到一种心情平静的状态。但是,这种新的平静状态不同于先前的平静状态,而且从变化了的反应能力就可以看出这一点。刺激之前的平静状态可以称为“初期的冷漠状态”,而刺激停止之后的平静状态可以称为“二期的冷漠状态”。我们把一种刺激的“记忆痕迹的影响”定义为在初期的与二期的冷漠之间制造差别的影响,而且我们把这种差别本身定义为因刺激而产生的“记忆痕迹”。“记忆现象”被定义为因记忆痕迹而产生的现象;在动物身上,它们尤其与神经系统联系在一起，但并不唯一地与神经系统相联系——甚至在人身上亦是如此。

假如两种刺激是共同出现的，那么当其中的一种后来又出现
84 时，也可以引起对另一种的反应。我们把这叫做“联带的影响”，并且把拥有这种特征的刺激叫做“联带的刺激”。在这样的一种情形中，我们说这两种刺激的记忆痕迹是“联系在一起的”。所有同时产生的记忆痕迹都是关联在一起的；也有一种相继唤起的痕迹之间的联系，尽管这可以还原到同时发生的联系。事实上，并非一种孤立的刺激而是某个时刻的全体的刺激，留下了记忆痕迹。因此，这个全体的任何部分，假如出现的话，都倾向于引起以前曾被引起的全体的反应。西蒙认为，记忆痕迹是可以继承的，并且动物的天生的习惯可能是因其祖先的经验而导致的。在这个问题上，他提到了塞缪尔·布特勒(Samuel Butler)。

西蒙阐述了两条“记忆原理”。第一条原理，或称“记忆痕迹形成律”，如下所述：“一个有机体身上所有同时发生的激动形成一个联接起来的同时发生的激动复合体，它本身以形成记忆痕迹的方式发挥作用，也就是说，它本身留下一个联接起来的记忆痕迹复合体，并且就此而言，它形成了一个整体”(*Die mnemischen Empfindungen*, p. 146)。第二条记忆原理，或称“联带律”，如下所述：“先前通过形成记忆痕迹的方式发挥作用的有活力的情境的部分重现，以联带的方式对一个同时发生的记忆痕迹复合体产生影响”(*ibid.*, p. 173)。这两条定律合起来，部分说来代表一个假设(记忆痕迹)，部分说来代表一种可观察的事实。可观察的事实是指，当某个刺激复合体最初引起某种反应复合体时，刺激的部分

的重现倾向于导致全体反应的重现。

西蒙把他的基本观念应用于各方面，这些应用是有趣而又巧妙的。有些应用将是我们以后所要涉及的；但目前，我们所要考虑 85
的是记忆现象的基本特征。

关于记忆痕迹的性质，西蒙承认，日前除了说它一定是有机体身体方面的某种物质的改变以外，不可能再对其作更多的说明（*Die mnemischen Empfindungen*，p. 376）。事实上，它是假设的，并且是因一些理论的用途而产生的，而不是直接观察的结果。无疑，生理学，尤其是因脑损伤而导致的记忆混乱，为这个假设为提供了根据；不过，它确实仍是一种假设，该假设的有效性将会本讲的末尾得到讨论。

我倾向于认为，在当前的生理学状况中，记忆痕迹的引入并不能简化对记忆现象的解释。我想，通过暂时承认我们可称为“记忆的因果关系”的东西，我们能完全依据可观察的事实，来阐述关于这类现象的已知规律。我用记忆的因果关系来意指我在本讲开始时所谈及的那种因果关系；在那种因果关系中，直接的原因不仅是由当前的事件构成的，而且是由这个事件与一个过去的事件共同构成的。我不想证明这种形式的因果关系是最终的，而是要证明，在我们知识的当前状况中，它提供了一种简化的形式，并且能以较少——相比于我们原本不得不采取的方式——具有假设性的方式来陈述我们的行为规律。

我所意味的东西的最明显的例子，是对过去事件的回忆。我们所观察到的东西是：当前的某种刺激引导我们回忆某些事件，但在没有回忆它们时，我们的心灵中不存在任何可称为对它们的记

86 忆的可观察之物。同精神的事实一样，记忆不时地产生；但就我们所能见到的而言，当它们是“潜在的”时，它们能以任何形态存在。事实上，当说它们说是“潜在的”时，我们只是意味着它们将在某些情况下存在。那么，假如在能够记住某一事实与不能记住某一事实的人之间存在某种显著的差别，这种显著的差别一定不是任何精神的事物，而是脑的东西。脑部存在这样的一种差别是完全可能的，但它的性质是未知的，并且它依然是假设性的。在这个问题上，迄今为止所有被当作观察事件的东西，都能概括在这样的陈述中：当某个感觉复合体出现在一个人的心中时，这个复合体的部分重现倾向于引起对全体的回忆。类似地，我们可以把有机体全部的记忆现象都归集在一个单一的定律中，该定律包含了迄今为止可在西蒙的两条定律中得到证实的东西。这个单一的定律是：

> 假如一种复合刺激 A 在一个有机体身上产生了一种复合反应 B，那么 A 的一部分在未来一个场合的重现，倾向于产生全体的反应 B。

这条定律需要用某种关于频率之影响的解释及其他东西来补充，但它似乎包含精神现象的必要特征，并且没有掺入任何假设的东西。

无论何时，只要过去的历史使得刺激一个有机体时所产生的结果有所不同，并且我们又不能实际地发现其当前的组织结构上的任何相关差异，我们就会提及“记忆的因果关系”，只要我们能够发现体现过去之影响的规律。在通常的物理的因果关系中，就像
87 常识所看到的那样，我们拥有序列的近似的齐一性，比如“闪电之后是雷鸣”，“醉酒之后是头痛”，等等。从理论上看，这些序列中没

有一个是不变的，因为可以有某种东西介入并扰乱它们。为了获得不变的物理学定律，我们不得不进到微分方程并以此表明每个时刻的变化方向，而不是一个有限的间隔——不管怎样短暂——之后整体的变化。但是，为了日常生活的目的，许多序列实际上是不变的。然而，由于有了人的行为，情况绝非如此。假如你对一个英国人说“你的鼻子上有块污迹”，他将会去清洗掉，但是假如你对一个不懂英语的法国人说同样的话，就不会产生这样的效果。语词在听者身上所产生的效果是一种记忆现象，因为它依赖于使他能理解语词的过去经验。假如存在纯粹心理学的因果律，并且这种因果律没有把脑及身体的其余部分考虑进来，那么它们将不会是“现在的 X 导致现在的 Y”这样的形式，而是——

“过去的 A、B、C…与现在的 X，共同导致现在的 Y。”

因为不能成功地主张，我们对（例如说）一个词的理解，是我们未想到该词时心灵中实际存在的内容。它只是一种可以称为“倾向”的东西，也就是说，每当我们听到该词或碰巧想到它时，它就能够被唤起。一种“倾向”并不是某种实际的东西，而只是一种记忆因果律中记忆的部分。

在诸如“过去的 A、B、C…与现在的 X，共同导致现在的 Y”这样的定律中，我们把 A、B、C…称为记忆的原因，把 X 称为场合或刺激，并把 Y 称为反应。一切出现经验影响行为的场合，都是记 88
忆的因果关系的实例。

相信身心平行论的人主张，从理论上说，心理学能够完全从它对生理学或物理学的所有依赖中解放出来。也就是说，他们相信每一种精神事件都有一种精神的原因及一种物理的伴随物。假如存在身心平行论，那么容易通过数理逻辑来证明，物理事件与精神事件的因果关系一定是同一种类型的，并且记忆的因果关系不可能只存在于心理学中而不存在于物理学中。但是，假如心理学独立于生理学，并且生理学能够还原到物理学，那么记忆的因果关系在心理学中似乎是极其重要的。要不然，我们就将被迫相信，我们的全部知识、我们的全部意象与记忆的储备、我们的全部精神习惯，都始终以某种潜在的形式存在着，并且不仅仅是由导致它们被显示出来的刺激所唤起的。这是一个非常困难的假设。在我看来，假如，作为一个方法的而非形而上学的问题，我们希望在实际上可行的前提下为心理学获取尽可能多的独立性，那么我们在心理学上最好暂时接受记忆的因果关系，并因此拒绝平行论，因为不存在充分的根据让人承认物理学中记忆的因果关系的存在。

也许值得注意的是，记忆的因果关系正是导致柏格森否认精神领域中终究存在因果关系的东西。他非常真实地指出，同一种刺激，若加以重复，不会拥有同样的结果，并且他证明，这与“同样的原因产生同样的结果”这条格言是相反的。然而，只是为了重新
89 确立这条格言及心理的因果律的可能性，考虑过去的事件并把它们包括在原因中，才是必要的。关于原因的形而上学的概念逗留在我们看待因果律的方式上：我们希望能在原因与结果之间发觉一种联系，并且能想象原因是“产生作用的”。这使得我们不愿意把因果律看作单纯的被观察到的序列的齐一性；然而，这就是科学所必须提供的一切。问为什么如此这般的一种序列出现了，要么等于问一个无意义的问题，要么等于要求得到某种更一般的并且包含了所说的这个序列的序列。任何时候所认识到的关于序列之

最宽泛的经验的规律，都只能通过用随后的发现把其归类于更宽泛的规律而得到解释；但这些更宽泛的规律，在它们又被归类之前，将依然是粗糙的事实，并且只依赖于观察，而非依赖于某种假想的天生的理性观念。

因此，对于原因的作用在其中已不复存在的因果律，不存在先天的反对意见。根据过去的东西现在不能起作用来否证这样的规律，就相当于引进了旧形而上学的原因概念，而科学没有为这种概念留下余地。可以有效地用以反对记忆的因果关系的唯一理由是，一切现象事实上都能在没有它的情况下而得到解释。西蒙的“记忆痕迹”或任何认为经验的结果体现在脑和神经的变化中的理论，都在没有它的情况下解释了它们。但是，除非带有极端的虚假性，任何视经验的潜在效果为精神之物而非物理之物的理论，都没有解释它们。在我看来，那些希望使心理学尽可能独立于生理学的人会做得好，假如他们接受了记忆的因果关系。然而，我则没有这样的愿望，并且我将因此努力陈述我所想到的理由，以支持某种 90
类似于“记忆痕迹”观那样的看法。

人们提出的最初的观点之一是，生理学中所发现的记忆现象恰和心理学中所发现的一样多。如弗兰西斯·达尔文（Francis Darwin）爵士所指出的那样，甚至在植物中也发现了记忆现象（参见 Semon，*Die Mneme*，2nd edition，p. 28n）。正像习惯是心灵的特征一样，它至少在同样的程度上也是身体的特征。因此，我们被迫允许记忆的因果关系——假如终究承认它的话——进入非心理的领域，而人们认为，这个领域应该仅受制于通常的物理的因果关系。事实上，若经检验，我们就会发现，许多乍看之下把心理学从

物理学中区分出来的东西，都是心理学与物理学所共有的；关于经验之影响的整个问题就是一个恰当的例子。现在，采取J. S.霍尔丹(J. S. Haldane)教授所提倡的观点当然是可能的；他认为，从理论上看，生理学不能还原到物理学与化学。[①] 但在这点上，生理学家的大部分意见似乎都是反对他的，而且在承认生命物质与无生命物质之间存在任何连续性的裂口之前，我们确实需要十分有力的证据。因此必须承认，来自生理学中记忆现象之存在的论证，对于反对记忆的因果关系是最终的这个假设，是有一定分量的。

来自脑损伤与记忆的丧失之间的联系的论证，并不像看起来
91 那样有力，尽管它也有某种分量。我们所知道的是，记忆与记忆现象通常能被脑的变化所扰乱或摧毁。这当然证明脑在记忆的因果关系中起着必要的作用，但并不证明某种脑状态自身就是记忆之存在的充分条件。然而，正是后面这一点才是必须加以证明的。记忆痕迹理论或任何类似的理论不得不认为，给定一个处于适当状态的身体与脑，一个人就将拥有某种记忆，而无需一些其他的条件。然而，已知的东西仅仅是，假如他的身体与脑并不处在适当的状态，他将不会拥有记忆。也就是说，身体和脑的适当状态对于记忆来说是必需的，但不是充分的。因此，就我们所确切知道的而言，记忆的因果关系可以既需要某种当前的脑状态，也需要一个过去的事件。

① 参见他的 *The New Physiology and Other Addresses*，Griffin，1919；也参见专题论文集“Are Physical，Biological and Psychological Categories Irreducible?”载于1918年的 *Life and Finite Individuality*，该刊为亚里士多德学会而编，并带有威尔顿·卡(H. Wildon Carr)、威廉姆斯(Williams)及诺格特(Norgate)所写的导言。

为了决定性地证明每当某些生理条件被满足时记忆现象就会出现，我们应该能够实际地发现讲英语者的脑与讲法语者的脑之间的差异，以及看过纽约者的脑与从未看过纽约者的脑之间的差异。也许这种情况在将来的某一天是可能的，但目前我们离这一天是非常遥远的。现在，就我所知道的而言，并无充分的证据可以表明，A 所拥有的知识与 B 所拥有的知识之间的每一种差别都是与他们的脑的某种差别并行的。我们可以相信情况是这样的，但是假如我们这样做了，我们的信念是基于类推和一般的科学原理，
而不是建立在任何细致观察的基础上的。我自己倾向于把所说的 92
这个信念作为一个作业假说接受下来，并认为过去的经验仅仅经由生理结构之改变而影响当前的行为。但是，证据似乎并不是完全有说服力的，所以我认为，我们不应当忽略另外一个假设，或者说完全拒绝这种可能性，即记忆的因果关系也许是关于记忆现象的最终解释。我这么说，不是因为我认为记忆的因果关系似乎是最终的，而只是因为我认为这种情况是可能的，并且因为，对于科学的进步来说，记住先前似不可信的假设时常被证明是重要的。

93 第五讲　心理的及物理的因果律

传统的因果概念，在现代科学那里已被表明是根本错误的，并需要代之以一个完全不同的概念即变化律的概念。在传统的概念中，一个特殊的事件 A 产生了一个特殊的事件 B，并且这意味着，给定任何一个事件 B，某个与它拥有一种关系的较早的事件 A 就能被发现，从而——

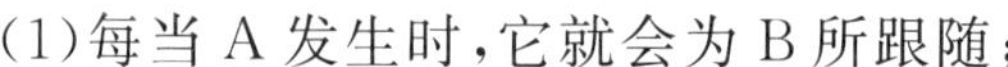

(1)每当 A 发生时，它就会为 B 所跟随；

(2)在这种序列中，存在某种"必然的"东西，而非单纯在事实上先发生 A，然后发生 B。

第二点被在能否根据白天为黑夜所跟随而说白天产生了黑夜这个问题上的古老争论所阐明。正统的答案是，白天不能被称为黑夜的原因，因为假如地球的转动停止了，或者更确切地说，地球的转动变慢了以至于一年才会转上完整的一圈，那么它就不会为黑夜所跟随。人们认为，在任何可设想的情况下，原因都不可能不为它的结果所跟随。

94 事实上，迄今为止，我们在自然界中并未发现为传统因果关系的信奉者所寻找的这类序列。自然界的一切事物表面上都处于一种连续变化的状态中，[①]从而我们所称的一个“事件”最终被表明是一种过程。假如这个事件将产生另一个事件，那么这两个事件在时间上将不得不是连续的；这是因为，假如在它们中间存在任何间隔的话，那么在间隔的那段时间内，就可能发生某种阻碍那个预期结果的事情。因此，原因与结果不得不是时间上连续的过程。至少在物理学定律所涉及的地方，难以相信作为原因的过程的靠前部分能对结果产生某种影响——只要作为原因的过程的靠后部分未曾改变。例如，设想有一个人死于砷中毒，我们会说他服用砷是死亡的原因。但是，他获取砷的过程显然是不相关的：他吞下砷之前所发生的一切事情都可以被忽略，因为它们不能改变结果，除非在他服药的那一刻它们改变了他的状况。但是，我们可以更进一步设想：吞服砷其实并不是死亡的最直接原因，因为一个人可以在服药之后立即被人射穿头部，因此他的死亡原因恰恰不会是砷。砷产生了某些生理的变化，而这些变化在终结于死亡之前花费了一段有限的时间。我们排除了获取砷的过程，而我们也可以用同样的方式排除这些变化的靠前部分。以这种方式进行下去，我们 95
就能越来越 短我们称之为原因的过程。类似地，我们也将不得不 短结果。可以出现这样的情况：在这个人死亡之后，他的身体紧接着就被一颗炸弹炸得粉碎。仅仅知道这个人的死是砷中毒的结果，我们便不能说在他死后将会发生的事情。因而，假如我们要把原因当作一个事件，而把结果当作另一个事件，二者都必须加以

① 量子理论提出，连续性只是表面上的。假如这样的话，我们将能在理论上获得不是过程的事件。但在直接可观察的东西中，仍然存在一种表面上的连续性，而这就暂时证明了以上的论述。

无限地 短。结果，我们仅有每个时刻的某种变化方向，而这种变化方向就是体现我们的因果律的东西。因此，我们被带到了体现因果律的微分方程。物理学的定律不说“A 将被 B 跟随”，而是告诉我们，在给定的条件下，一个粒子将拥有什么样的加速度，也就是说，它告诉我们，粒子的运动在每个时刻是如何变化的，而非粒子在将来的某个时刻将会处于何处。

体现在微分方程中的规律可能是精确的，但我们不可能知道它们是这样的。我们从经验上所能知道的一切东西，都是近似的，并且容易出现例外。我们知道物理学中所假定的那些精确的规律是接近于真理的，但并不知道它们像自身所主张的那样真实。我们从经验上实际知道的规律具有传统的因果律的形式，只是它们不被看作普遍的或必然的。“服了砷之后就是死亡”是一种充分的经验概括，它可能有例外，但那是罕见的。与被明确宣称具备精确性的物理学定律相比，这样的经验概括拥有这种优势，即它们将会处理可观察的现象。我们看不到无穷小的东西，无论在时间
96 上还是在空间上；我们甚至不知道时间与空间是否可以无限分割。因此，粗略的经验概括在物理学中具有一种明确的地位，尽管它不是精确的或普遍的。它们是更精确的规律的材料，并且相信它们通常为真的理由比相信更精确的规律总是为真的理由更有力。

因此，科学始于“A 通常为 B 所跟随”这种形式的概括。这是我们所能得到的最接近于传统因果律的东西。A 总是为 B 所跟随也许会出现在任何特殊的例子中，但我们不可能知道这一点，因为我们不能预见也许会使这个序列失效的一切完全可能的情况，

或者说不能知道它们都不会实际地出现。然而，假如我们知道数目非常巨大的例子，并且在这些例子中 A 为 B 所跟随，同时我们又不知道或几乎不知道这个序列在其中失效的例子，那么当我们说“A 产生 B”时，只要我们不把汇聚在这句话上的任何形而上学迷信与这种原因概念联系起来，我们实际上是正当的。

关于上述意义上的原因，除了缺乏普遍性与必然性之外，还有另外一点，即缺乏唯一性，而认识到这一点是重要的。人们通常假定，给定任何事件，都存在某一现象，它是所说的事件的那个(the)[①]原因。这似乎纯粹是一种错误。原因在其唯一能得到实际应用的意义上，意味着“几乎不变的前事”(antecedent)。我们实际上不能获得一种完全不变的前事；这是因为，由于未被考虑到的某种事情可以阻止预期的结果，这会要求我们考虑整个的宇宙。在几乎不变的诸多前事中，我们不能区分作为那个原因的前事与仅仅作为其伴随物的其他前事：要努力做到这一点，就要依赖于一 97
种获自意志的原因概念，而意志(就像我们后面将会看到的那样)根本不是人们通常所设想的那种事物，同时亦没有任何理由认为，物理世界中有某种事物与被猜想为意志的东西有哪怕半点的相似。假如我们能发现一件完全不变的前事，并且只能发现一件，我们就把那件前事称作那个原因，而无需引入任何来自错误的意志观念的概念。但事实上，我们不能发现任何一件我们知道是完全不可改变的前事，并且我们能发现许多几乎如此的前事。例如，当号笛在十二点钟发出鸣叫时人们就离开工厂去用午餐。你可以

① 定冠词 the 在这里表示唯一性与特指。——译者注

说，号笛是他们离开的那个原因。但其他工厂亦有数不清的其他号笛，它们也总在十二点钟发出鸣叫，而它们也恰好有同样充分的权利被称为原因。因而，每个事件都有许多几乎不变的前事，并且因此亦有许多可以称为其原因的前事。

传统物理学的定律，在其用来处理电或物质运动的形式中，拥有一种表面的简单性，而这种简单性在某种程度上隐藏了它们所断言之物的经验特征。一片物质，就像人们从经验上所知道的那样，并非一种单一的存在物，而是由诸存在物所构成的一个系统。当几个人同时看到一张桌子时，他们全都看见了某种不同的东西；因此，据说他们全都看到的“这张”桌子，一定要么是一种假设，要么是一种构造。“这张”桌子是中立于不同的观察者的：它并不以牺牲一个人所看到的样形(aspect)，来偏爱另一个人所看到的样形。把“实在
98 的”桌子视为这张桌子呈现给(像我们所说的那样)不同观察者的所有现象之共同原因是合乎常理的，尽管在我看来这是错误的。但是，为什么我们应当设想所有这些现象都有某一共同的原因？就像我们刚刚看到的那样，关于“原因”的概念并未可靠到这样的地步，即允许我们推断本质上绝不能被观察到的某种事物的存在。

不必寻找一种没有偏祖的来源，我们能通过所有人共同的表象而获得中立性。不必设想在据说看到这张桌子的那些人的不同感觉背后有某种未知的原因即“实在的”桌子，我们可以认为由这些感觉(可能连同某些其他的殊相[particulars])所构成的整个集合实际上就是这张桌子。也就是说，这张中立于不同的观察者(实际的或可能的)的桌子就是由所有殊相构成的集合，而这些殊相被自然地称作来自不同观察角度的桌子的诸“样形”。(这是一种初

步的近似的定义，稍后被修改了。）

可以这样说：假如没有作为所有这些“样形”之来源的单个存在物，它们又是如何被集合在一起的呢？答案是简单的：假如存在这样的一个单个存在物，它们恰好就会是这样的。无论如何，作为其现象之基础的假想的“实在的”桌子，自身是未被感知到的，而是推论出来的，并且这个问题，即如此这般的一个殊相是否是这张桌子的一种“样形”，只有通过该殊相与这张桌子由之被定义的一个或多个殊相之间的关系才能解决。也就是说，即使我们假定有一张“实在的”桌子，作为其诸样形的殊相也必须通过它们相互之间的关系——而非它们与桌子之间的关系——被集合在一起，因为这张桌子只不过是从它们当中推论出来的。因此，我们只需注意它们是如何被集合在一起的，并且这样一来，我们就能在不假定有

任何不同于这个集合的“实在的”桌子的情况下保留该集合。当不 99
同的人看到他们所谓的同一张桌子时，由于观察角度的不同，他们所看到的并非完全同样的东西，但这些东西是极其相似的，以至于能用同样的词加以描述，只要我们不求超乎寻常的精确与细密。这些极其相似的殊相主要是通过它们的相似性而被集合在一起的，而且更正确地说，是通过这样的事实被集合到一起的，即这些殊相大致是按照透射律和光的反射与衍射律而相互关联起来的。我提出一种初步的近似的定义：这些殊相，连同未被感知到的有相互关系的其他殊相，合在一起就是这张桌子，而且一种类似的定义适用于所有物理对象。[①]

① 参见 *Our Knowledge of the External World* (Allen & Unwin), chaps. ⅲ and ⅳ。

对我们的知觉的提及引入了一种不相关的心理暗示；为了不再提及它们，我将引用一个不同的例证，即星球照相。曝光于清晰夜晚的照相感光板复制了所涉及的那部分天空的现象，同时也依所用的望远镜的力量之大小而复制了或多或少的星球的现象。所拍摄的每一个单独的星球，都在感光板上产生了其单独的效果，这正像当我们在看天空时它也会在我们自己身上产生效果一样。如果我们像科学通常所做的那样，假定物理过程是连续的，那么我们被迫得出这样的结论，即在感光板所在的地方以及它所拍摄的处于它与某个星球之间的所有地方，都有某种事情发生了，并且这种事情与那个星球拥有特别的联系。在以太较少受到怀疑的时代，
100 我们会说所发生的事情是以太中的某种横向的振动。但是，弄得如此明确是不必要的，或者说是不值得人们愿望的：我们所要说的一切，就是与所说的那颗星特别相关的某种事情发生了。它一定是与那颗星特别相关的某种东西，因为它在感光板上产生了其自己的特殊效果。无论它是什么，它都一定是从那个星球开始并向外辐射的一种过程的终端，这部分是因为通常的连续性之理由，而且它也部分地解释了这个事实，即光是以某种确定的速率传播的。我们因而获得了这样的结论：假如某个星球在某个地点是可见的，或能被那个地点的某种充分敏感的感光板所拍摄，那里一定就有某种事情发生了，并且那种事情与那颗星拥有特别的联系。因此，每个地方始终都一定有大量的事情在发生，也就是说，对于可以从那个地方看见或拍摄的每个物理对象，都至少有一件事情发生。我们可以根据以下两条原则中的任何一条来对这样的事件进行分类：

（1）我们能把一个地点的所有事件都集合在一起，而在涉及到光时摄影术就做到了这一点；

（2）我们能把不同地点的所有事件都集合在一起；这些事件是关联在一起的，在常识看来这是因为它们都源自一个对象。

因而，回到星球问题上来，我们

（1）或者能把一个给定地点的不同星球的所有现象都集合在一起，

（2）或者能把在不同地点的一个给定星球的所有现象都集合在一起。

但是，当我说到“现象”时，我这么说仅仅是为了简洁：我并不意指 101
必须对某个人“显现”的某种事物，而只是意指在所说的那个地点与给定的物理对象相联系的那个事件——不管该事件可能是什么；而按照旧的正统理论，它是以太中的一种横向振动。像桌子对许多同时出现的观察者所呈现出来的不同现象一样，属于一个物理对象的不同殊相也要集合到一起；这种集合所依据的是连续性及内在的关联规律，而非它们与一种未知的、假定的存在物之间的假想的因果联系；那种存在物被称作一片物质，但它只是一种不必要的形而上学的物自身。根据我所提出的定义（作为初步的近似的东西[①]），一片物质就是由所有那些相互关联的殊相所构成的集合；而那些殊相通常被视为它在不同地点的现象或效果。某些进一步的详尽阐述是值得愿望的，但眼下让我们忽略它们。我将在

① 关于作为一种构造的一片物质的精确定义，将在后面给出。

本讲的末尾回来讨论它们。

根据我所提出的观点，一个物理对象或一片物质，就是所有那些相互关联的殊相的集合，而在常识看来那些殊相是它在不同地点的效果或现象。另一方面，一个给定地点发生的所有事件，都代表常识视为从那个地点看到的许多不同对象之现象的东西。一个地点的所有事件都可以视为来自那个地点的世界的风景图(view)。我将把来自一个给定地点的世界的风景图称为一种“视
102 景”。一张相片代表一种视景。另一方面，假如星球照片是从空间中的所有地点拍摄下来的，并且在所有这样的照片中，某颗星，比如天狼星，每当出现时就被挑选出来，那么天狼星的所有不同现象，若被放到一起，就会代表天狼星。为了理解心理学与物理学的不同，理解殊相归类的两种方式是极其重要的。这两种方式是指：

(1)根据它们所出现的地点；

(2)根据它们所属的不同地点的相互关联的殊相所构成的系统——这样的系统被定义为物理的对象。

给定一个作为物理对象的殊相系统，我将把该系统中处于一个给定地点(假如有这样的一个地点)的那个殊相定义为“那个地点的那个对象的现象”。

当一个给定地点的一个对象的现象变化时，人们发现两种事情中的这种或那种就发生了。这两种可能性可以通过一个例子来说明。你和一个人同在一个房间里，并且你看到了这个人：你可以要么通过闭上你的眼睛，要么通过让他走出房间，而不再看到他。在第一种情况下，他对其他人所呈现的现象依然没有改变，而在第

二种情况下，从任何地方来看，他所呈现的现象都改变了。在第一种情况下，你说并非他变了，而是你的眼睛变了；在第二种情况下，你说他变了。概括起来，我们区分两种情形：

（1）在一些情形中，只有对象的某些现象改变，而其另外的现象，尤其是来自离对象很近的地方的现象，并未改变；

（2）在一些情形中，对象的所有或几乎所有的现象都经历了一 103
种有联系的变化。

在第一种情形中，变化被归属于对象与地点之间的媒介物；在第二种情形中，它被归属于对象本身。[①]

正是后一种变化的频率以及在此类情形中支配现象之同时改变的规律所具有的那种相对简单的性质，才使得我们有可能把一个物理对象看作一个事物，并忽略它是一个由殊相所组成的系统这一事实。当剧院的许多人都在观看一个演员时，他们各自视景的变化如此相似且又如此紧密相关，以至于所有那些视景的变化通常被看作是相互等同的，并被看作等同于该演员自身的变化。只要一个物体的现象的所有变化都是这样关联起来的，就没有明显的迫切的需要来分割这种殊相系统，或者来识别所说的物体其实并非一个事物而是由相互关联的殊相所构成的一个集合。物理学尤其并主要处理这样的变化，也就是说，它主要处理具有下述特征的过程：在这样的过程中，一个物理对象的统一性无需被打断，因为它的所有现象都是根据相同的规律同时变化的——或者，如

① 若把这种区分应用于运动，则会出现某些由相对性所带来的复杂性；但对当前的目的来说，我们可以忽略它们。

果不是所有的现象都这样变化，那么至少说，充分接近于该对象的地点的所有现象都是这样变化的，并且随着我们接近该对象，这种变化具有愈益增加的准确性。

一个对象的现象的变化，当起因于中间媒介的变化时，将不会
104 影响，或者说，只会很轻微地影响来自与对象接近的地点的现象。假如来自充分邻近的地点的现象要么全都没有改变，要么在一种逐渐　小并以零作为极限的程度上变化着，那么通常便发现，在所说的对象与其现象由之发生显著变化的地点之间所发生的变化，就能由对象的变化来解释。因而，物理学能把它所处理的绝大多数的变化规律还原到物理对象的变化上来，并依据物质来陈述绝大多数的基本规律。仅当构成一片物质的现象系统的统一性不得不打破时，才无法专门依据物质来陈述所发生的事情。我们将发现，整个心理学都包含在这样的情形中，而且它们对于我们的意图的重要性也因此包含在其中。

我们现在能够开始理解物理学与心理学的一个基本差别了。物理学把一片物质的整个现象系统看作一个统一体，而心理学则对这些现象中的某些现象本身感兴趣。如果此刻把我们自己限定于知觉心理学，我们会观察到，知觉就是物理对象的某些现象。从我们迄今一直采纳的观点来看，我们可以把它们定义为对象在感官与神经系统的适当部分由之形成中间媒介物之一部分的地方所产生的现象。正像当望远镜是中间媒介物的一部分时照相感光板会接受关于一簇星的不同的印象一样，当眼睛和视神经是中间媒介物的一部分时脑也同样会接受不同的印象。因这类中间媒介物
105 而产生的印象被称为知觉，并且对心理学来说，此种印象仅就其自

身而言就是有趣的，而非仅当作为由相互关联的殊相所构成的那种集合——该集合就是（如我们所说的）我们正在感知的物理对象——中的一分子时才是有趣的。

我们先前提到过殊相归类的两种方式。一种方式把来自不同地点且通常被视为一个给定对象的那些现象集合在一起；一般说来，这是物理学的方式，它导致我们把物理对象构造为由这样的现象所组成的集合。另一种方式把来自一个给定地方的不同对象的现象集合在一起，而结果就是我们所谓的视景。在所涉及的地点就是人脑这种特殊的情形中，属于这个地点的视景就是由一个给定时间点上某个人的所有知觉组成的。因而，依据视景而作出的归类是同心理学相关的，并且在确定我们用一个心灵来意指什么时，这种归类是必不可少的。

我不想暗示我定义知觉的方式是唯一可能的方式，甚或是最好的方式。正是这种方式才自然地产生于我们当前的话题。但是，当我们从一种更内省的立场接近心理学时，我们不得不把感觉与知觉从其他精神事件（假如有的话）中区分（假如可能的话）出来。我们也必须考虑感觉的心理效果，这些效果与感觉的物理原因及关联物形成了对照。这些问题完全不同于我们在本讲中所关心的问题，并且直到后面我们才会探讨它们。

显然，心理学本质上关心实际的殊相，而不只是关心由殊相所构成的系统。在这点上，它不同于物理学；一般说来，物理学关心
下述这样的情形：构成一个物理对象的所有殊相都能被看作一个 106
单一的因果统一体，或更确切地说，充分接近于那个对象并作为其现象的那些殊相能以这样的方式被看待。一般说来，物理学所寻

求的规律,可以通过把这样的殊相系统看作因果统一体而得到陈述。而心理学所寻求的规律则不能以这种方式来陈述,因为殊相自身就是让心理学家们感兴趣的东西。这是物理学与心理学的根本差别之一,并且本讲的主要目的就在于清楚地揭示这一点。

最后,我将尝试着给出一片物质的更精确的定义。来自不同地点的一片物质的现象,部分地依内在的规律(在视觉形态的情形中就是透视律)而变化,部分地依中间媒介物——雾、蓝色眼镜、望远镜、显微镜及感官等等——的性质而变化。当我们更靠近对象时,中间媒介物的影响就变得更小了。在一种概括的意义上,现象的所有内在的变化规律都可以称为“透视律”。给定一个对象的任何一种现象,在只涉及透视律的地方,我们都能假设性地构造出某个现象系统,并让所说的这个现象隶属于它。假如我们依次为这个对象的每个现象都构造这种假设性系统,那么,相应于一个给定现象 x 的系统,将独立于 x 之外的媒介所造成的任何扭曲,并将只体现 x 与该对象之间的媒介所造成的扭曲。因而,当我们的假设性系统由之得到定义的那个现象越来越接近对象时,通过它而
107 获得定义的那个假设性的现象系统就越来越少体现媒介物的影响。因让 x 愈益接近对象而产生的不同的现象的集合将向一个有限的集合靠拢,并且假如只有透视律在起作用,而媒介物又没有产生任何扭曲作用时,那么这个有限的集合就将是对象所呈现的那个现象系统。就物理学的目的而言,这个有限的现象的集合可以被界定为所涉及的那片物质。

第六讲　内　　省 108

这些讲演的主要目的之一，就是为下述的信念提供根据：心灵与物质的区分并非如通常所设想的那样根本。在前面一讲中，我大体处理了这个问题的物理的方面。我试图表明，我们称之为物质对象的东西，本身并非一种实体，而是一个殊相系统，这些殊相在性质上类似于感觉，并且事实上时常包括实际的感觉。这样，物理对象由之构成的材料，与我们（至少部分）的精神生活由之构成的材料发生了关系。

然而，有一种相反的任务，它对于我们的论点是同样必要的，那就是表明，精神生活的材料缺乏人们通常设想它拥有的许多性质，并且不拥有任何使它不能构成物质世界之一部分的属性。在本讲中，我将开始为这种观点提供论证。

对应于精神与物质的假想的两重性，正统心理学中有两种知道何物存在的方式。人们以为，一种方式，即感觉与外部知觉的方式，为我们关于物质的知识提供材料，而另一种方式被称为“内 109
省”，它为关于我们精神过程的知识提供材料。在常识看来，这种区分似乎是清晰而又容易的。当你看见一个朋友沿着街道走来时，你就获得了关于一个外部物理事实的知识；当你认识到你乐于见到他时，你就获得了关于一种精神事实的知识。你的梦、记忆和思想都是你时常意识到的东西，它们是精神的事实，并且你由之意识到它们的过程似乎有别于感觉。康德把这种过程称为“内感”；有时它被说成“自我意识”，但在近代英国心理学中它的最通常的名字是“内省”。在本讲中，我所希望分析和考察的，正是这种假想的获得精神过程知识的方法。

我将首先陈述我所瞄准要确立的观点。我认为，与它的关系和结构不同，我们精神生活的材料完全是由感觉与意象构成的。感觉与物质是通过我在第五讲中所试图解释的那种方式联系在一起的，而那种方式是指，每一种感觉都是作为某个物理对象系统的一个成员。意象，尽管通常拥有某些把自身从感觉中区分开来的特征，尤其是缺乏生动性的特征，但它们并非始终如此有别于感觉，而且因此不能通过这些特征来定义。与感觉相反，意象只能通过它们的不同的因果关系而得到定义：它们是因为同感觉相联系而产生的，而非因为神经系统受到了外部刺激——或许在较高级的动物那里，人们应该说刺激是外在于脑的——而产生的。感觉
110 或意象的出现本身并不构成知识，但假如条件是适当的，任何感觉和意象到头来都可以被觉知。当一种感觉——像听到一声震耳欲聋的霹雳——与我们周围极其相似的感觉正常发生关联时，我们认为这种感觉提供了关于外部世界的知识，因为我们认为由相似的感觉所构成的整个集合，就是由于一种通常的外部原因而产生的。但是，意象与身体的感觉并不是如此关联的。身体的感觉可以通过生理学而发生关联，并因而在关于物理世界的知识的来源中最终占有它们的位置。但是，意象不能与同时发生的他人的感觉与意象相一致。除了它们在脑中所拥有的假设性的原因以外，它们通过

这个事实，即它们是过去感觉的复制，而与物理对象拥有一种因果的关联；但是，它们因此与之相联结的物理对象是过去的，而非当前的。在某种意义上，感觉不是私人的，而这些意象却依然是。一种感觉似乎给了我们关于当前的一种物理对象的知识，而一种意象却没有，除非当它相当于一种幻觉时；而当它是幻觉时，这种似乎就是具有了欺骗性。因而，这两种现象所处的全部背景是不同的。但是，二者就本身而言并无根本的差异，我们没有理由提出两种不同方式来辨别它们。因而，作为一种独立的知识的内省就消失了。

对内省的批评主要是美国心理学家的工作。我将首先概述一篇文章；在我看来，这篇文章为他们的论证提供了一个好的样本。该文就是奈特·邓莱普（Knight Dunlap）所写的“反对内省的理由”（“The Case against Introspection”，in *Psychological Review*，vol. xix，No. 5，pp. 404～413，September，1912）。在作了几处历史
的引述后，他开始谈论现代两位内省的辩护者，即斯道特（Stout） 111
和詹姆士。他从斯道特那里引用了如下的陈述：“仅当我们以内省的方式专注于它们时，精神状态就其本身而言才成为对象。否则，它们自身就不是对象，而只是对象借以被承认（recognized）的那个过程的成分。”（*Manual*，2nd edition，p. 134。邓莱普引文中的“承认”这个词应该是“认识”[cognized]）。“对象本身绝不能等同于它借以被认识的个人意识的当前的变化”（同上，第 60 页）。甚至当我们思考我们自己的意识的变化时，情况也是这样的；这样的变化总是至少部分地有别于我们在其中想到它们的意识经验。

在这点上，为了就斯道特的上述引文谈谈我自己的看法，我想中断奈特·邓莱普文章的叙述。首先，依我看，关于“精神状态”的

概念需要一种或多或少具有破坏性的分析。我将在后面关于认识的讲演中给出这种分析，而且我已就欲望给出了这种分析。其次，关于“对象”的概念依赖于某种关于认识的观点，而我认为这种观点是完全错误的，那就是我在第一讲中涉及布伦坦诺时所讨论的观点。按照这种观点，一个单个的认识事件既包含内容，也包含对象，内容本质上是精神的，而除了在内省及抽象的思想中，对象则是物理的。我已批评过这种观点，并且现在除了说“对象借以被认识的过程”似乎是一种非常难以捉摸的说法外，将不再详述它。如常识将会说的那样，当我们“看见一张桌子”时，这张作为物理对象
112 的桌子并不是我们知觉的“对象”（在心理学的意义上）。我们的知觉是由感觉、意象和信念组成的，但是假想的“对象”是某种推论的、外部相关的东西，从逻辑上说，这种东西并不与发生于我们身上的事件密切相关。这个关于对象性质的问题也影响我们在自我意识问题上所采取的观点。显而易见，一种“意识经验”不同于一个物理对象；因此，作出下述的假定是自然的：一种其对象是意识经验的思想或知觉，一定不同于一种其对象是物理对象的思想或知觉。但是，假如同对象的关系是推论的和外在的，那么，就像我主张的那样，两种思想的差别与它们的对象的差别也许是极不相关的。而且，说到“一个对象借以被认识的个体意识的当前变化”，就等于暗示对对象的认识——与我所认为的相比——是一种直接得多的过程，并且它与对象的关系也密切得多。当我们开始分析知识时，所有这几点都将得到详细的阐述。但是，为了使人想到我们的“内省”分析将在其中进行的氛围，现在有必要简略地陈述它们。

另外一点是他对“意识”的使用；在这点上，斯道特的评论在我

看来暗示着我所视为错误的东西。有一种观点在心理学家中盛行；其大意是，一个人能在一种奇怪的双重意义上提及“一种意识经验”，它一方面意味着意识到某物的一种经验，另一方面意味着拥有某种内在性质——此种性质是所谓的“意识”的特性——的一种经验。也就是说，一种“意识经验”的特征，一方面在于它与其对象的关系，另一方面在于它是由某种独特的材料即“意识”的材料 113
组成的。而且，在许多作者那里，还有另一种即第三种混乱：在这第三种意义上，一种“意识经验”就是我们意识到的一种经验。依我看，所有这些用法都需要加以清楚地区分。我认为，说一个事件“意识”到另一个事件，就是断言它们之间有一种外在而又相当遥远的关系。我可以通过叔侄关系来对它进行举例说明：一个人无需通过自己的任何努力而只通过别的地方所发生的一个事件就能成为叔叔。类似地，当据说你“意识”到一张桌子时，我们就不能只通过考察你的心灵状态来确定情况是否真是这样：也有必要弄清你的感觉是否拥有过去的经验让你去假定的那些相关物，或者说在这种情况下桌子是否碰巧是一种幻觉。而且，像我在第一讲中所解释的那样，我认为，并不存在任何“意识”的材料，从而也不存在一种“意识”经验能借以同任何其他经验区分开来的内在特征。

有了这些预备性的论述，我们就能回来接着谈奈特·邓莱普的文章了。他对斯道特的批评，不知不觉地显示了在给予诸如“心灵”或“主体”这样的概念以任何经验的意义时所存在的困难；他从斯道特那里引用了下述句子：“最重要的障碍是，在观察其自己的运作时，心灵一定必然会把它的注意力分散在两个对象之间”，于是他断定：“毫无疑问，斯道特在这里非法引入关于一个单个观察

者的概念，并且他的内省并未考虑到这个观察者的观察；因为被观
114 察的过程与观察者是有区别的”（第 407 页）。对任何引入单个观察者的理论的反对意见都在第一讲中被考虑到了，并且被承认是有说服力的。因此，就斯道特的内省理论依赖于这个假定而言，我们被迫拒斥它。但是，在不假定有单个观察者的情况下相信内省，则是完全可能的。

邓莱普接着考察了威廉·詹姆士的内省理论，这种理论并未假定一个单个的观察者。由于放弃了思想与事物的二元论，在其《心理学》(*Psychology*)出版之后，该理论就发生了变化。邓莱普将他的理论总结如下：

“詹姆士的意识结构的必要成分是主体、对象及主体对对象的觉知(knowing)。詹姆士的结构与包含相同术语的其他结构的差别是，詹姆士认为主体与对象是同一种东西，不过处于不同的时间。为满足这个要求，詹姆士假定了一个存在的领域，他最初称这个领域为‘意识的状态’或‘思想’，后来把它称为‘纯粹经验’；后面的这个术语既包括‘思想’，也包括‘觉知’。这种结构带有其自身全部巨大的人为性，詹姆士直到最后都承认此种结构，只不过抛弃了意识这个术语和思想与外部实在之间的二元论罢了”（第 409 页）。

他补充说：“詹姆士的体系所实际等于的一切，就在于承认一连串的事物被觉知了，并且它们是被某种事物觉知的。这是所有的人所能宣称的所有东西，除了这样的事实，即这些事物是一起被觉知的，并且不同事项的觉知者是同一个人”（同上）。

我认为，与詹姆士在其后来的理论中所承认的相比，邓莱普在这个陈述中所承认的东西要多得多。我发现，没有理由假定“不同

事项的觉知者是同一个人”,并且我相信,除了通过邓莱普所拒绝 115
的这种内省,这个命题不可能被确定。在这几点中,第一点必须等到我们开始分析信念时再加以考虑:第二点现在就必须加以考虑。邓莱普的观点是,存在一种主体与对象的二元论,但主体绝不可能成为对象,而且因此也不存在对感到(awareness)的感到。在讨论内省显示知识的发生这种观点时,他说:“不能否认这种事物(觉知)的存在,据称它是在这种‘内省’中被觉知或观察到的。觉知是被观察到的这个断言,是可以被否定的。觉知确实存在;觉知当然不是被觉知的”(第410页)。并且又说:“我绝没有感到一种感到”(同上)。在下一页中,他说:“下述说法听起来也许是自相矛盾的:一个人不能观察观察的过程(或关系),但却可以肯定存在这样的一种过程。但在这种说法中,确实没有不一致的地方。我怎么知道有感到?通过感到某种东西而知道的。在‘感到’这个术语中,不存在任何未被‘我感到一种颜色(或类似的东西)’这个陈述所表达的意义。”

但是,这种矛盾的说法不可能如此轻易地被消除。奈特·邓莱普假定“我感到一种颜色”这个陈述被知道是真的,但他并未解释这是如何被知道的。反对他的论证并不是决定性的,因为他也许能够表明某种有效的推论我们的感到的方式。但是,他没有提出任何这样的方式。在关于感到对象但并未感到其自己的感到的那些存在物的假设中,并无什么古怪的东西;确实,幼童和比较高 116
级的动物极有可能就是这样的存在物。但是,这样的存在物不可能作出我们所能作出的这个陈述,即“我感到一种颜色”。因此,我们拥有它们所缺乏的某种知识。在奈特·邓莱普看来,有必要认

为这种额外的知识是纯粹推论性的，但他并未试图表明这种推论是可能的。当然，它也许是可能的，但我不能发现它是如何可能的。在我看来，这个事实（他承认这个事实），即我们知道存在感到，几乎决定性地否认了他的理论，并支持我们能够感到一种感到的观点。

邓莱普断言（回到詹姆士），詹姆士最初相信内省的真正根据，是他相信有两种类型的对象，即思想与事物。他指出，詹姆士在放弃思想与事物的二元论以后仍坚持内省，这纯粹是一种矛盾。我并不完全同意这种观点，但把关于内省的争论从关于觉知性质的争论中摆脱出来是困难的。邓莱普提出（第 411 页），所谓的“内省”实际上就在于感到“意象”和内心的感觉等等。在我看来，这种观点本质上是合理的。然而，我认为，觉知本身是由这样的适当关联起来的成分组成的，并且在感到它们时，我们有时就是在感到觉知的实例。由于这个原因，虽然我同意他关于对象——我们能够感到它们——是什么的观点，但我不能完全同意他所提出的内省是不可能的结论。

行为主义者甚至比奈特·邓莱普更有力地向内省进行了挑战，并且他们走得过远了，以至于否认意象的存在。但我认为，他们混淆了常常被人混淆的各种事物，并且在对内省的批评中，在我
117 们能够得出什么是真的以及什么是假的之前，有必要作出几种区分。

我希望区分三个不同的问题；当我们问内省是否为知识的一种来源时，我们可以意指其中的任何一个问题。这三个问题如下所述：

(1)对于在他人身上我们所不能观察到的任何事物,我们都能在自己身上观察到呢,还是我们所能观察到的一切事物都是公共的呢？这里所谓"公共的",意味着,假如事物被置于适当的位置,另一个人就能观察到它们。

(2)我们所能观察到的一切事物都遵循物理学定律并构成物理世界之一部分呢,还是我们能观察到某些处于物理学之外的事物呢?

(3)我们能观察到其内在性质异于物理世界之成分的任何事物呢,还是我们所能观察到的一切事物都是由在内在性质上同所谓的物质的成分相似的元素所组成的呢?

这三个问题中的任何一个都可以用来定义内省。就第一个问题来说,我会赞同内省,也就是说,我认为我们所观察到的一些事物是不能——甚至在理论上——被任何一个其他的人所观察到的。对于第二个问题,我会作出有利于内省的回答,不过这种回答是尝试性的和暂时性的。我认为,在科学的实际状况中,意象不可能纳入物理学的因果律,虽然它们最终也许是可以的。对于第三个问题,我会作出反对内省的回答:我认为,观察没有向我们指出任何不是由感觉与意象组成的东西,而且意象只是在其因果律方面不同于感觉,这种不同并非内在的不同。我将依次处理这三个问题。

(1)　观察的事物的公共性或私人性。如果我们眼下把自己 118
限定于感觉,我们会发现有三种不同程度的公共性,它们与三类不同的感觉相关联。假如你觉得牙痛,而在房间里的其他人并没有觉得,那么你是绝不会吃惊的。但是,假如你听到一声雷鸣,而他们没有听到，那么你会开始对自己的精神状况感到惊讶。视觉和听觉是最具公共性的官能，嗅觉的公共性只有很少一点儿，而触觉的公共性就更少了，因为两个人只能相继地而不能同时地去触摸同一个点。味觉有一种半公共性，因为人们在吃相似的食物时好像经验到了相似的味觉；但是，这种公共性是不完全的，因为两个人实际上不可能吃同一块食物。

但是，当我们转移到诸如头痛、牙痛、饥饿、口渴及疲劳之类的身体感觉上时，我们就完全远离了公共性，并进入一个在其中别人能把其所感受的东西告诉我们而我们却不能直接观察其感受的领域。这种事态自然地使人开始认为，公共的官能为我们提供了关于外部世界的知识，而私人的官能只给我们提供了关于我们自己身体的知识。谈到私人性，所有的意象，不管属于何种类型的，都应归入那些只提供关于我们自己身体的知识的感觉，也就是说，每一种意象都只可以为一个观察者所观察。这就说明了，为什么相比于身体感觉的意象与身体感觉的不同，视觉和听觉的意象与视觉和听觉的不同更显而易见；而且也说明了，为什么在像视觉和听觉这类情形中，赞同存在意象的论证比在内在言语这类情形中更具说服力。

119 然而，只要我们把自己限定于感觉，关于私人性与公共性的整个区分问题，就只是一个程度的问题，而非种类的问题。有充分的经验理由认为，从来没有两个人会在同一时刻拥有完全相似的并与同一物理对象相关联的感觉；另一方面，甚至最私人的感觉也会拥有某些关联，而这些关联在理论上能使另一个观察者将其推断出来。

观察角度的差别导致了这样的结果，即任何感觉都不会在某个时候是完全公共的。由于存在视角及光线照射方式的差异，看同一张桌子的两个人并未得到同一种感觉。他们只是获得了相互关联的感觉。听同一种声音的两个人并未听到恰好相同的事物，因为一个人比另一个人更接近声源，一个人比另一个人拥有更好的听力，如此等等。因而，感觉的私人性，并不在于拥有完全相似的感觉，而在于拥有或多或少相似的感觉，并且这些感觉是按照可识别的规律相互关联起来的。我们将其认作公共感觉的那些东西，就是下述这样的感觉：在这些感觉中，相互关联的感觉是非常相似的，并且那些关联非常容易被人发现。但是，甚至最私人的感觉也同别人能够观察到的事物拥有某些关联。牙科医生观察不到你的疼痛，但他能看见导致这种疼痛的龋洞，并且即使在你没有告诉他的情况下，也能猜想你正在遭受痛苦。然而，这个事实不能——华生显然希望能够——用来把一个观察者的私人观察从科学中排除出去，因为正是通过许多这样的观察，关联才在（例如说）牙痛与龋洞之间建立起来。因此，私人性并未独自使材料不服从科学的描述。在这点上，反对内省的论证必须被抛弃。

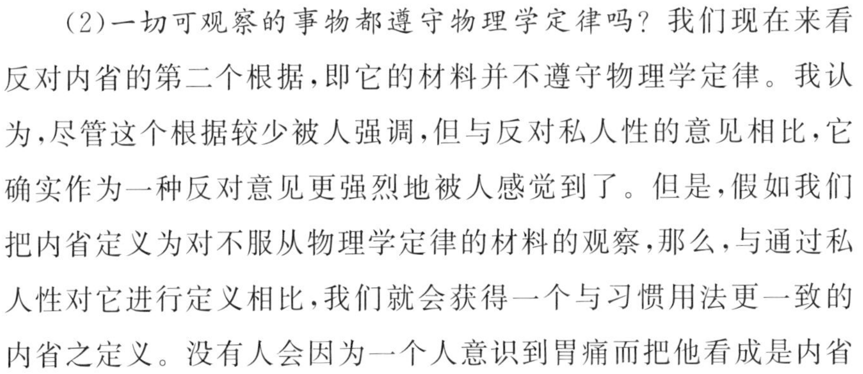

（2）一切可观察的事物都遵守物理学定律吗？我们现在来看 120
反对内省的第二个根据，即它的材料并不遵守物理学定律。我认为，尽管这个根据较少被人强调，但与反对私人性的意见相比，它确实作为一种反对意见更强烈地被人感觉到了。但是，假如我们把内省定义为对不服从物理学定律的材料的观察，那么，与通过私人性对它进行定义相比，我们就会获得一个与习惯用法更一致的内省之定义。没有人会因为一个人意识到胃痛而把他看成是内省

的。内省的反对者们并不想否认这个明显的事实，即我们能够观察他人不能观察的身体的感觉。例如，奈特·邓莱普主张意象确实是肌肉的收 [1]，并且他显然认为我们对肌肉收 的觉察不包括在内省的题目中。我认为，人们将会发现，内省材料的基本特征，在我们目前所涉及的意义上，与确定处所有关：要么它们根本没有处所，要么就像视觉意象一样，它们位于已被某物实际占据的一个地方，并且它们若被视作物理世界的一部分，那种事物与它们是不一致的。假如你有一个你的朋友坐在一张椅子上的视觉意象，而椅子其实是空的，那么你不能在你的身体里确定这个意象的位置，因为它是视觉的，你也不能把它当作一种物理现象来确定它在椅子里的位置，因为那把椅子作为一个物理对象是空的。因而，
121 似乎可以得出这样的结论：物理世界并不包括我们所感到的一切东西，并且我们眼下不得不认为，作为内省材料的意象并不遵循物理学定律。我想，这是人们试图拒斥它们的主要原因之一。在第八讲中，我将试图表明，接受意象的纯粹经验的理由是无法抵挡的。但是，我们几乎不能如此肯定它们最终不会被纳入物理学定律中。然而，即便这种情况出现了，它们仍将会因为其近似的因果律而能够区别于感觉——这就如同气体仍然可以区别于固体一样。

(3)我们能够观察到任何内在地不同于感觉的事物吗？我们现在来看涉及内省的第三个问题。人们通常认为，通过向内看，我

---

① *Psychological Review*，1916，"Thought-Content and Feeling，"p. 59. 也参见该杂志 1912 年号上的文章"The Nature of Perceived Relations"，他在这篇文章中说："假如剥去了它对意识的观察行为的虚构联想，'内省'确实是对身体的感觉（可感觉物）与感受（可感受物）的观察"（第 427 页注释）。

们能够观察到根本不同于物理世界之成分的一切事物，比如思想、信念、欲望、痛苦与情感。部分地通过强调这些假想的内省材料，部分地通过假定物质是由原子、电子或物理学当前所偏爱的无论何种单元组成的，心灵与物质的差别被扩大了。与后面的这种假定相反，我主张，物质的最终成分既非原子，亦非电子，而是感觉以及在范围与持续时间上相似于感觉的其他事物。与认为内省揭示了一个根本不同于感觉的精神世界相反，我打算证明：思想、信念、欲望、愉悦、痛苦和情感全都是单纯地从感觉和意象中构造出来的，并且有理由认为，就其内在的特征而言，意象并不有别于感觉。这样，我们就在心灵与物质之间创造了一种*相互友好的关系*，并且把(我们第二种意义上的)内省的终极材料还原为单纯的意象。因 122
此，关于内省之意义的这第三种观点，我们的结论是完全与它相反的。

关于内省的问题，尚有两点需要加以考虑。首先，内省在多大程度上是可靠的；其次，即使我们承认，与可被称为外部知觉的东西所揭示的相比，内省并未揭示根本不同的材料，它是否也不揭示不同的*关系*，并因而获得与传统上所赋予它的几乎同样的重要性。

先从内省的可靠性开始。在某些学派中，人们通常认为，与我们关于“外部的”世界的知识相比，关于我们自己精神过程的知识具有更多的无可比拟的确定性。这种观点表现在休谟之后的英国哲学中，并以多少有点隐蔽的方式出现在康德及其追随者那里。似乎没有任何理由接受这种观点。我们的自发的、朴素的信念，无论是关于我们自己的，还是关于外部世界的，总是极端轻率的，并且非常容易陷入错误。以小心谨慎的方式行事，在两方面都是同样必要的，也都是同样困难的。不仅我们时常没有感到我们持有一种存在于自己身上的信念或欲望，而且我们时常实际上是错误的。在我们的所欲之物方面，内省的易错性因心理分析而变得明显了；而在我们的所知之物方面，内省的易错性是容易证明的。一部自传，当细心的编辑将其与书面证据相对照时，通常被发现充满了明显不小心的错误。我们当中的任何人，当看到一封写于几年前的已被遗忘的信时，都将惊讶地发现，我们的看法比我们的记忆
123 愚蠢得多。而且，在对我们的精神活动——相信、欲望、决意或其他等等——进行分析时，单纯的内省所提供的帮忙是极少的：有必要构造一些假设，并且就像我们在物理科学中所做的那样，通过它们的结果来检验它们。因此，尽管内省是知识的来源之一，但孤立地看，它在任何阶段都不比“外部的”知觉更可靠。

我现在来讨论我们的第二个问题：内省会为我们提供与通过反思外部知觉而获得的材料不同的关于关系的知识的材料吗？也许可以主张，“精神的”东西的本质是由关系——例如，像知道这样的关系——组成的，并且我们关于这些实质性的精神关系的知识完全获自内省。假如“知道”是一种不可分析的关系，那么这种观点是不可质疑的，因为显然任何这样的关系都不构成物理学主题的一部分。但是，“知道”确实是各种各样的关系，并且所有这些关系都是复杂的。因此，在对它们进行分析之前，我们的问题一定尚未得到解答。在这个系列讲演的末尾，我将回到这个问题上来。

第七讲　知觉的定义 124

在第五讲中，我们发现，有理由认为世界的终极成分[①]并不具有通常所理解的那些要么心灵的、要么物质的特征：它们既非在空间中移动的坚固的持存的对象，亦非“意识”的片断。但是，我们发现两种对殊相进行合并的方式，一种是把它们合并为各种“事物”或“物质”，另一种是把它们合并为诸系列的“视景”，而每个系列都可称为一部“个体历史”。在我们能对感觉或意象进行定义之前，有必要以稍微更详细的方式考虑这种双重分类法，并从中获得知觉的定义。应该说，就此种分类法假定了整个物理学的世界（包括其未被感知的部分）而言，它包含了假设的成分。但是，我们将不会在承认这些成分的根据上消磨时间，它们属于物理学哲学，而非心理学哲学。

殊相的物理的分类，就是把一个“事物”的所有样形全都归集 125
到一起。给定任何一种殊相，时常（我们不说总是）发现会有许多其他的殊相，它们在逐渐增大的程度上与该殊相相区别。人们将会看到，那些与它只有非常轻微差别的殊相（或其中的某些），依据

① 当我谈到“终极成分”时，我并非必然意味着理论上不能分析的东西，而只是指我们当前不能发现某种方法来对其进行分析的东西。我把这样的成分称作“殊相”，或者当我希望强调它们本身也许是复杂的这个事实时，我把它们称作“相对殊相”。

某些规律，以逼近性的方式相差别（differ approximately）；而那些规律，在一种概括的意义上，可以被称为“透视”律，它们把通常的透视律作为一种特例包括了进来。当差别变得越小时，这种逼近几乎变得越来越精确。用技术的语言说，透视律解释了微量的一级差别，而其他规律只需去解释二级差别。也就是说，随着差别的减小，不是根据透视律而来的那部分差别减小得更为迅速，并且与总体的差别产生了一个趋向于零的比率——当二者都变得越来越小时。通过这种方法，我们在理论上就能把许多可定义为某一时间的一个事物之“样形”或“现象”的殊相全都集合在一起。假如透视律被充分地认识了，不同样形之间的联系就会通过微分方程而得以表达。

到此为止，这只为我们提供了在某一时间构成一个事物的那些殊相。这个殊相的集合可以被称为一个“瞬间事物”。定义构成一个事物之连续状态的系列“瞬间事物”，是一个涉及动力学定律的问题。这些定律提供了支配事物的样形从一个时间到稍后一个
126 时间的变化规律，而此种支配是利用我们为经由透视律而来的空间上相邻的样形而获取的同一种趋向精确的有差别的逼近而实现的。因而，一个瞬间事物就是一个殊相的集合，而一个事物（可以等同于该事物的整个历史）就是一系列这样的殊相集合。处于一个集合中的殊相通过透视律被归集在一起，前后相继的集合通过动力学定律被归集在一起。这是适应于传统物理学的世界观。

一个“瞬间事物”的定义含有涉及时间的问题，因为构成一个瞬间事物的殊相将不会是完全同时发生的，而是将以光速（假如那

个事物处于真空中）从那个事物向外扩散。存在一些与相对论相关的复杂性，但对于我们现在的目的而言，它们是不重要的，并且我将忽略它们。

我们不再先把构成一个瞬间事物的所有殊相全都归集在一起，然后形成那种连续的集合的系列，而可以先把因动力学定律而关联起来的一系列前后相继的样形归集到一起，然后形成因透视律而关联起来的此类系列所构成的集合。以关于舞台上演员的例子来说明：我们的第一步计划是把他在同一时间呈现给不同观众的所有样形归集起来，然后形成由这样的集合所构成的系列；我们的第二步计划是先把他相继呈现给一个给定观众的所有样形都归集起来，然后针对其他观众做出同样的事情，因而就形成了一个由诸系列所组成的集合，而不是一系列的集合。第一步计划告诉我们他做了什么，第二步计划告诉我们他所产生的印象。这第二种对殊相进行分类的方式，与第一种方式相比，显然同心理学有更多的关联。正是部分地通过这第二种分类方法，我们才获得了关于 127
一种“经验”、一部“个体历史”或者一个“人”的定义。正像我在后面将要证明的那样，这种分类方法对于感觉和意象的定义来说也是必要的。但是，我们必须详述视景和个体历史的定义。

在我们对演员所作的说明中，似乎每个观众的心灵暂时全被这个演员所占据了。假如情况是这样的，那么，把一个观众的个体历史定义为这个演员根据动力学定律而关联起来的一系列相继的样形，也许是可能的。但事实上，情况并非如此。我们在清醒状态的生活中始终都在接受各种各样的印象，它们是各种各样事物的样形。我们不得不考虑，是什么东西把两种同时发生的感觉在一

个人身上连接起来的，或者更一般地说，是什么东西把形成一种经验之部分的任何两个事件在一个人身上连接起来的。如果坚持物理学的立场，我们也许会说，不同事物的两种样形，当处于同一个地点时，属于同一种视景。但是，这其实对我们没有帮助，因为一个“地点”尚未得到定义。在不引入超出透视律和动力学定律之外的任何事物的情况下，我们能确定两种样形“处于同一个地点”这一说法的意义吗？

我不能确定形成这样一种定义是否是可能的。因而，我将不假定它是可能的，但将会寻找一种视景或一部个体历史可以由之被定义的另外一些特征。

当（例如）我们在同一时间看到一个人并听到另一个人在说话时，我们的所见和所闻具有一种我们能够感知到的关系，且这种关
128 系使二者在某种意义上共同构成了一种经验。正是当这种关系存在时，两个事件才是有联系的。西蒙的“记忆痕迹”是由我们在同一时间所经验到的全部东西所构成的。他提到了这个总体的两个部分之间拥有“Nebeneinander”（并列）的关系（M. 118；M. E. 33 ff.），这种“并列”类似于霍尔巴特（Herbart）的“Zusammen”（协作）。我认为，这种关系可以被简单地称作“同时性”。也许有人说，在任何时候，所有并非我的经验之一部分的事物都在世界上发生着，并且我们正在寻求去定义的这种关系因此不可能只是同时性。然而，这是一种错误，即相对论所要避免的那种错误。除非加以精致地构造，并不存在一种普遍的时间。只有局部的时间，而每个局部的时间都可以被当作一部个体历史内的时间。因此，假如我（比如）听到一种声音，那么在任何一种简单的意义上，那些仅有

的与我的感觉同时发生的事件，是我的私人世界即我的个人历史中的事件。我们因此可以把所说的这种感觉隶属于其中的“视景”，定义为由与该感觉同时发生的殊相所构成的集合。类似地，我们可以把这种感觉隶属于其中的“个体历史”，定义为由早于、迟于或同时于这种给定的感觉的殊相所构成的集合。而且，完全相同的定义能够应用到并非感觉的殊相上。对于相对论来说，它们实际上也是必需的，假如我们要对那种理论中的“局部时间”的意义作一种哲学的解释。在我们自己的经验中，同时性与相继性的关系是我们所知道的；它们是可分析的，但那并不影响它们对于定义视景与个体历史的适当性。能在不同的个体历史的事件之间构造出来的时间关系，属于一种不同的类型：它们不是被经验的，而 129
仅仅是逻辑的，人们将它们设计出来，是为了提供陈述不同个体历史之间关系的方便方式。

就生物而言，并非只是通过时间关系才把一部个体历史的那些部分归集起来。假若那样，就存在构成一种“经验”之统一性并把单纯的事件转变为“经验”的记忆现象。我已强调过记忆现象对于心理学的重要性，并且现在将不再详述它们，而只是说明它们就是把个体历史（在技术的意义上）转化为生命的东西。正是它们，提供了一个“人”或一个“心灵”的连续性。但是，除了在动物及植物身上，没有理由设想记忆现象是与个体历史相关联的。

我们对殊相的双重分类法导致了身体与个体历史的二元论，而且这是就宇宙间的一切事物而言的，而非只是就生物而言的。这是通过下述方式产生的。在物理学所考虑的那类殊相中，每一种殊相都是如下两个殊相组中的一个成员：

(1)构成同一物理对象的其他样形的殊相所形成的殊相组；

(2)与给定的殊相拥有直接的时间关系的殊相所形成的殊相组。

这两个殊相组中的每一殊相都与一个地点联系在一起。当我看一颗星的时候，我的感觉是：

130 (1)作为那颗星并与此星所在的地点相联系的那个殊相组的一个成员；

(2)作为我的个人历史并与我所在地点相联系的那个殊相组的一个成员。[①]

结果，与物理学相关的那类殊相中的每一种都与两个地点有关联；例如，我关于那颗星的感觉与我所在的地点及那颗星所在的地点相关联。这种二元论与人们设想我可能会拥有的任何“心灵”无关；假如我被替换成照相底板，它会在完全相同的意义上存在着。我们可以把两个地点分别称为主动的和被动的地点。[②] 因而，就关于一颗星的知觉或它的照片而言，主动的地点是这颗星所在的地点，而被动的地点是感知者或照相底版所在的位置。

因而，我们能够在不背离物理学的前提下，把一个给定地点的所有殊相主动地归集起来，或把一个给定地点的所有殊相被动地归集起来。就我们自己来说，一组殊相就是我们的身体(或我们的

---

① 我已在别的地方解释了根据这种理论去构造空间的方式，并且那也是一种视景的位置与一个物理对象的位置发生关系的方式(*Our Knowledge of the External World*, Lecture III, pp. 90, 91)。

② 我把这些只是用作名称。我并不想引进任何关于“主动性”的概念。

脑)，而另一组殊相是我们的心灵(就其由知觉组成而言)。就照相底板来说，第一组殊相是物理学所处理的底板，第二组殊相是它所要拍摄的天空的样形。(为了简明扼要起见，我忽略了与时间相关的各种复杂性；这些复杂性需要某些冗长乏味但完全可行的详细说明。)因而，按照这种观点可被称为主观性的东西，并非心灵的一种鲜明的独特性：它恰好同样出现在照相底版上。而且照片底版 131
有其自己的历史和“物质”。但是这种个体的历史并不是物理的事情，并且丝毫没有精神现象由之被区分的特点，其唯一的例外在于它的主观性。

眼下，由于坚持物理学的立场，我们可以把关于一个对象的“知觉”定义为来自一个地点的对象的现象，并且这个地点要有脑(或者，在较低等的动物身上，它是某种适当的神经结构)、感觉器官及形成中间媒介物之一部分的神经。这样的对象的现象因为某些特征而有别于其他地点的现象，而那些特征指的是：

(1)它们产生了记忆现象；

(2)它们自身受到记忆现象的影响。

这就是说，它们可以被记住和被人联想到，或者可以影响我们的习惯，或者产生意象等等，并且假如我们的过去经验是不同的，那么它们自身就会不同于它们所是的东西——例如，一个说出的句子在听者身上所产生的效果依赖于该听者是否知道这种语言，这是一个过去经验的问题。这两个特征都与记忆现象相关联，正是它们使知觉有别于其中没有生物存在的地点的对象之现象。

在关于一个对象的知觉中，我们能在理论上——尽管时常并

不能在实践上——把由过去经验所产生的部分从没有受到记忆影
132 响并出自对象之性质的部分中分离出来。我们可以把通过那种方式而出现的那个部分定义为“感觉”，而其余的部分，作为一种记忆现象，将不得不补充到这个感觉上，以制造所谓的“知觉”。根据这个定义，感觉是实际经验中的一种理论上的核，实际经验是知觉。显然在执行这些定义时，存在严重的困难，但是我们将不会在它们上面消磨时间。我们必须从迄今所采用的物理学立场，尽快转移到心理学立场；在心理学立场中，我们更多地利用了内省，而这种内省则是指上一讲所讨论的三种意义中第一种意义上的内省。

但是，在作出这种转移以前，有两点必须弄清楚。首先，我自己的个人历史之外的一切事情都处于我的经验之外；因此，假如我的个人历史之外的任何事情都能被我知道，那么它们只能通过以下两种方式之一被知道：

(1)通过从我的个人历史中的事情进行推论，或者

(2)通过某种独立于经验的先天原理。

我本人并不认为任何近乎确定的东西都将通过这两种方法中的这种或那种而获得，并且我的个人历史之外的任何事情都因此必须在理论上被视为假设。采用这个假设的理论根据是，它简化了对事件在我们的经验中据以发生的规律的陈述。但是，没有非常充分的理由设想，一种简单的规律相对于一种复杂的规律更有可能是真的，尽管在科学的实践中，有充分的理由把一种简单的规律作为一个作业假说而假定下来，假如它既解释了事实，也解释了另一
133 种不如它简单的规律。我在拥有证据之前就相信我自己的个人历

史之外的事物存在着，并且只有一种长期的哲学怀疑才能摧毁——假如终究能摧毁的话——这种信念。对于科学的目的而言，它将其带入物理学定律中的那种简单化，实际上证明了它是正当的。但是，从理论逻辑的立场来看，它必须被看作一种偏见，而非一种有充分根据的理论。有了这个限制性条件，我打算继续服从偏见。

第二点涉及到把我们的观点与认为感觉由神经系统外部（或至少是脑外）的刺激物所致而意象则由“中枢神经兴奋”所致的观点关联起来；这里，说意象由中枢神经兴奋所致，就等于说它是由脑的原因所引起的，而这些原因不能追溯到任何影响感觉器官的事物上。显然，假如我们对物理对象的分析是有效的，这种定义感觉的方式需要重新加以解释；同样显然的是，假如我们的理论是值得采纳的，我们必须能够发现这样的一种新解释。

为了使这个问题变得清楚，我们将以最简单的可能的例子来说明。考虑某颗星，并且眼下假定其体积是微不足道的。也就是说，为了实际的目的，我们将认为它是一个发光的点。让我们进一步假定，它只存在了非常短暂的一段时间，比如说，一秒钟。然后，根据物理学，所发生的事情是，一种球形的光波穿越太空，从这颗星向外扩散，这正像当你把一块石头抛入一个静止的水池时，涟波从石头击水的地方向外扩散一样。光波以某种几近恒常的速率扩散，大约每秒 300,000 公里。通过把一束闪光发送到一面镜子上，并观察被反射的闪光到达你那里之前需要多长时间，这个速率就可以确定下来，而这正像声音的速率可以通过回声而确定下来 134
一样。

当一种光波达到一个给定的地点时，我们不能说出所发生的事情是什么，除了在这样一种仅有的例子中，即当所说的地点是一只与转向正确方向的眼睛相联结的脑时。在这个非常特殊的例子中，我们知道发生了什么：我们拥有称为“看见这颗星”的感觉。在所有其他的情况下，尽管我们（或多或少假设性地）知道这颗星的现象的某些联系与抽象的性质，但我们并不知道现象本身。现在，为了举例说明，你可以把这个颗星的不同现象比作希腊语的一个动词的词形变化，只不过它的部分的数目确实是无穷的，而且不仅仅对于绝望的男学生来说才显然如此。孤立地看，这些部分是有规则的，并且可以根据语法规则即透视律从（想象的）词根中获得。由于这颗星位于空荡的空间中，为了物理学的目的，我们可以把它定义为是由所有那些在真空中呈现出来的现象以及那些依据透视律而会在别的地方呈现出来的现象——假如它在别的地方的现象是有规则的——共同组成的。这只不过是对我在前面一讲中所给出的物质之定义的改写。某一地点的一颗星的现象，如果是有规则的，并不要求任何不同于那颗星的存在的原因或解释。每一种有规则的现象都是代表那颗星的系统的一个实际成员，并且它的因果关系完全内在于那个系统。我们可以通过下述说法来表达这一点：一种有规则的现象是单纯由那颗星所造成的，并且如同一个人是人类的一部分，它也是那颗星的一个实际的部分。

135 但是，现在星的光线达到了我们的大气层。它开始被折射，并因为有雾而变得暗淡，而且它的速率也稍微降低了。最后，它达到了一个人的眼睛；在那里，一个复杂的过程开始了，并终结于一种感觉，而此种感觉为我们提供相信此前所经历的一切的理由。现在，根据我们的物质定义，这颗星的不规则的现象，严格说来，并不是代表这颗星的那个系统的成员。然而，不规则的现象并不仅仅是不规则的：它们是依据能通过光线在行进时所经由的物质来陈述的规律而出现的。不规则现象的来源因此是双重的：

(1)不规则地出现的对象；

(2)中间媒介物。

应该注意到，尽管关于有规则的现象的概念是完全精确的，关于不规则的现象的概念则可以具有某种程度的模糊性。当媒介物的扭曲的影响足够大时，最终形成的殊相就不再被看作一个对象的现象，而必须独立地加以对待。当所说的殊相不能被追溯到一个对象，而是两个或更多的东西的一种混合时，尤其会出现这种情况。在知觉中，这种情况是正常的：我们把被显微镜和望远镜揭示为许多不同对象的东西看成一个对象。因此，关于知觉的概念并不是一个精确的概念：我们或多或少地在感知着事物，但在感知时总会带有极其大量的模糊与混淆。

在考虑不规则现象时，存在某些非常自然的错误，它们必须被避免。一种殊相为了可以算作某个对象的一种不规则的现象，它 136
没有必要在内在性质上与规则的现象有任何类似。所必需的一切，就在于它可以根据表达媒介物之扭曲的影响的规律而从规则的现象中派生出来。当它是这样派生出来的时，我们就可以认为所说的殊相是由规则的现象——而且因此就是这个对象本身——连同起因于媒介物的变化所产生的。在其他情况下，所说的殊相可以在同一种意义上视为是由若干对象和媒介物所共同产生的；

而在这样的情况下，它就可以被称为若干对象的一种混杂现象。假如它碰巧处于脑中，它就可以称为关于这些对象的一种混杂的知觉。所有实际的知觉都在一种或大或小的程度上被弄混了。

我们现在能够利用我们的理论，来解释据说拥有外部刺激的精神事件与据说是由“中枢神经兴奋”激起的即没有脑外刺激的精神事件之间的区别了。当一个精神事件能被看作脑外对象的一个现象时，无论它怎么不规则，甚或作为若干这样的对象的混杂现象，我们因此都可以认为它拥有所说的对象或那些对象在相关感觉器官中的现象作为自己的刺激物。另一方面，当一个精神事件同脑外对象的关联并不足以让人认为它是这样的对象的一个现象时，其物理的因果关系（假如有的话）将因此不得不到脑中去寻找。在前一种情况下，它可以被称为一种知觉；在后一种情况下，它不能被如此称呼。但是，这种差别是程度性的，而非种类性的。在认识到这一点之前，任何关于知觉、感觉或想象的理论都是不可能的。

第八讲　感觉与意象 137

假如我们迄今为止是正确的，那么我们就不能承认心灵与物质的二元论是形而上学上有效的。不过，当观察世界时，我们似乎在其内部发现了某种二元论，它也许并非终极的。这种二元论主要不是关于世界的材料的，而是关于因果律的。在这个问题上，我们可以再次引用威廉·詹姆士。他指出，就如我们所说的那样，当我们仅仅“想象”某些事物时，就不存在当这些事物就是我们所谓的“实在的”东西时将会出现的那些效果。他以想象一堆火为例：

“我为自己制造一种关于燃烧着的火的经验。我把它放在我的身体附近，但是它丝毫也不会温暖我。我把一根树枝放到上面，这个树枝或者烧起来，或者仍然是青的——我想要它怎样它就会怎样。我想到了水，并把水倾倒于其上，而且绝对没有什么影响。通过认为这全部系列的经验都是非实在的，即它们是一个精神的系列，我解释了所有这样的事实。精神的火将不会烧着实在的树枝，精神的水甚至将不必(尽管它当然可以)熄灭一堆精神的火……相反，若有了‘实在的’对象，则总是产生结果；因此，实在的经验有别于精神的经验，事物有别于我们关于它们的思想(不管是幻想的事物还是真实的事物)，它们共同沉淀为整个经验混沌之稳定的部 138

分，并被称为物理世界。”①

在这段话中，仅仅是出于疏忽，詹姆士好像在告诉我们，他把其描述为“精神的”事物的现象是没有效果的。当然，情况并非如此：正如物理现象一样，它们也有自己的效果；但是，它们的效果遵循不同的规律。例如，像弗洛伊德所指明的那样，梦，正如行星的运动一样，也受规律的制约。但是，这些规律是不同的：在梦中，你可以在瞬间从一个地点被运到另一个地点，或者一个人可以在你的眼皮底下变成另一个人。这样的差异迫使你把梦的世界从物理的世界中区分开来。

假如两种类型的因果律能够得到鲜明的区分，那么，当一个事件遵循适合于物理世界的因果律时，我们就能把它称作“物理的”，而当它遵循适合于精神世界的因果律时，我们就能把它称作“精神的”。由于精神世界与物理世界是相互作用的，所以二者之间会有一个分界线：有一些事件拥有物理的原因和精神的结果，而另外一些事件拥有精神的原因和物理的结果。我们应该把拥有物理的原因与精神的结果的事件定义为“感觉”。那些拥有精神的原因和物理的结果的事件也许就是我们所谓的自愿的运动，但它们目前与我们没有关系。

假如物理的和心理的因果关系的区分是清晰而又鲜明的，这些定义就会拥有我们所能期望的全部精确性。然而，到目前为止，
139 这种区分事实上绝非鲜明的。若有更充分的知识，将有可能发现，同关于气体的规律和关于刚体的规律的区分一样，它不是终极的。

① *Essays in Radical Empiricism*, pp. 32～33.

它也容纳这一事实,即一个事件可能是几种原因依据几种因果律而产生的一个结果:一般地,我们不能把任何单独的事物指为某某事件的那个(the)原因。于是,我们最后绝不能确定,支配精神事件的特殊的因果律其实并非心理的。习惯律,作为最有特色的规律之一,可以依据神经组织的特性而得到充分的解释,而这些特性反过来又能依据物理学定律而得到解释。因此,我们似乎被迫进入一种不同的定义。正是由于这个原因,才有必须确立知觉的定义。有了这个定义,我们就能把感觉定义为知觉中的非记忆成分。

当我们遵循我们的定义,并试图确定在我们的经验中何种成分具有感觉的性质时,我们发现困难也许比我们预想的还要多。乍看之下,每种事物都是经由感官而出现在我们面前的感觉:我们所看到的景观、我们所听到的声音、我们所闻到的气味等等,也有诸如头痛和肌肉的紧张感之类的事物。但事实上,有太多的解释、太多的习惯关联都和所有这类经验混合在一起,以至于纯粹的感觉的核心只有通过细心的调查才会被提取出来。举一个简单的例子:假如你在自己的国家去剧院看戏,你无论是坐在正厅的前排,还是坐在上层楼厅的前排,似乎都同样听得很清楚,在两种情况下,你都认为自己没漏听什么。但是,假如你在国外去剧院看戏,并且你一般地懂得当地的语言,那么你似乎部分地变聋了,而且 140
你将发现,与在你自己的国家看戏相比,有必要非常靠近舞台。原因在于,在听到我们自己的语言被人说出时,我们迅速且无意识地通过推断那个人一定在说的东西,来扩充我们实际听到的东西,而且我们绝未觉察到我们并未听到仅仅为我们所推断出来的词。在外语中,这些推断是更难的,而且我们更依赖于实际

的感觉。假如我们发现自己处于一个陌生的世界，在那里桌子看起来像垫子，而垫子看起来像桌子，那么我们同样将发现，在我们认为自己看到的东西中有多少其实是推论。每一种相当熟悉的感觉，对我们来说都是通常与它一同出现的事物的符号，而且这些事物中许多似乎都将形成感觉的一部分。在汽车刚发明的年代，我记得我和一位朋友在一起，突然随着一声巨响，轮胎爆裂了。他以为那是手枪。他还认为自己看到了火光，并以此支持他的看法。但是，当然没有火光。现在，当轮胎爆裂时，没有人会看见火光了。

因此，为了得知什么东西真正是一个事件中初看起来似乎并不包含任何其他成分的感觉，我们不得不逐渐减除因习惯、期待或解释而产生的所有东西。这是心理学家的事情，但绝不是一件容易的事情。就我们的目的而言，确定在某种情况下什么东西真正是感觉的核心并不重要；重要之处只在于要注意到确实存在一种感觉的核心，因为习惯、期待和解释在多种场合通过多种方式被唤起，并且这种多种性显然产生于呈现给感官的东西的差异。当你
141 早晨打开报纸时，关于看见印刷品的实际感觉形成了你身上所发生的事情的一个非常微小的部分，但它们是所有其余事情的出发点，而且正是通过它们，报纸才是获取信息或错误信息的一种手段。因而，尽管可能难以决定在任何给定的场合下什么东西是真正意义上的感觉，但是，除非我们像莱布尼茨那样否认外部世界对我们所实施的行为，显然是存在感觉的。

显然，感觉是我们关于世界（包括我们自己的身体）的知识的来源。把感觉本身看作一种认识似乎是自然的，而且一直到不久

前，我确实还是这么认为的。当（比如）我在街上看见我所认识的一个人向我走来时，似乎单纯的看就是知识。当然，不可否认，知识是经由这种看而来的，但把单纯的看本身认作知识是错误的。假如我们要这样看待它，我们就必须把看与所看到的东西区分开来：我们必须说，当我们看到某种形态的一片颜色时，这片颜色是一种事物，而且我们对它的看是另一种事物。然而，这种观点要求在我们第一讲所讨论的那种意义上承认主体或行为。假如存在一个主体，那么它就可以同这片颜色拥有一种关系，即我们也许会称其为感到的那种关系。在那样的情况下，感觉，作为一个精神事件，将在于感到那种颜色，而那种颜色本身将依然完全是物理的，并且为了区别于感觉而可以被称为感觉材料。然而，这个主体，就像数学上的点和瞬一样，似乎是一种逻辑的虚构。它之所以被引进，不是因为观察揭示了它们，而是因为它具有语言学上的便利，并显然为语法所需要。这类名义上的实体也许存在，或者也许不
存在，但是没有充分的理由认为它们存在。它们似乎要完成的功 142
能，总能通过类、系列或其他的逻辑构造来完成，而这些东西都是由不太可疑的实体组成的。假如我们要避免一种完全无根据的假定，我们必不能把这种主体当作世界的实际成分之一。但是，当你这样做的时候，区分感觉与感觉材料的可能性就消失了；至少，我看不到任何保持这种区分的方式。因而，当看见一片颜色时我们所拥有的感觉只是那片颜色，即物理世界的一个实际的构成成分，或者说物理学所感兴趣的一个部分。一片颜色肯定不是知识，并且我们因此不能说纯粹的感觉是认识。经由其心理的效果，并且部分地由于其自身就是与其相互关联——就像（比如）视觉与触觉

是相互关联的那样——的事物的符号，部分地由于在那种感觉消失后产生了意象和记忆，它是认识的原因。但是，纯粹的感觉本身并不是认识。

在第一讲中，我们考虑了布伦坦诺的观点，即“我们能够为心理现象下这样一个定义，即它们都意向性地把某个对象包含于自身之中”。我们曾看到，总体说来有理由抛弃这种观点；我们现在很想指出，在感觉这样的特别情形中，它必须被抛弃。先前在这种情况下使我接受布伦坦诺观点的论证是极其简单的。当我看见一片颜色时，这片颜色在我看来并不是精神的，而是物理的，但我的看并不是物理的，而是精神的。因此，我断定，颜色是某种不同于我对颜色的看的东西。这个论证对我来说是历史的，它是用来针

143 对唯心论的：其中被强调的部分是这个断言，即颜色是物理的，而非精神的。现在，我将不会让你们为相信这片颜色是物理事物并由此反对巴克莱的那些理由而费神。我以前陈述过它们，而且我没有发现修改它们的理由。但是，不能因此说这片颜色也不是精神的，除非我们假定——我不再认为这是有效的假定——物理的东西和精神的东西不能重叠。假如我们承认——我认为我们应该承认——这片颜色可以既是物理的也是精神的，那么从感觉中区分出感觉材料的理由就消失了，并且我们可以说，在看这片颜色时，这片颜色和我们的感觉是同一种东西。

这是威廉·詹姆士、杜威教授以及美国实在论者的观点。杜威教授说，知觉本身并不是知识的实例，而只是自然的事件，它们与（比如说）一阵雨一样，并无知识的身份。“让他们（实在论者）通过做实验，来把知觉设想为纯粹的自然事件，而非感到或领会的实

例，然后他们就将吃惊地发现，他们几乎没有丢失什么。”[1]我认为，除了猜想实在论者将会感到吃惊外，他在这一点上是正确的。他们当中许多人已经持有他为之辩护的这种观点，而另外一些人则非常支持这种观点。无论如何，正是这种观点才是我在这些讲演中所要采纳的。

按照我正在为之辩护的观点，世界的材料，就我们拥有关于它的经验来说，是由发生在看、听等等行为中的数不清的短暂殊相和或多或少与其类似的意象——我很快就将谈到它们——所共同组成的。假如物理学是真的，那么除了我们所经验到的殊相外，还有另外一些也许同样（或几乎同样）短暂的殊相，它们构成了物质世 144
界的一部分，但该部分并未与生命体发生某种联系，而所说的这种联系是需要生命体将其转化为感觉的。但是，这个题目属于物理哲学，而且在我们当前的探究中，无需我们去关注。

感觉是精神世界与物理世界所共有的东西；它们可以定义为心灵与物质的交叉部分。这绝不是一种新的观点；它不仅为我所提到的美国作者所主张，而且为马赫在其 1886 年出版的《感觉的分析》一书中所主张。根据我所辩护的这种观点，感觉的本质就在于它独立于过去的经验。它是我们的实际经验中的一个核；它绝不单独地存在着——除非在十分幼小的婴儿身上才有这样的可能。它本身不是知识，但它为我们关于物理世界（包括我们的身体）的知识提供材料。

有一些人，他们相信我们的精神生活是单独由感觉组成的。

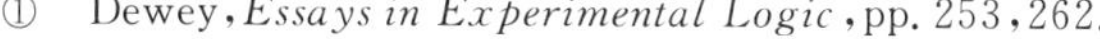

① Dewey, *Essays in Experimental Logic*, pp. 253, 262.

这也许是对的;但无论如何,我认为,除了感觉之外,所需要的唯一成分是意象。我们现在就必须研究意象是什么以及它们将如何得到定义。

意象和感觉的区别,乍看起来,似乎绝不是困难的。当我们闭上眼睛并想起熟悉的景观中的景色时,只要我们是醒着的,我们在分别所回想的东西和实际所见的东西时通常不会有困难。假如我们回想我们所知道的某首音乐,那么我们能在心中从头到尾将它重复一次,而无需任何可察觉的认为我们确实在听它的倾向。但是,尽管这样的情形是如此清楚,以至于似乎不可能有任何混淆,
145 依然还有许多其他的比这难得多的情形。定义意象绝不是一件容易的事情。

首先,我们并不总是知道我们正在经验的东西是感觉还是意象。我们闭上眼睛时在梦中所见的东西必须算作意象,然而当我们正在做梦时,它们似乎像感觉。幻觉开始时常表现为顽强存在的意象,并且只是逐渐地对信念发生影响,从而使病人将其认作感觉。当我们听到一种微弱的声音(远处的钟鸣声或者道路上的马蹄声)时,我们认为在真正听到以前就多次听到过它,因为期待为我们带来了意象,并且我们误将它当作感觉。因此,意象和感觉的区分在检查时绝非总是明显的。[①]

我们可以考虑三种不同的方式,对意象与感觉之区分的寻求就是通过它们而进行的。它们指的是:

(1)凭借意象的生动程度较低;

---

① 关于意象与感觉的区分,参考 Semon, *Die mnemischen Empfindungen*, pp. 19, 20。

(2)凭借我们不相信它们的“物理的实在性”；

(3)凭借它们的原因与结果不同于感觉的原因与结果这一事实。

我认为这些方式中的第三种是唯一可普遍应用的标准。其余两种可以在很多情况下被应用，但在下定义时不能使用，因为它们容易出现例外。不过，它们都值得加以细心地考虑。

(1)休谟把“印象”和“观念”这些名称给予了就当前的目的而言可被视同为我们的“感觉”和“意象”的东西。他把印象说成是 146
“带着最大的力量并以最强烈的方式进来的知觉”，而把观念定义为“思维和推理中关于这些东西(即印象)的微弱意象”。然而，他紧接下来所作的观察，表明他的“力量”和“微弱”的标准是不充分的。他说：

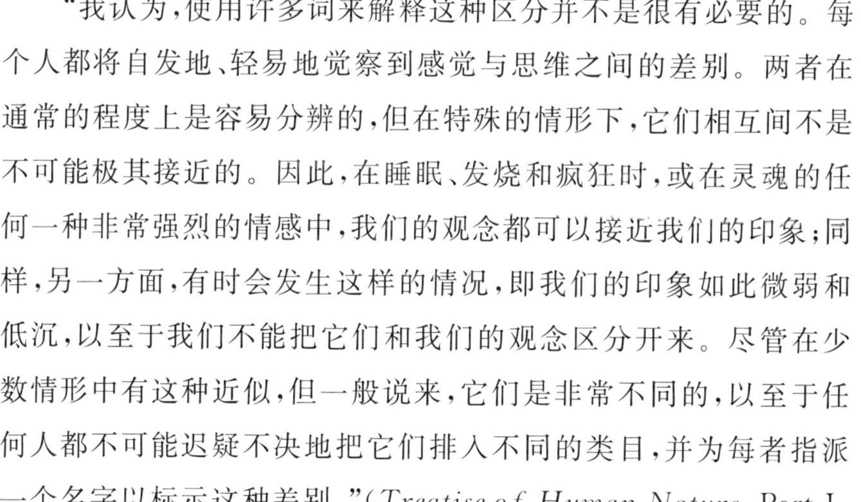

“我认为，使用许多词来解释这种区分并不是很有必要的。每个人都将自发地、轻易地觉察到感觉与思维之间的差别。两者在通常的程度上是容易分辨的，但在特殊的情形下，它们相互间不是不可能极其接近的。因此，在睡眠、发烧和疯狂时，或在灵魂的任何一种非常强烈的情感中，我们的观念都可以接近我们的印象；同样，另一方面，有时会发生这样的情况，即我们的印象如此微弱和低沉，以至于我们不能把它们和我们的观念区分开来。尽管在少数情形中有这种近似，但一般说来，它们是非常不同的，以至于任何人都不可能迟疑不决地把它们排入不同的类目，并为每者指派一个名字以标示这种差别。”(*Treatise of Human Nature*, Part I, Section I)

我认为，当休谟主张两者应排在不同的类目下并且每者都应有一个独特的名字时，他是正确的。但是，根据他自己在上一段中的自白，他用于区分二者的标准始终是不充分的。假如一个定义只是在有显著差别的情形中才适用，它就是不合理的：一个定义的基本意图，在于提供一种甚至在模糊的情况下也能适用的标记——当然，除非我们是在研究一个程度性的且没有分明界限的
147 概念，例如像秃这样的概念。但是，迄今为止，我们发现没有理由认为感觉和意象的差别只是程度性的。

在其《心理学手册》(*Manual of Psychology*)中，斯道特教授在讨论了区分感觉与意象的各种方式后，提出了一种观点；这种观点是对休谟的观点的一种修改。他说(我是从第二版中引用的)：

“我们的结论是，把知觉对象与意象分别作为微弱的和生动的状态区分开来，实际上基于性质方面的一种差别。知觉对象具有一种活跃的性质，此种性质不属于意象。根据刺激的不同强度，它以不同程度的力量或活泼性撞击心灵。这种力量和活泼性的程度是我们通常用感觉强度所指的东西的一部分。但是，感觉强度的这种成分在精神的意象中是没有的”(第 419 页)。

这种观点为下述事实留下了余地：感觉可以达到任何程度的微弱——例如在关于一颗刚好可见的星或一种刚好可听到的声音的情形中——而不成为意象，并且单纯的微弱因此也不能成为意象的特有标记。在解释了一道闪电或一声汽笛所带来的震扰后，斯道特说：“任何单纯的意象终究都不会以这种方式撞击心灵”(第 417 页)。但我认为，在与休谟原先的标准所不能适用的那些例子非常

相近的情形中，这个标准也是不能适用的。麦克佩斯(Macbeth)[①]提到了——

> 那种暗示
> 它所引起的可怕的想象让我毛发悚然
> 使我本来平静的心怦怦直跳
> 并失去其自然的效用

一台蒸汽机车的汽笛声几乎不可能拥有比这更强的效果。一种很强烈的情感时常也将携带——尤其是在涉及某种未来的行为 148
或某个未决的问题的地方——有力的、强制性的意象，这些意象可以决定生命的整个过程，并通过其独占心灵的能力而漠视对意志的一切相反的请求。而且，每当原先如此识别出来的意象逐渐变成幻觉时，一定都恰好存在意象应该总是缺乏的那种“力量或活泼性”。做梦及因发烧而导致的神志失常的情形难以适应休谟的标准，但亦在同样的程度上难以适应斯道特所修改后的标准。我因此断定，活泼性检验法，不管在通常的情况下如何适用，都不能用来定义感觉与意象的差别。

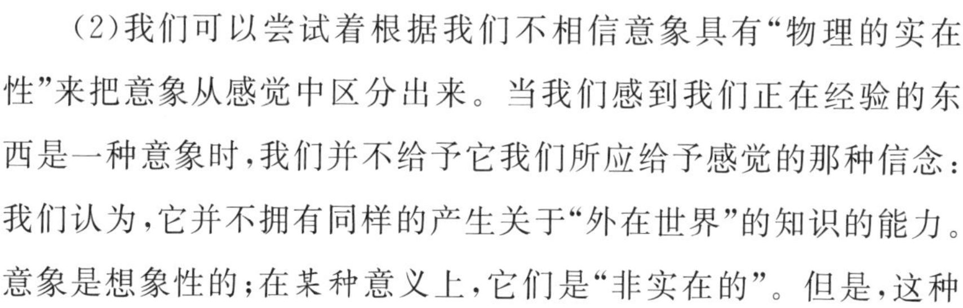

(2)我们可以尝试着根据我们不相信意象具有“物理的实在性”来把意象从感觉中区分出来。当我们感到我们正在经验的东西是一种意象时，我们并不给予它我们所应给予感觉的那种信念：我们认为，它并不拥有同样的产生关于“外在世界”的知识的能力。意象是想象性的；在某种意义上，它们是“非实在的”。但是，这种

① 麦克佩斯系莎士比亚戏剧《麦克佩斯》中的人物。——译者注

差别难以加以分析或正确地陈述。我们所说的“意象的非实在性”需要加以解释：它不可能意指“不存在这样的事物”这一说法所表达的东西。意象，同感觉一样，确实是现实世界的一部分。当称一种意象是“非实在的”时，我们所真正意指的一切，就在于它并不拥有当它是感觉时它会拥有的伴随物。当我们想起一把椅子的视觉意象时，我们并不试图坐在那把椅子上，因为我们知道，就像麦克佩斯的匕首一样，它是“视觉所意识不到的”——也就是说，它并不
149 和触觉发生联系，而它若是视觉而非单纯的视觉意象时，就会和触觉发生联系。但是，这意味着，所谓的意象的“非实在性”，只在于它们并不遵守物理学定律，并因而把我们带回到意象与感觉之间的因果的联系。

这种观点为下述事实所确认：当我们已经知道它们是意象时，我们才会感觉到意象是“非实在的”。意象不可能通过非实在感而得到定义，因为就像在关于梦的情形中一样，当我们错误地相信一种意象是感觉时，我们觉得它好像恰如感觉一样实在。我们之所以有非实在感，是因为我们已经认识到我们是在处理一种意象；因此，非实在感不可能是关于我们用意象所意指的东西的定义。一旦一种意象在它的身份方面开始欺骗我们，它也会在它与别的事物的相互关联方面欺骗我们，而那些关联就是我们通过其“实在性”所意指的东西。

(3)这把我们带到了第三种区分意象与感觉的方式，即通过它们的原因与结果来区分。我认为，这是唯一有效的区分根据。在论述精神的火不会烧着实在的树枝的那段话中，詹姆士通过它们的结果来辨别意象。但我认为，更可靠的区分要通过它们的原因

来进行。斯道特教授(见前面引用过的那个地方,第 127 页)说:“我们所一致地称为感觉的东西的一个独特标记是它的产生方式。它是由我们称之为刺激的东西所引起的。一种刺激总是某种外在于神经系统本身并作用于它的条件。”我认为,这是正确的观点,而且只有考虑到它们的因果关系,意象和感觉的区分才能作出。感
觉经由感官而来,而意象则不然。在黑暗中或当闭起眼睛时,我们 150
不会拥有视觉;但在这些情况下,我们能够很好地拥有视觉意象。因而,意象被定义为“中枢神经兴奋所激起的感觉”,即只在脑中——而非亦在感官及从感官伸展到脑的神经中——拥有其生理原因的感觉。我认为,“中枢神经兴奋所激起的感觉”这个短语假定了多余的东西,因为它想当然地认为,一种意象一定具有一种直接的生理原因。这也许是真的,但它是一个假设,而且对于我们的目的而言,是不必要的假设。假如我们说,一种意象是经由联想而由一种感觉或另一种意象所引起的,换言之,它拥有一种记忆的原因(这并不阻止它同时拥有一种物理的原因),那么它似乎更充分地与我们所能立即观察到的东西相一致。而且我认为,人们将发现一个意象的因果关系总是依据记忆规律而展开的,也就是说,它由习惯和过去的经验所支配。假如你听一个人弹奏自动钢琴,而又没有看着他,那么你将会拥有他的手放在琴键上的意象,就好像他真的是在弹钢琴。假如你在专注于听音乐的时候突然看他,那么当你注意到他的手并没有触摸琴键时,你将经验到一种震惊。你之所以拥有他的手的意象,是因为你多次听到类似的声音,并在听到声音的同时看到了弹奏者放在钢琴上的手。当习惯和过去的经验起到这种作用时,我们就处在与通常的物理的因果关系相对

的记忆领域。因此，我认为，假如我们能把物理的与记忆的因果关系之差别视为最终有效的，我们就能把意象作为拥有记忆原因的
151 东西从感觉中区分出来，尽管它们也可以拥有物理的原因。另一方面，感觉将只拥有物理的原因。

不管这是怎样的，感觉和意象之实际有效的区别就在于，在感觉的而非意象的因果关系中，把结果通常从身体表面带入脑内的神经刺激产生了实质性作用。而且，这解释了这一事实，即意象和感觉不可能总是通过它们内在的性质而得以区分。

在其效果方面，意象也是有别于感觉的。通常，感觉既有物理的亦有精神的效果。当你看到你欲乘坐的火车离开车站时，既有火车的前后接连的位置（物理的效果），亦有狂躁和失望的前后接连的波动（精神的效果）。相反，尽管意象可以产生身体的运动，但它确实是根据记忆规律而非物理学定律做到这一点的。它们的一切效果，不管性质如何，都遵循记忆规律。但与原因方面的差别相比，此种差别不适于用来定义它们。

由于从逻辑上贯彻其行为主义理论，华生教授全然否认任何可观察的现象能被设想为意象。他用微弱的感觉代替所有这些东西，并且尤其用词的低声的发音来代替它们。按照他的看法，当我们“想”到而非看到（比如说）一张桌子时，所发生的事情通常是：我们是在让喉头和舌头作出微小的运动，而假如它们是用更大的声音发出的，就会导致我们说出“桌子”这个词。在论及词时，我将再次考虑他的观点；眼下，我只想挑战他对意象的否认。这种否认既在
152 他的那本论行为的书中被提出了，也在《哲学、心理学和科学方法》（*Journal of Philosophy, Psychology and Scientific Methods*）杂

志第10卷(1913年6月)上一篇叫做“行为上的意象与意向”(Image and Affection in Behavior)的文章中被提出了。依我看,在这个问题上,他为了一种理论的利益即内省之假想的不可能性,而错误地否认一些明显的事实。我在第六讲中讨论过这种理论;现在,我希望强化这样的观点,即相关的事实是不可否认的。

依它们所复制的感觉的性质,意象有各种各样的类型。身体运动的意象,比如当我们想象移动一只胳膊或用较小的力气发出一个词时我们所拥有的那类意象,也许可以根据华生教授的路线来解释,即认为它们确实是一些刚刚开始的微小的运动,并且这些运动如果加以放大和延长,就会成为据说我们正在想象的运动。至于情况是否如此,我们甚至可以通过实验来确定。假如有一种记录口腔与喉头的微小运动的精致仪器,那么我们可以把这样的仪器放在一个人的口腔中,然后告诉他尽可能地只在想象中为自己背诵一首诗。假如发现他“以精神的方式”背诵这些诗节时,实际的微小运动就会发生,那么我根本不应该感到吃惊。这点是重要的,因为所谓的“思想”主要(尽管我认为并非全部)就是由内在言语组成的。假如在内在言语问题上华生教授是正确的,这整个领域就从想象转移到了感觉。但是,由于这个问题能够通过实验来决定,在尚未作出那种通过实验而来的决定时就提出一种意见,是一种无根据的草率。

但是,通过这种方式来处理视觉和听觉的意象则要难得多,因 153
为它们同外部世界的物理事件之间缺乏那种属于视觉与听觉的联系。例如,设想我正坐在我的房间里,里面有一把空的扶手椅。我闭上眼睛,并回想起一个朋友坐在这把扶手椅上的视觉意象。假

如我把我的意象插入物理学的世界中，它同所有通常的物理定律相矛盾。我的朋友并不是以通常的方式从门口进来而走到这把椅子前的；随后的调查将表明，他那时候在某个其他的地方。我的意象，若视为一种感觉，就拥有了超自然事物的一切标记。因此，我的意象被视作发生在我内部的一个事件，而且我们认为它在公共世界的有序事件中并不拥有那种属于感觉的位置。通过说它是我内部的一个事件，我们为它留下了这种可能性，即它也许是从生理上被引起的：它的私人性可以仅仅产生于它同我的身体的联系。但无论如何，与一个实际的人从门口走进来并坐到我的椅子上不同，它并非一个公共事件。而且，它不能像内在言语一样被视作一种微弱的感觉，因为它在我的视野中所占的面积恰好与实际的感觉所占的面积一样大。

华生教授说："我应该把意象全部抛弃，并努力表明一切自然的思想都是通过喉部的感觉运动过程而发生的。"依我看，这种观点直接与经验相矛盾。假如你试图说服任何一个没有文化的人，让她相信自己不能记起一个朋友坐在椅子上的视觉图画而只能使用语词来描述这样的事件会是什么样子的，那么她会断定你疯了。
154 （这个陈述是基于试验的。）每个人都知道，高尔顿（Galton）[①]研究过视觉意象，并发现教育容易抹杀它：研究结果表明，英国皇家学会的会员们，与他们的妻子相比，拥有的视觉意象要少得多。我看不出有什么理由来怀疑他的结论，即追求抽象的习惯使得博学者在形象化的能力方面比一般人低得多，并使他们更加专门地在"思

① 高尔顿（1822～1911），英国科学家、人类学家。——译者注

维”中关注语词；况且，华生教授是一个很有学问的人。

从今以后，我将假定，意象的存在是人们公认的，而且它们是通过原因，并在更小的程度上也是通过结果，而从感觉中区分出来的。在其内在性质方面，尽管它们时常因为更暗淡、更模糊或更微弱而有别于感觉，然而并非始终或普遍地在任何能用来定义它们的方面都有别于感觉。正像身体感觉的私人性不必以任何方式阻止人们对身体感觉进行科学地研究一样，它们的私人性也同样不必以任何方式阻止人们科学地研究它们。甚至连最严肃的内省的批评者也承认身体的感觉，尽管它们像意象一样，只能被一个观察者观察到。然而，必须承认，意象的出现与消失的规律几乎不为人所认识，并且是难于发现的，因为同我们在感觉的情形中不一样，我们没有得到关于物理世界的知识的帮助。

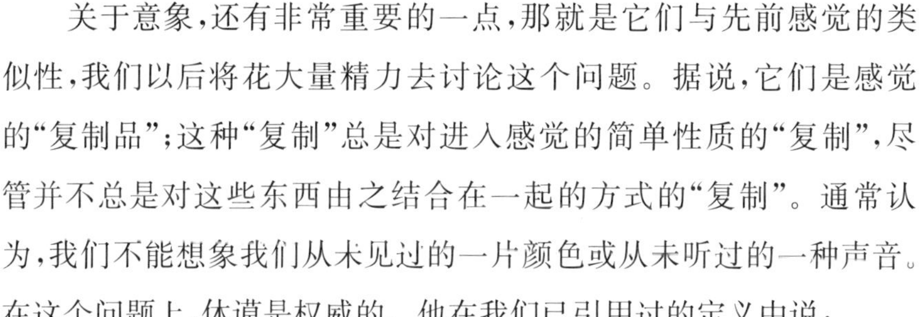

关于意象，还有非常重要的一点，那就是它们与先前感觉的类似性，我们以后将花大量精力去讨论这个问题。据说，它们是感觉的“复制品”；这种“复制”总是对进入感觉的简单性质的“复制”，尽管并不总是对这些东西由之结合在一起的方式的“复制”。通常认
为，我们不能想象我们从未见过的一片颜色或从未听过的一种声音。155
在这个问题上，休谟是权威的。他在我们已引用过的定义中说：

“那些以最有力、最猛烈的方式进来的知觉，我们可以命名为印象；我用这个名字来涵盖所有在灵魂中初次出现的感觉、激情及情绪，我用观念意指思维和推理中的微弱的意象。”

他接着解释了简单的与复合的观念的差别，并阐明了一个复合观念可以在没有任何相似的复合印象的情况下出现。但是，关于简单观念，他陈述道：“每一个简单观念都有一个与其类似的简

单印象，并且每一个简单印象都有一个对应的观念。”他接着阐明一般原则，即“我们的所有简单观念在初次出现时都起源于简单印象，这些印象对应于它们，并且为它们所精确地表象”（*Treatise of Human Nature*，Part I，Section I）。

正是这个事实即意象类似于先前出现的感觉，使得我们能把它们称为“关于”这或那的意象。为了理解记忆，并且一般说来为了理解知识，意象和感觉之间可识别的类似是极其重要的。

要让人接受休谟的原则是有一些困难的，并且关于它是否完全是真的，也存在一些怀疑。确实，在陈述其基本原理后，他自己就立即清楚地指出了一种例外。然而，不可怀疑的是：大体说来，意象是对先前已出现的相似的简单感觉的复制，并且在所有关于同单纯的想象相对的记忆的情形中，复合意象也是如此。根据感觉不到的东西作出行动的能力，主要就来源于意象的这个特征，尽
156 管随着教育的进步，意象倾向于越来越多地为语词所取代。在作为感觉之复制的意象这个问题上，我们在接下来的两讲中将有许多话要说。现在所说的，仅仅在于提醒这是其最显著的特征。

我绝不敢肯定意象和感觉的区分是最终有效的，并乐于确信意象能够还原为一个特殊种类的感觉。然而我认为，无论如何，就听觉的和视觉的意象来说，它们显然不同于通常的听觉和视觉，并因此形成一个可识别的事件的类——即便结果表明它们能被视作感觉的一个子类。这是到后来使意象的用途合法化所必需作出的一切。

第九讲　记　　忆 157

我们今天要考虑记忆，它引导我们获得一种形态的知识。直到第十三讲的末尾，我们才会从事知识的分析，那是我们整个事业中最困难的一部分。

我自己认为，知识的分析不能完全通过行为主义者所采用的那种纯粹外在的观察而实现。在后面的讲演中，我将讨论这个问题。在本讲中，我将试图分析记忆-知识，这既是作为一般知识问题的导论，也是因为某种形式的记忆是几乎所有其他知识的前提。我们断定，感觉不是一种知识形式。然而，也许有人期待我们在讨论知识时从*知觉*开始，即从关于环境中的事物的整体经验开始，而感觉则是通过心理分析从那个整体中抽取出来的。被称为知觉的东西因为下述事实而有别于感觉：感觉的成分培育了习惯的伴随物，即它们通常的相关物的意象以及对这些相关物的期待，而所有这些东西主观上都无法与感觉相区别。过去经验的事实——而非关于过去经验的回忆——对于制造这种感觉的充实(filling-out) 158
是重要的。知觉中非感觉的成分可以完全解释为习惯的结果，也就是说，它们通过频繁的相互关联而产生。根据我们在第七讲中的定义，知觉，同感觉一样，也不是一种知识形式——除非当它包含期待时。它所提出的纯粹心理学的问题并不是非常困难的，尽管人们有时因为不愿意承认知觉中非感觉成分的可错性而人为地

使那些问题变得晦暗了。另一方面，记忆提出了许多困难而又非常重要的问题；在这初次的可能的时刻，有必要考虑这些问题。

之所以这么早就来讨论记忆，原因之一在于，它似乎包含于这个事实，即意象被认作是对过去的可感经验的“复制”。在前一讲中，我提到了休谟的原则，即“我们的所有简单观念在初次出现时都起源于简单印象，这些印象对应于它们，并且为它们所精确地表象。”无论这个原则是否容易出现例外，每个人都会认为，它具有一种范围广泛的真实性，尽管“精确地”这个词好像是一种夸张，并且说观念近似地表象印象似乎才是更正确的。然而，对休谟原则所作的这样修改，并不影响我所希望提出来供你们考虑的问题，即为什么我们相信意象有时或始终是感觉之近似的或精确的复制呢？有何种证据表明这一点呢？还有，什么样的证据是逻辑上可能的呢？这个问题的困难产生于下述这个事实：当意象存在时，人们假

136 159 定意象会复制的那种感觉存在于过去，并且因此只能通过记忆才能被人知道，而另一方面，似乎只有凭借当前的意象，关于过去感觉的记忆才是可能的。那么，我们将如何发现任何一种比较当前的意象与过去的经验的方式呢？假如我们说意象不同于它们的原型，而不说它们类似于原型，那么问题恰好同样尖锐；正是这种比较的可能性才是难于理解的。[①] 我们认为，我们能够知道它们是相像的还是不同的，但是我们不能把它们共同放在一种经验中并

① 例如，我们如何能获得下述这类知识呢？——“假如我们看着（比如说）一个红鼻子，也感知到它了，而且过了一小会儿，记起了它的记忆-意象，那么我们立即就会注意到这个记忆-意象在外表上是如何不同于原先的知觉的。”（A. Wohlgemuth，“On the Feelings and Their Neural Correlate with an Examination of the Nature of Pain，” *Journal of Psychology*，vol. viii，part iv，June，1917.）

进行比较。为了探讨这个问题，我们必须有一种记忆理论。在这方面，作为“复制品”的意象的全部地位是与记忆的分析密切相关的。

在研究记忆-信念时，有几点是要牢记的。首先，构成一种记忆-信念的所有东西都是现在发生的，而非在据说是这种信念所提到的那个过去时刻发生的。从逻辑上说，一种记忆-信念之存在，无需被记起的事件以前发生过，甚至无需过去真正存在过。如果假定，世界事实上是五分钟以前产生的，并且其居民“记得”一种完全不真实的过去，那么这并非是逻辑上不可能的。不同时刻的事件之间并无逻辑上必然的联系，所以现在或未来所发生的任何事情都不能否证这个假设，即世界是五分钟以前开始的。因而，那些 160
被称作对过去的知晓(knowledge)的事件在逻辑上是独立于过去的；它们完全完可以分析为当前的内容，并且从理论上说，即使过去不存在，它们亦可恰好就是它们现在所是的东西。

我并非在暗示过去之不存在应被认作是一种严肃的假设。像所有怀疑论者的假设一样，它在逻辑上是站得住脚的，但没有什么趣味。我所做的一切，就在于利用其逻辑上的可主张性，来帮助分析在我们记起某种东西时所发生的事情。

其次，没有信念的意象不足以构成记忆，而习惯就更不能做到这一点了。行为主义者试图使心理学成为行为的一种记录，但他们在进行这种记录时不得不信任他的记忆。“习惯”是一个涉及相似的事件在不同时间发生的概念；假如行为主义者确信存在像习惯这样的现象，那只能是因为他信任他的记忆——其时，记忆会让他确信平时也是这样的。而且，同样的说法也适用于意象。假如我们要知道——正如所设想的那样,我们确实知道——意象是对过去事件之准确的或不准确的复制,那么,某种并非只是意象之发生的东西必须去构成这种知晓。因为它们的这种仅仅发生,不会独自表明与先前发生的某种事情有任何联系。

我们能从意象以及适当的信念中构成记忆吗?我们可以认为,记忆-意象,当出现在真实的记忆中时,(a)被认识到是复制品,(b)有时被认为是不完善的复制品(比较前一页的脚注)。在没有
161 一种更准确的复制品来替代它的情况下,如何可能知道一种记忆-意象是不完善的复制品呢?这似乎暗示着,我们有一种知晓独立于意象的过去的方式,而且我们能够使用这种方式来批评意象-记忆。但我认为,这样的推论是没有道理的。

通过意象——我们承认意象是不准确的——而来的对过去的知晓所产生的形式上的结果是:这样的意象一定具有两个特征,并且我们可以根据这两个特征将它们安排在两个序列中,其中一个对应于它们所涉及的那个或远或近的过去的时期,而另一个对应于我们对它们的准确性的或多或少的信任。我们将首先考虑这其中的第二点。

在基本的情形中,我们对一种记忆-意象之准确性的信任或不信任,一定是以这种意象自身的一种特征为基础的,因为我们不能活生生地回想起过去,并把它与现在的意象进行比较。这也许会暗示模糊性是必需的特征,但我认为情况不是这样的。我们有时拥有绝非特别模糊的意象,然而却不信任它们——例如,在疲劳的影响下,我们可以生动、清晰却又非常扭曲地看到一个朋友的面孔。在这样的情形中,我们不信任我们的意象,尽管它们是异常清

晰的。我认为,我们分辨我们信任的意象时所凭借的特征是伴随它们的熟悉感(feeling)。某些意象,就像某些感觉一样,让我们觉得非常熟悉,而另外一些让我们觉得陌生。熟悉是一种能有程度之分的感受。比如,在一张熟悉的面孔的意象中,某些部分可能觉得比其他部分更熟悉;而当这些发生时,我们更信任的,是熟悉的部分的准确性,而非不熟悉的部分的准确性。我认为,我们正是通
过这种方法,而非通过把它们与其进行比较的没有意象的记忆,才 162
对意象感到不满的。我不久就将回来考虑熟悉问题。

我现在来说一说另外一种特征;为了解释对过去的知晓,记忆-意象必须拥有这另一种特征。它们必须具有某种特征,而这种特征使我们认为它们涉及过去的或远或近的部分。这就是说,假如我们设想 A 是一个被记住的事件,B 是记忆,并且 t 是 A 与 B 之间的时间间隔,那么,B 一定具有某种特征,这种特征可以有程度之分,并且在有准确日期的记忆中,随着 t 的变化而变化。它可以随着 t 的增加而增强,或者随着 t 的增加而减小。对于所说的这种特征在理论上的适用性而言,这个问题即两种情况中的哪一种将会出现,并不具有任何重要性。

事实上,在某个被记得的事件中,无疑会有各种各样的因素使我们产生或远或近的感受。也许存在——尤其是在涉及当下记忆的地方——一种特殊的感受,它能被称为关于“过去”的感受。但除此之外,还有别的标记,而其中之一就是背景。一种近期的记忆通常比一种较远的记忆拥有更多的背景。当一个被记得的事件拥有一种被记得的背景时,这可以通过两种方式发生:要么(a)通过和原型具有相同顺序的前后相继的意象;要么(b)利用当前的过

程可由之被领会的方式并通过一些逐渐消失的感觉来同时记住整个过程，而那些逐渐消失的感觉，通过自身的逐渐减弱，并随着这种减弱，而逐渐增强地获得真正的过去性(just-pastness)之标记，并因而当一切都清楚地呈现时，被置于一个序列中。更特别地，正是这第二种意义上的背景，才将给予我们一种关于被记得的事件的或远或近的感觉。

163 当然，知道一个被记住的事件与当前的时间关系和知道两个被记住的事件的时间顺序之间是有差别的。我们关于一个被记住的事件与当前的时间关系的知识，常常是从它与别的被记住的事件的时间关系中推断出来的。似乎只有相当近的事件，才能凭借提供了它们与当前的时间关系的感受而得以在时间上准确地定位；但是，显而易见，在确定被记住的事件之日期的过程中，这样的感受一定起到了必不可少的作用。

那么，我们可以说，因为意象是带着两类感受来到我们面前的，它们被我们视为是对过去事件的具有或多或少的准确性的复制。这两类感受是指：(1)可被称为熟悉感的那些感受，(2)可集中起来并提供一种过去性意识的那些感受。第一类使我们信任我们的记忆，第二类使我们在时间顺序中为它们确定位置。

我们现在必须分析记忆-信念。记忆-信念和意象的特征形成了对照，这些特征导致我们把记忆-信念建立在意象的基础上。

假如我们在知识中保留“主体”和“行为”，整个记忆问题就相对简单了。因此，我们本来能说，记忆是当前的行为或主体与被记住的过去事件之间的一种直接的关系：记忆的行为是当前的，尽管它的对象是过去的。但是，对主体的拒斥使得某种更复杂的理论成为必要。记忆在某种程度上必须是一个当前的事件，这个事件类似于或相关于被记住的东西。并且，假如除了记忆以外，没有任 164
何方式可以断定确实存在一个与我们当前的记忆拥有所要求的关系的过去事件（而情况似乎就是这样），那么除了实用主义的以外，难于发现任何理由来设想记忆并非一种完全的错觉。在回忆时，我们应当称之为——假如我们沿用迈农的术语——记忆中的“对象”的东西，即据说我们正在回想起的过去事件，以一种令人不快的方式远离于“内容”，即远离于当前的精神事件。二者之间有一条难以对付的鸿沟，并在知识论方面提出了一些问题。但是，我们不必为了回避理论上的困难而篡改我们的观察结果。因此，让我们目前忘记这些问题，并努力揭示记忆中实际出现的东西。

我们可以把一些论据视为确定了的观点，而且任何一种记忆理论都必须得出这些观点。既然这样，就像在绝大多数的其他情况下一样，可以提前被视作确定了的东西是相当模糊的。研究任何题目都类似于连续地观察一个沿着一条道路向我们逼近的对象：开始时就确定了的东西，就在于相当模糊地知道路上有某个对象。假如你试图少一些模糊，并断言那个对象是一头大象、一个人或一条疯狗，那么你就冒着出错的危险。但是，连续观察的意图就在于能使你得到这样更精确的知识。同样地，在关于记忆的研究中，你由之开始的确定的东西是非常模糊的，并且你所试图得出的更精确的命题，与你由之开始的那些模糊的论据相比，较少具有确定性。不过，尽管有出错的危险，精确是我们必须瞄准的目标。

我们第一个模糊却又不可怀疑的论据是存在关于过去的知

识。我们仍然没有在任何精确的意义上知道我们用“知识”意指什
165 么,并且我们必须承认,在任何给定的场合下,我们的记忆都可能是错的。不过,不管怀疑论者可以在理论上主张什么,我们在实践上都不能怀疑我们今天早晨起床了,我们昨天做了各种各样的事情,以及一场大战已经发生,等等。我们关于过去的知识在多大程度上是因记忆而产生的,以及在多大程度上又拥有其他的来源,当然是一个有待研究的问题;但不可怀疑的是,记忆形成了我们关于过去的知识的一个不可或缺的部分。

第二个论据是,与我们知道未来相比,我们确实更有能力知道过去。我们知道一些关于未来的事情,例如知道将会发生日食还是月食,但这种知识是一个精致的计算和推论的问题;然而,我们无需费力就会获得一些关于过去的知识,并且在获得那些知识时,使用了在当前环境中获取关于事件的知识时所使用的同一种直接的方式。我们可以临时地——尽管可能不是完全正确地——把“记忆”定义为了解过去的方式,而那种方式在我们关于未来的知识中没有类似的东西。这样的一种定义至少能用来标明我们所关心的问题,尽管在直接性上有些期待应该与记忆拥有同等的地位。

第三点是,记忆的真理,不可能如实用主义者所期待于一切真理的那样,完全是实用的。这一点也许不像前面两点那样具有完全的确定性。似乎显而易见的是,我所记住的一些事情是琐碎的,并且对于未来没有任何可见的重要性,但我的记忆是凭借过去的事件而非我的信念的任何未来的后果而成为真的(或假的)。作为信念与事实之符合的真理的定义在记忆的情形中似乎是特别清楚

的，它不仅与实用主义的定义相对立，而且与唯心论者通过融贯所 166
作的定义相对立。然而，这些思考正在把我们带离心理学，我们现在就必须返回。

重要的是，不要混淆柏格森在其《物质与记忆》(*Matter and Memory*)一书的第二章中所区分的两种形式的记忆，即构成习惯的那类记忆和构成独立的回忆的那类记忆。他举了背诵一篇课文的例子：当我是靠记忆而知道这篇课文时，据说我就“记住”了它，但这只是意味着我获得了某些习惯；另一方面，当我（比如说）学习并第二次朗读这篇课文时所发生的回忆，是对一个仅仅出现过一次的独特事件的回忆。因此，柏格森主张，对一个独特事件的回忆不可能完全由习惯构成，而且事实上是某种根本不同于习惯记忆的东西。只有回忆才是真正的记忆。对于理解记忆来说，这个区分是至关重要的。但是，在实践中实行它不像在理论上描绘它那样容易。习惯是我们精神生活的一个非常横行的特点，并且时常出现于初看起来它似乎并不存在的地方。例如，有一种记忆一个独特的事件的习惯。当我们曾经描述过这个事件时，我们所用的语词容易变成习惯。当它正在发生时，我们甚至也许已经用语词向自己描述它了。在那种情况下，这些语词的习惯就可以履行柏格森的真正记忆的功能，而实际上它只是习惯-记忆。一台留声机，借助于适当的唱片，可以向我们陈述其过去发生的事情；而人们并非如其自己所愿相信的那样不同于留声机。

然而，尽管在实践中区分两种形式的记忆是有困难的，但毫无
疑问两种形式都存在。我现在就能开始回想我以前从未记忆过的 167
东西，比如像今晨早餐时我所必须吃的东西，而且几乎不可能完全

是习惯使我做到这一点的。正是这类事件构成了记忆的本质。直到我们分析了这类情形中所发生的事情，我们才成功地理解了记忆。

我们在这里所关心的这类记忆，是知识的一种形式。至于知识本身是否能还原为习惯，我将在以后的一讲中回来讨论。现在，我只急切地指出，不管真正的知识分析可能是什么，关于过去事件的知识并未被起因于过去经验的行为所证实。一个人可以背诵一首诗这一事实，并不表明他记住了先前他已在其中背诵或朗读过它的任何场合。类似地，动物走出它们所习惯的囚笼或迷宫的表演，并不证明它们记得自己以前曾处在同一种场合。支持植物有（例如）记忆的论证，只是支持习惯-记忆而非知识-记忆的论证。塞缪尔·布特勒主张动物在某种程度上记得其祖先的生活；[①]他支持这种主张的论证，若加以考察，只是支持习惯-记忆的论证。在前面的一讲中所提及的西蒙的两部书，根本没有真正触及知识-记忆。它们提供了过去事件的意象进入我们心灵的规律，但并没有讨论我们这种构成知识-记忆的信念，即这些意象涉及过去的事
168 件。正是这一点才对知识论产生了吸引力。我将把它说成是“真正的”记忆，以使其区别于经由过去的经验而获得的单纯习惯。

在考虑真正的记忆以前，先考虑通往记忆之途中的两种事物将是合适的。这两种东西就是熟悉感与认识。

我们时常感到可感的环境中的某种事物是熟悉的，同时又对我们先前在其中看到它的场合没有任何明确的记忆。在我们以前

---

① 参见他的 *Life and Habit* 和 *Unconscious Memory* 两部著作。

时常去过的地方，比如家里或熟悉的街道，我们通常拥有这种感受。绝大多数的人和动物都发现，在周围熟悉的环境中度过大量的时间对于他们的快乐来说是必要的，并且当可能发生任何危险时，这种环境尤其令人感到安慰。熟悉感有各种各样的程度，它能低至这样的一个阶段，即我们模糊地觉得自己以前见过一个人。它绝非总是可信赖的；几乎每一个人都在某个时间经历过这种熟悉的幻觉，即现在所发生的一切在以前的某个时间发生过。在有些场合，熟悉感并不把自身与任何确定的对象联系在一起，那时只有一种模糊的感受，即觉得某种东西是熟悉的。这种情况在屠格涅夫的作品《烟》(*Smoke*)中得到了说明。在这本书中，男主角长期被一种萦绕在心头的感觉所迷惑。那种感觉是，他现在的某种东西让他想起他过去的某种东西。他追溯这种感觉，最终追溯到天芥菜的味道。每当熟悉感在没有明确对象的情况下出现时，它就会使我们审察那种环境，直到我们满足于发现适当的对象，并且那种对象让我们作出“这是熟悉的”这样的判断。我想，我们可以把熟悉视为一种确定的感受，并认为它能在没有对象的情况下存在，但在正常情况下与环境的某种特征处于一种特殊的关系中，而
那种关系就是当我们说这种特征是熟悉的时我们用语词所表达的 169
那种东西。这种判断即熟悉的东西以前被经验过，是一种反思的产物，并且绝不是熟悉感的一部分；据说一匹马在回到马厩时就可以拥有这样的熟悉感。因而，任何关于过去的知识都并非单纯来自熟悉感。

另一阶段是认识。这可以在两种意义上被理解，其中第一种意义是：一个事物不仅我们觉得熟悉，而且知道它是如此这般的。

我们认识我们的朋友琼斯，当我们看见猫和狗时就知道它们，如此等等。这里，我们受到了过去经验的明确影响，但这并不必然是任何关于过去的实际知识。当我们看见一只猫时，我们知道它是一只猫，因为我们先前见过一些猫；但是，我们此刻通常并不回想起我们在其中看见过一只猫的任何特殊场合。这种意义上的认识并不必然包含比联想习惯更多的东西：我们此刻所看见的这种对象，是和“猫”这个词或者猫的呼噜声的一种听觉意象或者在猫出现时我们可以碰巧认识的任何其他特征联系在一起的。当然，我们认识一个对象时，事实上有能力断定我们以前见过它，但这种断定就超出这第一种意义上的认识了，而且对于动物来说作出此种断定也许是非常不可能的，但它们仍在这个词的第一种意义上拥有认识的经验。

然而，“认识”这个词还有另外一种意义；在这种意义上，我们用认识所意指的，并非知道一个事物的名称或它的某种其他属性，而是知道我们以前见过它。在这种意义上，认识确实包括关于过
170 去的知识。这种知识在一种意义上是记忆，尽管在另一种意义上它不是。它不包含对一个过去事件的明确记忆，而只包含这样的知识，即现在出现的某种事物相似于以前出现过的某种事物。它不同于熟悉感，因为它是认识性的。它是一种信念或判断，而熟悉感不是。我现在不想对信念进行分析，因为这是第十二讲的主题。眼下，我只想强调这个事实，即我们第二种意义上的认识是一种信念，而这种信念我们可以大致地用这样的语词来表达：“这以前存在过。”

不过，对认识所作的这样一种解释在几个方面都是不充分的。

首先，乍看起来，把认识定义为“我以前见过这”似乎比定义为“这以前存在过”更正确。我们确认一个事物以前处于我们的经验中（可以这么主张），不管那可能意味着什么；我们并没有确认它以前仅仅存在于世界上。我不能肯定在这方面有某种实质性的东西。要对“我的经验”下一个定义是困难的；一般说来，通过某些纽带与我正在经验的东西相联系的一切事物都是“我的经验”，而在那些纽带中，各种记忆形式是最重要的。因而，假如我认识一个事物，那么，根据定义，它先前存在的场合——我是凭借该场合而认识它的——就形成“我的经验”的一部分：认识将是我的经验由之从世界的其余部分中突显出来的标记之一。当然，“这以前存在过”这些词是我们形成一个认识判断时对实际发生的事情所作的一种很不充分的翻译，但这是不可避免的：语词是为了表达一种绝非原始的思想水准而制定出来的，它完全没有能力表达像认识这样的一 171
种基本事件。在论及真正的记忆时，我将回过头来讨论实质上与此相同的问题是什么，因为真正的记忆提出了完全相似的问题。

另一个方面是，当我们认识某物的时候，其实并非同一个事物而只是某个相似的事物才是我们在先前的一个场合所经验到的。设想所说的对象是一个朋友的脸。一个人的脸总是在变化的，并且在任何两个场合都不是完全相同的。常识把它看成是一张具有不同表情的脸；但是，这些表情虽然确实存在，并且每一种都是在其适当的时间存在的，而这一张脸却只是一种逻辑的构造。当两个对象所引起的反应实际上是相同的时，为了通常的目的，我们把它们看作同一个对象。在两种视觉现象中，如果对每一种说“喂，琼斯！”都是合适的，那么它们就被看作同一个对象即琼斯的现象。

“琼斯”这个名字可以应用于这两种现象，而且只有反思才能向我们表明，许多不同的殊相被集合到一起，从而形成“琼斯”这个名称的意义。我们在任何一个场合所看到的，都不是构成琼斯的那个完整的殊相系列，而只是它们当中的一个殊相(或接连出现的几个殊相)。在另一个场合，我们看到这个系列中的另一个成员，但它是充分相似的，以致从常识的立场看，应当算作同一个东西。因而，当我们断定“我以前见过这”时，假如认为“这”被应用到了我们此刻所看到的世界的实际成分上，那么我们就作出了错误的判断。“这”这个词必须加以模糊地解释，以便让它包括与我们此刻所见充分相像的任何东西。关于真正的记忆，我们在这里又将发现一
172 个相似的方面；而且在涉及真正的记忆时，我们将再次考虑这个方面。那些赞同行为主义观点的人有时指出，认识就在于，当一种刺激重复出现时，我们将做出某种行为，并且做出这种行为的方式与其初次出现时我们所采用的行为方式是相同的。这似乎完全是真理的对立面。认识的本质在于一种重复出现的刺激与一种新的刺激之间的差别。第一种场合不存在认识，第二种场合才存在认识。事实上，认识是心理学的因果律之特殊性的另一个例子，即原因的单元不是单个事件，而是两个或更多的事件。习惯是这方面的一个重要例子，但认识是另一个例子。一种出现过一次的刺激拥有某种效果；当出现两次时，它就具有认识这种更进一步的效果。因而，在刺激已经出现过时，认识现象拥有两种场合作为其原因，而且每一种单独看来都是不充分的。心理学的原因所具有的这种复杂性，也许与柏格森认为精神世界不会重复的论证有联系。它并未如柏格森所指出的那样，证明了心理学中不存在因果律；但是，

它确实证明了心理学的因果律显然非常不同于物理学的因果律。关于这种可能性，即把此种不同解释为是由神经组织的独特性所导致的，我以前就已谈过；但是，假如我们想作出没有根据的形而上学推论，这种可能性是一定不能忘记的。

我们现在必须努力理解真正的记忆。它是由关于过去事件的知识组成的，但并非由所有这样的知识组成。一些关于过去事件的知识，例如我们通过阅卷历史所学到的东西，类似于我们所能习得的关于未来的知识：它是通过推论获得的，而非（这样说吧）自发 173
的。在我们关于现在的知识中有一种相似的区分：其中一些是经由感官获得的，还有一些是通过更间接的方式获得的。我知道此刻的纽约街道上有许多人，但我不是通过直接的方式知道的；而当我知道我透过窗户所看到的那些人时，我就使用了直接的方式。不易精确地陈述两类知识间的差别是什么，但容易感受到这种差别。现在，我将不会停下来分析它，而将满足于这样的说法，即在这方面，记忆类似于获自感官的知识。它是直接的，而非推论的，亦非抽象的；它不同于知觉，这种不同主要在于它是涉及过去的。

关于记忆，有两个非常明显的问题贯穿知识分析的始终；它们是：(1)知道行为(knowing)中当前事件的性质问题；(2)这个事件与所知的东西的关系问题。当我们记起某事时，知道的行为是现在的，而所知的东西是过去的。就记忆而言，我们的两个问题是：

(1)当我们记起某事时，当前的事件是什么？

(2)该当前事件与被记起的过去事件之间是什么样的关系？

在这两个问题中，只有第一个才与心理学家有关；第二个属于知识论。同时，假如我们接受我们由之开始的那个模糊的论据——其大意是，在某种意义上存在关于过去的知识——那么我们就必须找到(若我们能找到的话)对记忆行为中的当前事件的一
174 种解释，并且这种解释必须使记忆行为并非不可能为我们提供关于过去的知识。然而，目前我们最好忘记涉及知识论的问题，并只专注于纯属心理学的记忆问题。

在记忆-意象与感觉之间，有一种居间的经验，它涉及当下的(immediate)过去。例如，我们刚刚听到的一种声音会以某种方式呈现给我们，这种方式既不同于我们听到那种声音时的感觉，亦不同于几天或几周前所听到的某种事物的记忆-意象。詹姆士陈述道，正是这种领会当下的过去的方式，“才是我们关于过去性的经验的原型，并且从那时起，我们就获得了这个术语的意义”(*Psychology*, i, p. 604)。每个人都有这样的经验，即注意到(比如说)钟一直在敲打，而当它本来正在敲打时我们并未注意到它。还有，当我们听到有人说一句话时，在后面的词被说出的过程中，我们意识到了前面的词，而且这种保留在感受上不同于对某种确定的过去事物的回忆。感觉是逐渐减弱的，并通过连续的渐变过渡为意象。在处于感觉和意象之间的条件下对当下的过去所作的这种保留，可以被称作“当下的记忆”。一切属于它的事物，都与感觉一道包含在所谓的“似是而非的现在”中。这种似是而非的现在，包括了从感觉到意象的过程中各个阶段的元素。正是这个事实使我们能够领会像运动这样的事物，或者一个口语句子里语词的顺序。连续可以出现在似是而非的现在的内部，并且我们能把一些部分识别为前面的，并把另外一些部分识别为后面的。我们将会设定，最前面

的部分就是那些最大限度地失去其原初力量的部分，而最后面的部分就是那些保留其完全的感觉特性的部分。在刺激开始时，我 175
们有一种感觉；然后，有一种逐渐的过渡；而在终了，有一种意象。当它们逐渐减弱时，感觉被称为“逐渐消失的”感觉。[①] 当逐渐减弱的过程结束时（这个过程是很迅速地发生的），我们就获得了意象；而这种意象能几乎毫无改变地在随后的一些场合再次出现。不同于“当下的记忆”，真正的记忆只应用于充分遥远的事件，而这些事件出现在这个逐渐减弱的阶段的末尾。这样的事件，假如要由某种当前的事物来呈现，那么只能由意象来呈现，而不能由出现在逐渐减弱的过程中并居于感觉和意象之间的那些阶段来呈现。

当下的记忆是重要的，这既因为它提供了连续的经验，也因为它在感觉和作为其复制物的意象之间的鸿沟上架起了一座桥。但是，现在是重新考虑真正的记忆的时候了。

设想你问我今晨早餐吃了些什么。进一步设想我在此期间并未想过早餐，并且我在用餐时也未用语言表达过早餐都有些什么。在这种情况下，我的回忆将是真正的记忆，而非习惯-记忆。记忆的过程就在于唤起我的早餐的意象，并且那些意象是带着一种信念感呈现给我的，而此种信念感使记忆-意象从单纯的想象-意象中区分出来。或者，有时候语词可以在没有意象作为中介物的情况下出现；但在这种情况下，信念感同样是必不可少的。

现在，我们不再考虑语词在其中取代了意象的记忆。我认为，
这些东西始终是真正的习惯-记忆，而使用意象的记忆是典型的真 176

① 参见 Semon，*Die mnemischen Empfindungen*，chap. vi。

正的记忆。

就我们所能发现的而言，记忆-意象和想象-意象在其内在性质上并无不同。它们的不同是因为下面这个事实：与构成想象的意象不同，构成记忆的意象为一种信念感所伴随，而那种感受可用“这发生过”这些词来表达。在没有这种信念感的情况下，单纯的意象的出现构成了想象；正是信念成分才是记忆中有特色的东西。[1]

假如我没有弄错的话，至少有三种不同的信念感，我们可以分别称之为记忆、期待及单纯的同意。在我所谓的单纯的同意中，其信念感没有时间的成分，尽管在所信的东西的内容中可以有这种成分。假如我相信恺撒在公元前55年登陆不列颠，那么这种时间的确定不在于信念感，而在于所相信的东西。我并不记得这个事件，但对于它，就如对于有人宣布来年的日食或月食一样，我具有同样的感受。然而，当我看见一道闪电并期待雷声时，我拥有一种类似于——除了它涉及未来以外——记忆的信念感：我拥有雷声的意象，它与一种可用“这将发生”这些词来表达的感受结合在一起。因此，在记忆中，过去性不在于所信东西的内容，而在于信念感的性质。我也许恰好拥有同样的意象并期待它们的实现；我也许在没有任何信念的情况下心存它们，就像看小说时那样；或者，
177 我也许拥有它们以及一种时间的确定，并给予单纯的同意，就像读历史时那样。在以后的一讲中，当我们来分析信念时，我将回到这

① 关于一种特殊类型的信念，参见 Dorothy Wrinch “On the Nature of Memory”，*Mind*，January，1920。

个问题上来。现在，我所要明确的是，某种特殊的信念是记忆的明显特征。

记忆是否能解释为习惯或联想，需要结合我们记住某种事物的原因重新加以考虑。让我们再次以有人问我今晨早餐吃了什么为例。在这种情况下，所问的问题使我开始回忆。有点奇怪的是，这个问题告诉我将要被回忆的东西是什么。这和对语词的理解有关，而那将是我们下一讲的话题，但我们现在就必须说上几句。我们对“今晨的早餐”这些词的理解是一种习惯，尽管它们在每个新的一天中都指向一种不同的场合。同“约翰”和“圣保罗大教堂”不一样，“今晨”每次被使用时，都不意指同一种东西；它在每个不同的日子里意指一个不同的时间段。因此，构成了我们对“今晨”这些词的理解的习惯，并不是把它们与一个固定的对象联系在一起的习惯，而是把它们与同我们的当前具有一种固定时间关系的某种事物联系在一起的习惯。今晨在今天同我的当前所拥有的时间关系，和昨晨在昨天所拥有的那种时间关系是相同的。为了理解“今晨”这个短语，我们有必要拥有一种感受时间间隔的方式，并且这种感受有必要提供“今晨”这些词的意义中恒常不变的东西。然而，对时间间隔的领会显然是记忆的产物，而非它的前提。因此，假如我们希望通过某种不以记忆为前提的事物来分析记忆的因果 178
关系，最好举其他的例子，而不以关于“今晨”的问题为例。

让我们以进入一个熟悉的房间为例，而在这个房间中，某种事物已有变化，比如说墙壁上挂了一幅新画。我们起初可以只拥有一种感觉，即感到对某种事物不熟悉；但不久我们就将回想起以前的情形，并说“那幅画以前不在墙上”。为了使事情变得明确，我们

假定自己先前只到过这房间一次。在这种情况下，所发生的事情似乎是相当清楚的。通过先前的那一次，房间里的其他对象与墙上的一个空白处发生了联系，而那个空白处现在出现了一幅画。它们唤起了一片空墙的意象，而这种意象与关于这幅画的知觉发生了冲突。该意象与我们发现为记忆所特有的信念感联系在一起，因为它既不能被消除，也和知觉不协调。假如这个房间依旧未变，我们也许只有熟悉感而没有明确的回忆；正是这种变化驱使我们从当前过渡到了对过去的回忆。

我们可以对这个例子进行概括，以使其涵盖许多记忆的原因。经由过去的经验，我们在思想中把环境的某种当前的特征与现在所未出现的某种事物联系到了一起；这个未出现的某种事物是作为一种意象来到我们面前的，并与当前的感觉形成了对照。在这类情况下，习惯（或联想）解释了环境的当前特征为什么培育了记忆-意象，但没有解释记忆-信念。也许一种更复杂的分析也能根据联想与习惯来解释记忆-信念；但是，信念的原因是模糊的，并且
179 我们现在还不能研究它们。目前，我们必须让自己满足于这个事实，即记忆-意象能够通过习惯来解释。至于记忆-信念，我们至少必须临时性地接受柏格森的观点，即：它不能归入习惯这个题目中——至少当它首次出现时，即当我们记起我们以前从未记过的某种事物时，情况是这样的。

我们现在必须在某种程度上更细致地考虑记忆-信念的内容。记忆-信念给记忆-意象带来了某种我们可以称之为“意义”的东西；它使我们感到，意象指向过去存在过的一个对象。为了处理这个题目，我们必须考虑记忆-信念的文字表达。我们也许很想把记

忆-信念转换成这样的文字，即“某种相似于这个意象的东西出现过”。但是，这样的文字远非是对最简单的记忆-信念的一种准确的翻译。“某种相似于这个意象的东西”是一个非常复杂的概念。在最简单的记忆中，我们没有感到意象与其所复制的感觉——这种感觉可以称为意象的“原型”——之间存在着差别。当意象出现在我们面前时，我们更愿意断定说“这出现过”。这个意象并没有与过去存在过的对象区分开来：“这”这个词包含了两者，并使我们能够拥有一种并未引入“某种相似于这的事物”这一复杂概念的记忆-信念。

也许可以反对说，假如当“这”事实上是一种当前的意象，而且我们断定“这出现过”时，我们就作出了错误的断定，而且如此解释了的记忆-信念也就成了欺骗性的了。不过，这种反对意见将会是错误的；这种错误之所以产生，是因为人们试图为语词赋予一种精确性。而当语词为头脑简单的人所使用时，它们并不拥有这样的精确性。确实，意象并不绝对地与其原型相同，并且假如“这”这个 180
词真的意指意象，并排除其他一切事物，那么“这出现过”这个判断就会是错的。但是，相同是一个精确的概念，而且在日常言语中，任何语词都不代表某种精确的东西。日常言语并不在相同与十分相似之间作出区分。语词总是既应用于一个殊相，也应用于一组联系在一起的殊相，而这组殊相在普通的思想与言语中并不被当作多种东西来对待。因而，简单的记忆，当断定“这出现过”时，是模糊的，但并非错误的。

模糊的相同实际上就是十分相似；它一直是哲学以之为生的许多混乱的根源。对于一个模糊的主词而言，比如一个既是意象亦是原型的“这”，一些相互矛盾的断言同时为真：这曾经存在并且现在不存在，因为它是一个被记起的事物；而且这现在存在并且曾经不存在，因为它是一种当前的意象。因此，这就有了柏格森用过去对当前所作的解释、黑格尔的差异中的连续与相同，以及许多其他的因晦暗和混乱而被认为深奥的概念。这些矛盾之所以产生，就是因为我们在记忆中把意象与其原型弄混了；它们强迫我们走向精确。但是，当我们变得精确时，我们的记忆就变得与日常生活中的记忆不同了，并且假如我们忘记这一点，我们在分析日常记忆时就将出错。

模糊与准确是重要的概念，非常有必要理解它们。二者都是一个程度的问题。一切思维在某种程度上都是模糊的，完全的准确是一种理论性的目标，而且在实践上是不可获得的。为了理解准确意味着什么，首先考虑像天平和体温表这样的测量仪器将是
181 合适的。当这些东西对具有非常轻微差别的刺激给出不同的结果时，人们就说它们是准确的。[①] 当诊疗所的体温表能使我们发现血液温度中非常轻微的差别时，它就是准确的。我们可以一般地说，随着自身对具有非常轻微的差别的刺激作出不同的反应，一种仪器在相应的程度上是准确的。当刺激上的一种小差别产生反应上的一种大差别时，这个仪器是准确的；反之，它就是不准确的。

完全同样的东西也适合于定义思想和知觉的准确性。一个音乐家在演奏时会对非常微小的差别作出不同的反应，而那些差别

① 这是一个必要但并非充分的条件。准确与模糊这个问题将在第十三讲中再次加以考虑。

对于普通人来说是完全不可感知的。黑人可以在一个黑人与另一个黑人之间看出差别:一个是他的朋友,而另一个是他的敌人。但对我们来说,作出如此不同的反应是不可能的:我们只能不加区别地应用“黑人”这个词。对于任何特殊种类的刺激,反应的准确是在实践中得到提高的。理解一种语言就是一个中肯的例子。几乎没有什么法国人能听出“hall”(门厅)和“hole”(洞穴)两种声音之间存在某种差别,而它们在我们身上则产生了完全不同的印象。“the hall is full of water”(门厅里充满了水)和“the hole is full of water”(洞穴里充满了水)这两个陈述唤起了不同的反应,而一种不能区分它们的听觉在这方面是不准确的或者说模糊的。

思想上的精确与模糊,就像知觉上的一样,依赖于反应与或多或少相似的刺激之间的差别程度。在关于思想的情形中,当感觉的刺激出现时,并不立即就有反应,但这与我们当前的问题没有关 182

系。因此,再回到记忆上来:一种记忆是“模糊的”,当它适用于许多事件时;比如,“我遇到过一个人”就是模糊的,因为任何人都会证实它。一种记忆是“精确的”,当将会证实它的事件被限定在狭窄的范围内时;比如,相比于“我遇到过一个人”,“我遇到过琼斯”就是精确的。一种记忆是“准确的”,当它既是精确的也是真的时;也就是说,在上述的例子中,假如我所遇到的就是琼斯,那么它就是准确的。只要某个非常明确的事件被要求用来证实它,即使它是错误的,它也是精确的。

从我们所说过的来看,必然得出这样的结论,即一种模糊的思想比一种精确的思想更有可能是真的。试图用一种模糊的思想击中一个对象,类似于试图用一团砂浆击中靶心:当砂浆到达靶子时，它就在整个靶子上摊平了，并且可能把靶心及其余部分都覆盖起来。试图用一种精确的思想击中一个对象，类似于试图用一颗子弹击中靶心。精确思想的优势在于，它把靶心和靶子的其余部分区分开来了。例如，假如用真菌群来代表整个靶子，并用蘑菇来代表靶心，那么从烹饪的角度来看，一种只能击中作为整体的靶子的模糊思想是没有很大用处的。因此，当我只记得我遇到过一个人时，我的记忆对于我的实际需要而言也许是很不充分的，因为我是遇到了布朗还是遇到了琼斯，可能是大不相同的。"我遇到过琼斯"这种记忆是相对精确的。假如我所遇的是琼斯，它就是准确的；假如我所遇的是布朗，它就是不准确的；但是，比起我遇到过一个人这种单纯的回忆，它在这两种情况下都是精确的。

183 然而，准确与精确之间的区分并不是根本的。我们可以在思想中忽略精确，而把自己限定于准确与模糊的区分。那么，我们可以建立下述的一些定义：

对一组给定的刺激而言，一种仪器是"可靠的"，当它对于并非明显不同的刺激总是给予并非明显不同的反应时。

一种仪器是一组以序列的形式排列起来的诸多刺激的一种"量具"，当在刺激明显不同的一切场合，其反应都是依同样的次序被安排在一个序列中时。

一种作为可靠的度量者的仪器的"准确程度"，是在有着微小的刺激之差别的场合中反应之差别与刺激之差别的比率。[1] 这就

---

① 严格说来，这是关于这种东西即对刺激之反应的生成物的限定。

是说，假如一种小的刺激之差别产生了一种大的反应之差别，这种仪器就是非常准确的；反之，它是很不准确的。

相应于其准确性或者说精确性的缺乏，一种精神的反应被称为“模糊的”。

不仅在关于记忆的情形中，而且在几乎所有涉及知识的问题中，这些定义都将被发现是有用的。

应该看到，模糊的信念远非必然是错误的，它们较之精确的信念拥有更好的为真的机会，尽管它们的真不如精确信念的真有用，因为它们并未对可能在重要的方面有所差别的事件进行区分。

上面关于模糊与准确的全部讨论，都是因为当我们在文字的 184
记忆中断言“这出现过”时试图解释“这”这个词而导致的。在这样的一个判断中，“这”这个词是模糊的，它能够同等地应用于当前的记忆-意象和作为其原型的过去事件。一个模糊的词并不相同于一个一般的词，尽管在实践中这种区分可能时常被弄得模糊了。一个词是一般的，当它被认识到能凭借某种共同的属性而应用于许多不同的对象时；一个词是模糊的，当许多不同的对象因为具有某种共同的属性而未对使用该词的人表现出区别，从而使得该词事实上能应用于它们时。我显然不是说他断定它们是相同的，而只是说，他对它们全都作出同样的反应，而且没有断定它们是不同的。我们可以把一个模糊的词比作一个果冻，并且把一个一般的词比作一堆子弹。模糊的词出现在相同与差异判断之前；一般的及特殊的词都出现这样的判断之后。在简单的记忆中，“这”这个词是模糊的，而非一般的；它既包括意象，也包括其原型，因为二者

未被区分。[1]

185 但是，我们仍未完成对记忆-信念的分析。“这出现过”这个信念中的时态，是由包含在记忆中的信念感的性质所提供的；“这”这个词，就像我们所见到的那样，具有一种我们已试图对其进行描述的模糊性。但是，我们还必须问我们用“出现过”意指什么。在一种意义上，这个意象是现在出现的；因此，我们必须发现另外某种意义，在那种意义上过去的事件出现过而意象现在并未出现。

有两个不同的问题要问：(1)什么东西使我们说一个事物出现了？(2)当我们这么说的时候，我们感受到了什么？关于第一个问题，就与我们相关的这个词的朴素用法而言，记忆-意象不会被人说出现了；它们自身不会被人注意到，而只会被用作过去事件的符号。意象“只是想象的”；在朴素的思想中，它们不拥有属于外部物体的那类实在。大致说来，“实在的”事物将会是那些能够产生感觉的事物，即拥有构成物理对象的那类相互关联的事物。当一个事物能纳入一种由这样的相互关联所构成的背景中时，它就被说成是“实在的”或者“出现”了。我们的记忆-意象的原型确实纳入了一种物理的背景中，而我们的记忆-意象则没有。这使我们觉得原型是“实在的”，而意象是“想象的”。

① 关于模糊的东西与一般的东西，请参考 Ribot：*Evolution of General Ideas*，Open Court Co.，1899，p. 32：“唯一可允许的规则是这样的：智力的进步经历着从不确定的东西到确定的东西的过程。假如‘不确定的’被认为与一般的同义，那么可以说，特殊的东西并没有在开始时就出现，但任何精确意义上的一般的东西也未在此时出现：模糊的东西将会是更合适的。换句话说，智力一俟进步到知觉及其在记忆中的当下的复制，通常的意象就露出了它的形态，而此种形态是处于一般的东西与特殊的东西之间的一种状态，并分有这一个或另一个的性质，因而是一种混乱的简单化。”

但是，我们的第二个问题的答案一定在某种程度上有所不同；它问的是，当我们说一个事物“出现”了或者说是“实在的”时，我们感受到了什么。除非我们以非同寻常的方式来反思，我们并不思考相互关联的存在或不存在：我们只拥有不同的感受，而这些感受，如果加以理智化，可以表现为对相互关联的存在或不存在的期待。一种让人“感受为实在的”事物使我们产生希望或恐惧、期待或好奇，而当一种事物让人“感受为想象的”时，那些东西全都不会 186
出现。实在感是一种近似于敬重的感受：它主要属于任何无需我们的自愿合作就能对我们产生显著影响的东西。这种实在感与记忆-意象相关，并且通过记忆所特有的那种具体的信念感而同过去相关；它似乎就是构成其纯粹形式上的记忆行为的东西。

我们现在可以总结我们对纯粹记忆的分析了。

记忆需要(a)意象，(b)对过去存在的信念。这种信念可以用“这存在过”这些词来表达。

这种信念，像每一种其他信念一样，可以分析成(1)相信，(2)所相信的东西。相信是一种具体的感受、感觉或感觉复合物，并以某种使信念与过去相关的方式不同于期待或单纯的同意。同过去相关主要在于信念感，而非在于所相信的内容。信念感和内容之间有一种关系，此种关系使得信念感指涉内容，并由内容就是所相信的东西这种说法来表达。

所相信的内容可以用或可以不用语词来表达。让我们首先举没有用语词来表达的例子。在那种情况下，假如我们只记得我们现在拥有其意象的某种东西出现过，那么内容就是由以下三种东西组成的：(a)意象；(b)感受，这种感受近似于敬重，并且我们通过某种事物是“实在的”而非“想象的”这种说法来解释它;(c)意象与实在感之间的一种关系,当我们说感受指涉意象时我们就表达了这类关系。这种内容就其本身而言并不包含任何时间的确定:时
187 间的确定在于信念感的性质,也就是被称为“记忆”或者(最好称作)“回忆”的那种东西。只是后来对与过去的这种指涉关系进行反思,才使我们认识到意象与被回忆的事件之间的区分。当我们已经作出这种区分时,我们就能说意象“意指”过去的事件。

用语词所表达的内容由“这的存在”(the existence of this)这些词最充分地体现出来了,因为这些词并不包含属于信念感而非属于内容的时态。这里的“这”是一个模糊的术语,它包含了记忆-意象以及包括其原型在内的任何与它非常相像的东西。“存在”表达了关于实在的感受,此种感受主要是由任何无需我们的自愿合作就能对我们产生影响的东西所引起的。“这的存在”这个短语中的“的”字代表存在于实在感与这个“这”之间的关系。

对记忆所作的这种分析很可能是极端错误的,但我不知道如何去改进它。

注:当我说到信念感,即关于信念的感受时,我是在通常的意义上使用“感”或“感受”一词的,并以此涵盖感觉或意象,或感觉或意象的复合物,或它们两者。我之所以使用这个词,是因为我不想让自己对这种信念感进行任何特殊的分析。

第十讲 词与意义 188

我们在这一讲中所要讲的问题，是确定被称作“意义”的那种关系是什么。我们说，“拿破仑”这个词“意指”某个人。在这样说时，我们就在断言“拿破仑”这个词与被如此称呼的那个人之间的一种关系。正是这种关系，才是我们现在必须研究的。

让我们首先考虑：不考虑其意义，当被简单地看作一种物理事物时，词是什么样的对象。首先，一个词有许多实例，即它在其中被使用的所有不同场合。因而，词并不是某种唯一的、特殊的东西，而是一个事件的集合。假如我们把自己限定于说出的词，那么依我们从说者的观点还是从听者的观点看，一个词拥有两个方面。从说者的观点看，词的使用的一次单一的实例，就是由若干运动所组成的某个集合，这些运动发生在喉头和口腔，并与呼吸相结合。从听者的观点看，词的使用的一次单一的实例，是由某个声音系列构成的，其中每一种声音都近似地为书写中的一个单一的字母所代表，尽管实际上一个字母可以代表几种声音或者几个字母可以 189
代表一种声音。说出的词与达到听者那里的词之间的联系是因果的。让我们把自己限定于说出的词，它对于我们分析所谓的“思想”是更重要的。那么我们可以说，说出的词的一个单一的实例就是一个运动系列，而词就是由若干这样的系列所构成的一个完整

的集合，并且该集合的每个分子都非常相似于每个其他的分子。这就是说，“拿破仑”这个词的任何两个实例都是非常相似的，并且每一个实例都是一个由口腔运动所构成的系列。

因而，一个单一的词绝不是简单的：它是由诸相似的运动系列所构成的一个类（我们依然只限定于说出的词）。所需的相似程度不可能得到精确的定义：一个人可以用不地道的声音地发出“拿破仑”这个词，以至于几乎不能确定他是否真的发出了这个词。一个词的实例以无法感觉到的方式逐渐演化为其他的运动。而且，完全类似的观察也适用于听到的、写下的或读到的词。但是，我们在迄今所说的话中，甚至还没有开始提及关于词的定义的问题，因为“意义”显然就是把一个词从其他的相似运动的集合中区分出来的东西，而“意义”有待于定义。

认为一个词的意义是某种约定俗成的东西是自然的。然而，这种看法必须加以很大的限制才是真的。一个新词可以通过一种单纯的约定而补充到一种现存语言中，例如，一些新的科技术语就是这样的。但是，无论是从个体的观点看，还是从社会群体的观点看，一种语言的基础都不是约定俗成的。一个学习说话的孩子就
190 是在学习习惯和联想；而这些东西，同期待狗吠和鸡鸣的习惯一样，都只是由环境所决定的。说一种语言的社会群体已经学会了它，并且通过某些过程来修改它，而那些过程几乎都不是有意的，而是某些根据或多或少可探明的规律起作用的原因所产生的结果。假如我们充分往前追溯任何一种印欧语系的语言，我们可以假设性地（无论如何在一些专家看来是这样的）追溯到这样的阶段，即语言只是由词根组成的，而后来出现的词都是从词根中产生

的。这些词根如何获得它们的意义是不得而知的;但是,一种约定的起源,正如霍布斯和卢梭所设想的政府由之得以建立的社会契约一样,显然是神话式的。我们几乎不能设想有这样的一次议会,在这次议会上,一直不能说话的元老们聚集到一起,并一致同意把奶牛叫做奶牛,把狼叫做狼。词与其意义的联系一定是通过某种自然的过程产生的,尽管目前这个过程的性质是未知的。

当然,说出的和写下的词不是传达意义的唯一方式。在冯特(Wundt)的《民族心理学》(*Völkerpsychologie*)一书中,有两大卷是论述语言的;而在这两卷中,其中一卷的一大部分谈的就是手势语言。蚂蚁通过自己的触须,似乎能够传递一定数量的信息。我们现在认为书写只是一种代表言语的方式,而它本身很可能原来就是一种独立的语言,并且它在中国至今仍是这样。[①] 书写似乎最初是由图形组成的,这些图形逐渐地被约定下来,及时代表音节,并按照"T 表示 Tommy"的电话原理而最终演化为字母。但是
在任何地方,书写在开始时似乎都不试图代表言语:它是作为对将 191
要被表达的东西的一种直接的图画式的表象而开始的。语言的本质不在于用作这种或那种特殊的交流工具,而在于使用一些固定的联想(不管它们可能是怎样产生的),以使某种眼下可感的事物——即一个说出的词、一个图形、一个手势,或诸如此类的东西——可以唤起某种别的事物的"观念"。每当这种行为完成时,眼下可感的事物可以称为"标记"或"符号",而那种它意欲唤起其

① 这里所指的当是中国的文言文。罗素写作此书时,白话文尚未真正成为主流。——译者注

“观念”的东西可以被称为该标记或符号的“意义”。这是关于构成“意义”的东西的一个大致的纲要。但是，我们现在必须通过各种方式来充实这个纲要。而且，由于我们关心所谓的“思想”，我们对语言的私人的而非其社会的使用必须给予比本来更多的注意。语言深刻地影响我们的思想，而且正是语言的这个方面，才对我们当前的探究具有最为重要的意义。与其说我们关心向他人大声说出来的事物，几乎不如说我们关心从未说出来的内在言语。

当我们问什么构成意义时，我们问的并非什么是这个或那个特殊的词的意义。“拿破仑”这个词意指一个特定的个体；但是我们问的并非谁是这个个体，而是该词与这个个体之间的关系——这种关系使得一个意指另一个——是什么。但是，正像认识到作为物理世界之一部分的一个词的性质是有用的一样，认识到一个词所意指的那类事物也是有用的。当我们既清楚一个词在其物理的方面是什么，也清楚它能意指什么类型的事物时，我们就能较好地发现作为其意义的两者之间的关系。

192 词所意指的东西之间的差别甚于词与词之间的差别。有不同种类的词，它们为语法学家所区别；而且有逻辑上的区分，这些区分与语法上的词类区分具有某种程度的关联，尽管此种关联不像我们先前所设想的那样密切。然而，我们容易为语法所误导，尤其当我们知道的所有语言都属于同一语系时。根据一些专家的意见，在有些语言中，词类的区分并不存在；在许多语言中，这种区分普遍不同于我们在印欧系语言中所习惯的那种区分。假如我们要避免为我们自己的言语中纯粹偶然的因素赋予形而上学的意义，那么我们就必须记住这些事实。

在考虑词意指什么时，从专名开始是合乎自然的，而且我们将再次以“拿破仑”为例。我们通常想象，当我们使用一个专名时，我们意指一个确定的存在体，即被称为“拿破仑”的那个特定的个体。但是，我们所知为一个人的东西并非是简单的。也许存在一个单一的简单的自我，它就是拿破仑，并且它从出生到死亡都严格地保持同一。没有任何方法可以证明情况不能是这样的，但也没有丝毫理由设想情况就是这样的。人们从经验上所得知的拿破仑，是一个由逐渐变化的现象所构成的系列：首先是一个啼哭的婴儿，而后是一个儿童，而后是一个身材修长而漂亮的青年，而后是一个身材发福、懒惰而又穿戴非常威严的人。这个系列现象和与这些现象有某些种类的因果联系的各种事件，构成了人们从经验上所知道的拿破仑，并且因此就是拿破仑——就其形成经验世界之一部分而言。拿破仑是一个复杂的事件系列，这些事件通过因果律联系在一起，而非像一个词的诸实例那样通过相似之处联系在一起。193
因为，虽然一个人是逐渐变化的，并在两个几乎同时的场合都呈现相似的现象，但并非这些相似之处构成了这个人，例如从《错误的喜剧》(*Comedy of Errors*)[①]中就可以看出这一点。

因而，就专名而言，尽管这个词是一个由若干相似的运动系列所组成的集合，但它所意指的东西是一个由那个特殊种类的因果律将其联系在一起的事件所构成的系列，而那个特殊种类的因果律使那些被放在一起的事件构成我们所说的一个人，或者一个动

① 《错误的喜剧》为莎士比亚的一戏剧名。在这部作品中，一对孪生兄弟从小失散，碰巧生活在一个城市，但并不相互知道。他们不断被人认错，导致很多啼笑皆非的故事。——译者注

物或者事物——假如这个名称应用于一个动物或者事物而非一个人。这个词和它所命名的东西都不是世界的一种终极的不可分的成分。对于去构成那些集合——我们称这些集合为事物或人——的终极而短暂的存在物，我们在语言中没有直接的办法来称呼其中的某一种。假如我们要谈及这样的存在物(除了在哲学中，这种情况几乎不可能出现)，我们就不得不借助于一些精致的短语来做这一点，比如“1919 年 1 月 1 日中午占据我的视野中心的视觉”。我把这样的终极的简单物称为“殊相”。殊相可以拥有专名，并且假如语言是为了哲学和逻辑的目的而由经过科学训练的观察者发明出来的，那么它无疑就会拥有专名。

在实践中，我们并不很关心在感觉中进入我们经验的实际殊相；我们更关心殊相所属其中并作为其标记的整个系统。我们所见的东西使我们说“喂，琼斯在那儿”，并且我们所见的东西是琼斯
194 的一个标记(情况之所以如此，乃因为它是构成琼斯的殊相之一)这个事实，比实际的殊相本身更令我们感兴趣。因此，我们把“琼斯”这个名称给予那整个的殊相集合，但并不费力地为构成该集合的那些单独的殊相赋予单独的名称。

从专名继续往前，我们接着来到通名，比如“人”、“猫”及“三角形”等。一个像“人”这样的词，意指由拥有专名的诸殊相集合所组成的一个完整的类。这个类中的几个分子凭借某种相似性或共同的属性而聚集在一起。在某些重要的方面，所有的人都是相互类似的；因此，我们需要一个词，这个词将同等地应用于他们当中的所有人。我们只把专名给予一类事物的个体，当这些个体之间在某些实际重要的方面有所不同时。在其他的情况下，我们并不这么做。例如，一副扑克牌只是一副扑克牌，我们并不把一个叫做“约翰”，把另一个叫“彼特”。

有一大类像“吃”、“走”和“说”这样的词，它们意指一个由诸相似事件所构成的集合。走的两个实例拥有同一个名称，因为它们相互类似，而琼斯的两个实例拥有同一个名称，因为它们因果地联系在一起。然而，在实践中，难以在像“走”这样的词与像“人”这样的通名之间作出某种精确的区分。走的一个实例不可能浓　成一个瞬间：它是时间上的一个过程，并且这个过程先出现的部分与后出现的部分之间，和琼斯先出现的部分与后出现的部分之间一样，拥有一种因果的联系。因此，走的一个实例仅仅因为它拥有一段较短的生命这个事实而不同于人的一个实例。有一种观念认为，比起琼斯的实例来，走的实例是不真实的（unsubstantial）；但这样的观念似乎是错误的。我们认为琼斯走，并认为除非有某个像琼斯这样的人在实施走的行为，否则就不能有任何走的行为发生；但下面这一点也同样是真的：除非有某种像走的行为这样的事物来供他实施，就不可能有琼斯。行为是由一个行为者所完成的观念，会与思维需要一个主体或自我——这种东西我们在第一讲中就抛弃了——这种观念受到同样的批评。说正是琼斯在走，只不过相当于说这种走的行为是作为琼斯的整个事件系列的一部分。走的行为作为一种孤立的事件而发生，并且不构成任何我们称之为一个“人”的这样的系列的一部分，并非逻辑上不可能的。

因此，我们可以把像“雨”、“日出”和“闪电”这样的词归入“吃”、“走”和“说”这类词当中，它们并不指谓通常所称的行为。这些词附带地表明了，对于词类的语法区分，我们所能信任的东西真

是少得可怜，因为名词“雨”和动词“下雨”精确地指谓同一类气象学事件。这样的词所指谓的那类对象和像“人”、“蔬菜”及“行星”这样的通名所指谓的那类对象的区别，就在于作为（比如说）闪电之实例的那类对象比（比如说）一个个体的人简单得多。（我把闪电说成一种可感的现象，而非说成像物理学中所描述的那样。）这种区分是一个程度的问题，而非类型的问题。但是，从日常思想的观点来看，在一种像一道闪电这样能完全包含于一种似是而非的现在
196 的过程与一种像一个人的生命这样必须通过观察、记忆及对因果联系的领会而拼凑起来的过程之间，存在一种重大的差别。因此，我们可以一般地说，我们一直在讨论的这类词指谓相似事件的集合，而集合中的每一个事情（通常）都比一个人或一种事物短暂得多，并且复杂程度也要小得多。就如我们已看到的那样，词本身是这种类型的相似事件的集合。因而，与任何其他语词相比较，我们当前所讨论的这类词与其所意指的东西之间有着更多的逻辑上的联系。

在我们刚才一直在考虑的这些词与像“白的”或“圆的”这样的指谓性的词之间，没有非常重大的差别。主要的差别在于，后面这类词不指谓过程（无论过程多么短暂），而指谓世界的静态特征。雪降落下来，并且是白的；降落是一个过程，而白不是的。是否有一种被称为“白”的共相（universal），或者说，是否白色的事物要被定义为那些与一个标准事物——比如说刚降落的雪——具有某种相似性的东西，是无需我们关心而且我认为也是不可解决的问题。为了我们的目的，我们可以认为“白”这个词指谓某种由诸多相似的殊相或殊相集合所组成的集合，而这种相似性与一种静态的性质而非一种过程有关。

从逻辑的观点看，非常重要的一类词是那些表达关系的词，比如“在……里面”、“在……之上”、“在……之前”及“比……大”，等等。一个这样的词的意义非常根本地不同于前面任何种类中的一个词的意义；相比于后者，前者更抽象，并且逻辑上更简单。假如我们所讨论的是逻辑，我们就必须在这些词上花费许多时间。但是，既然心理学才是与我们相关的，我们将只注意它们的特殊性质并接着往前走，因为对语词进行逻辑的分类并不是我们的主要事情。 197

我们接下来将考虑这个问题：如果说人们在某种意义上理解自己语言中的而非其所不了解的语言中的词，那么在同一种意义上，说一个人“理解”一个词意味着什么？我们可以说一个人理解一个词，当(a)适当的环境促使他使用这个词时，(b)听到这个词就会使他做出适当的行为时。我们可以把这两种情况分别叫做主动的理解和被动的理解。狗对一些词时常具有被动的理解，但没有主动的理解，因为它们不能使用词。

为了“理解”一个词，一个人没有必要在能说“这个词意指如此这般的东西”这种意义上“知道它意指什么”。理解词并不在于知道它们的词典定义，或者能指明适应于它们的对象。像这样的理解也许属于词典学家和学生，但并不属于日常生活中的普通人。理解语言更像理解板球[①]：它是习惯的问题，这种习惯是我们从自己身上获得的，并被正确地假定于他人身上。说一个词拥有一种意义，并不是说使用词的那些人总已正确地想到这种意义是什么：

---

① 这种观点被推广到了“思想”的分析中。J. B. 华生在其 *Behavior* 及 *Psychology from the Standpoint of a Behaviorist* (Lippincott，1919)的第九章中极力主张这种观点。

对该词的使用在先，然后通过观察和分析从使用中总结出意义。
198 而且，一个词的意义不是绝对确定的：总是存在或多或少的模糊性。意义是一个类似靶子的区域：它可以有靶心，但随着我们进一步地远离靶心，靶子的外沿部分仍在一种逐渐减弱的程度上或多或少地处于意义的范围内。随着语言变得更精确，靶心外的部分越来越小，并且靶心本身也变得越来越小；但是，靶心绝不会 为一个点，而且总有一个不确定的区域围绕着它，不管那个区域多么小。①

当一个平常的听者将像人们所期待的那样受到一个词的影响时，这个词就被“正确地”使用了。这是对“正确”所作的一种心理学的而非正式的定义。在正式的定义中，我们将会用一个生活在很久以前并接受过高级教育的人来代替这个普通的听者。这个定义的目的就在于使正确地说或写变得困难。

一个词与其意义的关系具有一种因果律的性质，这种因果律支配我们对该词的使用，而且在我们听到它被使用时也支配我们的行为。一个正确运行的行星没有理由知道开普勒定律，而正确使用一个词的人也同样没有理由能说出它意指什么。

为了说明“理解”词和句子意味着什么，让我们举各种不同情境中的例子。

---

① 在词的理解问题上，一本非常值得赞赏的小书是芮柏的 *Evolution of General Ideas*，Open Court Co.，1899。作者说（第 131 页）：“我们像学习走路、跳舞、舞剑或演奏一种乐器一样学习理解一种概念：它是一种习惯，即一种有组织的记忆。一般词项包含一种有组织的潜在的知识；这种知识是一种隐藏的资本，如果没有它，我们就将处于一种彻底破产的状态，并且是在使用伪币或没有价值的证券。一般观念是具有理智秩序的习惯。”

假设你正和一位心不在焉的朋友一起在伦敦漫步，当穿过一 199
条街道时，你说道：“当心！来了一辆汽车。”那么，在不需要任何“精神的”中介的情况下，他将会向周围一瞥，并跳向一边。这里不需要任何“观念”，而只需要一种肌肉的紧张，并迅速地继之以一种行为。他“理解”这些词，因为他做了正确的事情。我们可以认为这样的“理解”属于神经和脑，这是它们在语言学习过程中所获得的习惯。因而，这种意义上的理解可以还原到单纯的心理的因果律上。

假如你对一个略知英语的法国人说同样的事情，他将会经历某种内在言语，这种内在言语也许可以表述为“Que dit-il? Ah, oui, Une automobile!”（“他说什么？噢，是的，一辆汽车！”）此后，其余的动作都与那个英国人一样。华生将会主张，这句内在言语一定是在萌芽之初就被说出了。我们应该认为，它也许只是意象。但就目前而言，这一点并不重要。

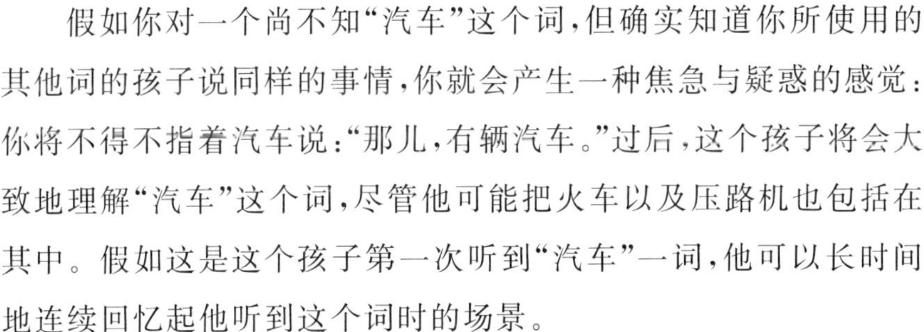

假如你对一个尚不知“汽车”这个词，但确实知道你所使用的其他词的孩子说同样的事情，你就会产生一种焦急与疑惑的感觉：你将不得不指着汽车说：“那儿，有辆汽车。”过后，这个孩子将会大致地理解“汽车”这个词，尽管他可能把火车以及压路机也包括在其中。假如这是这个孩子第一次听到“汽车”一词，他可以长时间地连续回忆起他听到这个词时的场景。

迄今，我们已经发现了四种理解语词的方式：

（1）在适当的场合你可以恰如其分地使用这个词；

（2）当你听到这个词时，你会作出适当的行为；

（3）你由这个词联想到对你的行为产生适当效果的另一个词 200

（比如说在一种不同的语言中）；

（4）当你首次学习这个词时，你可以把它与一个对象联系起来，这个对象是它所“意指”的东西，或者说，代表了它所“意指”的各种对象。

在第四种情形中，词经由其所带给人的联想，获得了某些与对象相同的因果功效。正像汽车能使你跳向一旁一样，“汽车”这个词也能使你做到这一点，但它不能折断你的骨头。一个词与其对象所能共同拥有的效果，就是那些依据一般的物理学定律之外的规律而产生的效果，即那些包含同单纯的机械运动相反的生命运动（根据我们的术语体系）的效果。我们所理解的一个词的效果，就其相同或相似于对象本身可能拥有的效果而言，始终是第五讲所解释的那种意义上的记忆现象。

迄今为止，我们所考虑过的词的所有用途，都可以根据行为主义的路线来解释。

但是，我们迄今只考虑了可称为语言的“指示性”使用的东西，这种使用就在于指出当前环境中的某种特征。这只是使用语言的一种方式。语言还有陈述的及想象的使用，像在历史和小说中那样。让我们以叙述某个被记住的事件为例。

我们刚才提到过一个孩子，他在穿越一条有辆汽车驶来的街道时第一次听到“汽车”这个词。我们将设想，在后来的一次机会
201 中，这个孩子记住了这件事，并陈述给某个其他的人。在这种情况下，对词的主动的和被动的理解均与指示性地使用词时有所不同。这个孩子并未看到汽车，而只是记得一辆汽车；听者并不将不目光转向周围，以期看到一辆汽车驶来，但他“理解”早先的某个时候有

一辆汽车出现过。这整个事件很难用行为主义的路线来解释。显然，就这个孩子真正在回忆而言，他有一幅关于过去事件的图画，而他的词是被选定来描述这幅图画的；并且就听者真正是在领会他所说的而言，听者正在获得一幅图画，而且该图画或多或少类似于孩子的那一幅。确实，这个过程可以经由语词-习惯的作用而短。如同我们虽不能记得学过一首诗但能背诵它一样，孩子可能并不真正记得这件事，而只是拥有适当的语词习惯。另外，听者也可能只注意到这些词，而并不想起任何相应的图画。不过，正是孩子身上的记忆-意象的可能性及听者身上的想象-意象的可能性，构成了词的陈述“意义”的本质。在缺乏这种可能性时，词只是能够拥有意义的筹码，但此刻并不拥有。

然而，也许有人认为这些话说得有点过了。无需使用意象，单单词就可以导致适当的情感及适当的行为。词一直在一种曾引发某些情感的环境中被使用；通过一种　短了的过程，单单词现在就能产生类似的情感。根据这些路线，人们也许会努力表明意象是 202
不必要的。然而，我相信，我们无法依据这些路线来解释一种陈述和一种关于当前事实的描述所产生的那种完全不同的反应。与感觉不同，意象是陈述期间人们所期待产生的反应；人们知道，此时无需引发当前的行为。因而，我们似乎必须坚持我们的区分：被指示性地使用的词描述并被期待着导致某些感觉，而同样的词，当以陈述的方式被使用时，描述并只被期待着导致意象。

因而，除了先前的四种方式以外，我们还有另外两种语词能由之产生意义的方式，即记忆的方式和想象的方式；也就是说：

(5)词可以用来描述或回忆一种记忆-意象：当它已经存在时，

用来描述它；或者，当词作为一种习惯而存在，并且人们知道它们描述了某种过去的经验时，用来回忆它。

(6)词可以用来描述或制造一种想象-意象：例如诗人或小说家是去描述它，而在一般的传达信息的情况下人们是去创造它，尽管在后一种情况下，人们希望想象-意象在被创造时将会被某种事情发生过这样的信念所伴随。

这两种使用词的方式，包括它们在内在言语中的出现，可以被共同说成是词在“思维”中的使用。假如我们是正确的，那么词在思维中的使用，至少在其起源上是依赖于意象的，并且无法依据行
203 为主义的路线而得到充分的处理。而且，这确实是词的最基本功能；也就是说，最初经由与意象的关系，它们使我们与时间或空间中遥远的事物发生了联系。当它们在没有意象中介的情况下发生作用时，这似乎就是一种 短了的过程。因而，词的意义问题与意象的意义问题产生了联系。

为了理解词在所谓的“思维”中所起的作用，我们既必须理解其出现的原因，也必须理解其出现所产生的效果。依据它所称呼的对象明显地出现了还是没有出现，词出现的原因需要加以某种不同的对待。当对象出现时，它本身就可以经由联想而被看作词的原因。但是，当它没有出现时，要获得一种关于词的出现的行为主义看法就比较困难了。语言-习惯不仅在于指示性地使用语词，而且在于用它们来表达陈述或欲望。在其对语言习惯之获得的解释中，华生教授几乎没有关注词在陈述或欲望中的使用。他说(*Behavior*, pp. 329～330)：

“小孩时常对其做出反应的刺激物(对象)，比如一只盒子，可

以用来阐明我们的论点；而其反应的方式就在于做出一些像打开、关上以及将对象放入其中这样的动作。保育员在观察孩子用手、脚等等对盒子做出反应的过程中，当把盒子递给孩子时，她就开始说‘盒子’；当孩子打开盒子时，保育员就开始说‘打开盒子’；当他关上盒子时，保育员就开始说‘关上盒子’；当他把玩具娃娃放入盒子里时，保育员就开始说‘把玩具娃娃放到盒子里’。这种情形被反复地加以重复。随着时间的推移，出现了下述这样的情况：除了原来引起身体习惯的盒子以外，在没有任何其他刺激的情况下，他 204
看见盒子时就会开始说‘盒子’，打开盒子时就会开始说‘打开盒子’，等等。可见的盒子现在成为一种能释放身体习惯或者语词-习惯的刺激物，也就是说，发展的阶段带来了两种东西：(1)从视觉接受器延伸到喉头肌肉的反射弧之间的一系列功能上的联系；以及(2)从同一种感觉接受器延伸到身体肌肉的一系列先已联系起来的反射弧……对象遇上了孩子的视觉。他往对象跑去，试图到达对象前，并说‘盒子’……最后，在没有实施走向盒子这种动作的情况下就发出了这个词……习惯是从怀抱玩具走向盒子的行为中形成的。孩子一直被教导把玩具放在那里。当他用双臂抱着玩具而盒子却不在时，语词-习惯就产生了，并且他喊出了‘盒子’；盒子被递给了他，他打开盒子，并把玩具放入其中。这大致标示了我们所谓的真实的语言-习惯的起源”(第 329～330 页)。①

关于盒子出现时“盒子”这个词的使用，我们无需在上述这段

① 华生教授在更新的一本书中提供了完全相同的关于语言的描述(见前面所引的文献)。

引文中所说的东西上多加逗留。但是，关于这个词在盒子没有出现时的使用，只有一句简短的话，即“当他用双臂抱着玩具而盒子却不在时，语词-习惯就产生了，并且他喊出了‘盒子’。”这种解释照现在这个样子是不充分的，因为习惯就是当盒子出现时使用这个词；因此，我们必须解释它是如何扩展到盒子没有在其中出现的场合的。

既然承认了意象，我们就可以说，在盒子没有出现的情况下，“盒子”这个词是由盒子的意象所引起的。这可以是真的，也可以不是真的；事实上，它在某些情况下是真的，而在另一些情况下不
205 是真的。然而，即使它在所有情况下都是真的，它也只会稍微地改变我们的问题：我们现在必须问什么东西导致了这个盒子的意象的出现。我们也许想说原因就在于对盒子的欲望。但是，我们在研究这种观点时发现，它迫使我们假定，在孩子并不拥有盒子的意象或“盒子”这个词的情况下，盒子是能被欲望的。这将需要一种欲望理论。这种理论大体说来可以是真的，并且我也是这么认为的；但它把欲望从实际发生的事物中移除了，并使它仅仅成为一种方便的虚构，就力学中的力一样。[①] 按照这样的看法，欲望就不再是一种真实的原因，而只是描述某些过程的一种简洁方式。

为了解释盒子并未出现时词或意象出现的原因，我们必须假定环境中或者我们自己的感觉中有某种东西，这种东西经常与“盒子”这个词大约在同一时间出现。一种把心理学（拟或神经生理学？）从物理学中区分出来的规律是，当两个事物时常存在于非常

① 参见前面的第三讲。

接近的时间中的时候，其中任何一者的出现都会及时导致另一者的出现。[①] 这是习惯和联想的基础。因而，在我们的例子中，双臂抱着玩具之后，时常会迅速地出现盒子，而盒子出现之后，“盒子”这个词又会时常被迅速地说出。盒子本身受制于物理学的定律，而且无论它过去怎样频繁地紧随在抱着玩具的双臂之后出现，它都不容易由这样的双臂所引起——我们始终假定，在所说的这个例子中，其物理位置是自愿的运动不可能导致其出现的位置。但 206
是，“盒子”这个词以及盒子的意象都受制于习惯定律；因此它们当中的任何一个都有可能由抱着玩具的双臂所引起。于是，我们可以一般地主张：每当我们或大声地或通过内在言语使用一个词时，就有某种感觉或意象（这二者中每者本身都可以是一个词），此种感觉或意象时常与该词在大约相同的时间出现，并且现在又通过习惯引起了这个词。因此，习惯定律足以解释在所指对象没有出现的情况下词的使用；而且，甚至在没有引入意象的情况下，它也是充分的。因此，尽管意象似乎是不可否认的，但是我们不能从词的使用中获得另外一种对其有利的论证；而词，从理论上说，可以在不引入意象的情况下得到解释。

当我们理解一个词时，我们在它与其所“意指”的意象之间拥有一种相互的联想。意象可以导致我们使用意指它们的词，而且词，无论听到的还是读到的，反过来又可以产生适当的意象。因此，言语是一种手段，可以用来在我们的听者身上制造我们所拥有

---

① 关于这个规律的一种更精确，但带有实验所揭示的那些局限的陈述，参见 A. Wohlgemuth，“On Memory and the Direction of Associations”，*British Journal of Psychology*，vol. v，part iv（March，1913）。

的意象。另外，通过一种　短了的过程，词也会及时地直接产生某些效果，而这些效果本来将会由与词相联系的意象所产生。　短了的过程的一般规律是：假如 A 引起了 B，并且 B 引起了 C，那么 A 将会在没有 B 作为中介的情况下，及时地直接引起 C。这是心理的或神经系统的因果关系的一个特点。凭借这种规律，意象对我们的行为所产生的效果就由词来产生了，而且甚至当词并不引起适当的意象时也是如此。我们越熟悉词，我们的“思维”就越可以不用意象而用词来展开。例如，我们能正确描述一个人的外表，
207 而无需在任何时间拥有任何关于他的意象，只要我们在看到他时就会想起适合于他的词；单单词就可以作为一种习惯而属于我们，并能使我们说起话来好像能回忆起这个人的视觉意象。在这方面以及别的方面，对词的理解时常完全脱离了意象；但在最初学习使用语言时，意象似乎始终起到了一种非常重要的作用。

意象和词都可以说是拥有“意义”的；确实，意象的意义似乎比词的意义更基本。我们所谓的（比如说）圣保罗大教堂的一种意象，可以说是“意指”圣保罗大教堂的。但是，根本不容易确切说明什么东西构成了意象的意义。一个具体事件的记忆-意象，当伴有一种记忆-信念时，可以说是意指它作为其意象的那个事件的。但是，绝大多数的实际意象并不拥有这种程度的确定性。假如我们要唤起一条狗的意象，我们就很可能拥有一种模糊的意象，它并不代表某一条特殊的狗，而代表一般意义上的狗。当我们要唤起一个朋友的脸的意象时，我们不可能复制他在以前的某一特殊场合所拥有的表情，而只是一种来自多种场合的折衷的表情。意象所能拥有的模糊性，几乎是没有任何限度的。在这样的情况下，意象

的意义，若是通过与原型的关系来定义的，则是模糊的：没有一个确定的原型，而是有许多个原型，而这许多原型中没有一个是被精确复制的。[1]

然而，还有另外一种探讨意象的意义的方法，即通过它们的因果功效来探讨。所谓某个确定的对象“的”意象，比如说圣保罗大 208
教堂的意象，拥有那个对象所会拥有的某些效果。这尤其适用于依赖联想的效果。情感上的效果时常也是相似的：意象几乎可以与其所代表的对象在同样强烈的程度上激发欲望。而且，相反地，欲望也可以引起意象[2]：一个饿汉将会拥有食物的意象，如此等等。在所有这些方面，涉及意象的因果律与涉及意象所“意指”的对象的因果律都是有联系的。意象因此可以来履行一般观念的功能。我们刚才提及的一条狗的模糊意象，将拥有仅仅同一般的狗相联系的效果，而不会拥有将由一些狗而非另一些狗所产生的那些相对特殊的效果。在攻击一般观念时，巴克莱和休谟没有考虑到意象的模糊性：他们假定每种意象都拥有一种物理对象所会拥有的那种确定性。情况并非如此，并且一种模糊的意象确实可以拥有一种一般的意义。

为了定义意象的“意义”，我们不得不既要解释它与一个或多个原型的类似，也要解释它的因果功效。假如存在诸如单纯的想象-意象这样的一种事物，并且它没有任何原型，那么它就是没有意义的。但是，也许除了在非常罕见的例外情况下，根据休谟的原

[1] 参见 Semon，*Mnemische Empfindungen*，第 16 章，特别是第 301～308 页。

[2] 当出现在欲望的分析中时，这个短语需要解释。但是，读者可以轻易地为自己提供这种解释。

则，至少意象中最简单的成分是来自原型的。在诸如一个朋友的脸的意象或一条难以描述的狗的意象之类的例子中，一种意象时
209 常不是来自一个原型，而是来自多个原型；当这种情况出现时，意象是模糊的，并使得各种原型由之得以区别的那些特征也变得朦胧了。为了获得这样情形中的意象的意义，我们观察到，意象的效果在某些方面——其中值得注意的是联想——类似于其原型的效果。假如我们发现，在一个给定的例子中，模糊的意象，比如说一条难以描述的狗的意象，拥有所有狗都会拥有的那些联想的效果，但并不拥有任何一条特殊的或特殊种类的狗所拥有的那些效果，那么我们可以说，我们的意象“意指”一般的狗。假如它使人产生与长毛垂耳犬而非其他的狗相适合的一切联想，我们就将说它意指“长毛垂耳犬”；而假如它使人产生与一条特殊的狗相适合的所有联想时，它将意指那条狗，不管它作为一种图画是多么地模糊。根据这种分析，意象的意义是由相像性与联想相结合而构成的。它并非一个清楚的或确定的概念，而且在许多情况下，我们不可能带着某种确定性来断定意象所意指的东西。我认为，这其中的原因在于事物的性质，而非在于有缺点的分析。

我们可以使上述关于意象的意义的描述稍微更精确些，并将其扩展到一般的意义上。我们有时发现，在记忆的因果关系中，作为刺激物的一个词或一种意象，与某种对象（比如说某条狗）拥有相同或几近相同的效果。在那种情况下，我们就说，这种意象或这个词意指那个对象。在其他情况下，记忆的效果并不是一个对象的全部效果，而只是某种类型的对象（比如所有的狗）所共有的效果；在这种情况下，这种意象或这个词的意义是一般的：它意指整

个那一类。一般性和特殊性是一个程度的问题。假如两个特殊事物的差别足够小，那么它们的记忆效果将是同样的；因此，任何意 210
象或词都不能意指这一个而非另一个；这为意义的特殊性设置了一种界限。另一方面，许多充分不同的对象的记忆效果，将不会拥有任何共同的可发现的东西；因而，一个为了获得完全的一般性的词，例如像"实体"之类的词，将不得不是缺乏记忆效果的，并且因此是缺乏意义的。而实际上，情况并不是这样的：这样的词拥有文字上的联想，而学习它们就构成了对形而上学的研究。

与意象的意义不同，词的意义完全是由记忆的因果律构成的，并且在任何程度上都不是由相像性构成的（除了在某些例外的情况下）。"狗"这个词与一条狗没有任何类似之处，但是它的效果，就如一条狗的意象的效果一样，在某些方面类似于一条实际的狗的效果。明确地说出一个词的意义比明确地说出一种意象的意义要容易得多，因为不管词是如何起源的，它们都是为了具有意义而在后来被人构造出来的，并且人们在长期的岁月中使词的意义更精确了。但是，尽管说出一个词的意义要比说出一种意象的意义容易，然而构成意义的关系在两种情况下几乎是一样的。一个词，像一种意象一样，能与其意义产生相同的联想。除了产生其他的联想之外，它还与其意义的意象联系在一起，所以词易于唤起意义，并且意象易于唤起词。但是这种联想对于词的高水平的使用并不关键。假如一个词在思想中与其他对象具有适当的联系，我们就能正确地使用它，并能理解别人对它的使用，即便它没有唤起意象。对词的理论上的理解只涉及把它们与其他的词正确地联系 211
起来的力量，而实践上的理解则涉及与其他身体动作的联系。

当然，词的使用主要是社会的，其目的在于向他人表明我们所持有的观念，或至少是我们所希望他们持有的观念。但是，语词特别与我们相关的方面，在于其提升我们自己思想的力量。几乎所有比较高级的理智活动都是语词问题，并差不多完全排除了任何其他事物。对于思想的目的而言，语词的好处是如此之多，以至于假如让我来列举它们，那么将永无结束之时。但是，其中的几种好处是值得提及的。

首先，说出一个词是没有任何困难的，然而一种意象不能总是随我们的心愿而出现，并且当它出现时，时常包含许多不相关的细节。第二，我们的许多思维都与抽象的问题相关，这些问题并不轻易地适合用意象来思考，而且假如我们坚持寻找应该可以代表它们的意象，那么这些问题有可能被错误地构想。不管其意义多么抽象，词总是具体的、可感的；因而，我们能借助于语词，以某种本来不可能的方式详细陈述抽象概念。第三，同一个词的两个实例是那么相似，以至于两个实例中没有一个会具有另外一个所不能有的联想。相比于（比如说）一条哈巴狗和一条丹麦大狗，“狗”这个词的两个实例要相似得多；因此，“狗”这个词使得思考一般的狗变得特别容易。当许多对象拥有一种重要但并不明显的共同属性时，创造一个用来称呼该属性的名称有助于我们记住它，并想到由
212 拥有该属性的对象所构成的完整的集合。但是，扩展语言在思想中的使用的目录是没有必要的。

同时，有可能通过意象来处理基本的思想，而且有时候，参照它所意指的东西来检查纯粹文字性的思想是重要的。尤其在哲学上，传统语词的暴政是危险的，而且我们必须谨防这样的假定，即

语法是形而上学的关键，或者说，句子的结构完全准确地对应于它所断言的事实的结构。塞斯(Sayce)认为，自亚里士多德以来的全部欧洲哲学都为下述事实所支配：哲学家们说印欧语言，并因此假定，世界就如他们所习惯的句子，必然可以分为主语与谓语。当我们开始考虑真与假时，我们将看到多么有必要避免作出这样的假定，即事实与断言事实的句子之间有一种非常精确的平行关系。防范这种错误的唯一措施，就在于能偶尔暂时地丢弃语词，并能更直接地通过意象来思考事实。在哲学思想中，绝大多数的重要进展都产生于某种像这样的对事实的相对直接的思考。但是，假如结果是可交流的，那么它就必须通过语词来表达。那些对事实具有相对直接的想象力的人时常不能将他们的想象力翻译成语词，而拥有语词的人通常失去了这种想象力。正是部分地由于这种原因，最高级的哲学能力才如此罕见：它需要想象力与抽象语词的结合，而此种结合是难以获得的，并且在少数几个暂时获得它的人身上也会迅速丧失。

213 第十一讲　一般观念与思想

心灵能够形成抽象观念，并且能够处理非感觉的思想；据说这是人类心灵的一个优点。正是在这一点上，人们假定它不同于动物的心灵。从柏拉图起，在理想化的哲学家的体系中，"观念"起到了一种重大的作用。"观念"在他们的手中总是某种高贵而抽象的东西，对它的领会和使用总是给人带来一种相当特别的尊严。

我们今天所要考虑的事情是这样的：鉴于确实有些词的意义是抽象的，并且我们能有灵性地使用这些词，为了解释对抽象语词的有灵性的使用，我们必须假定其中有什么样的精神内容，或者说从中推断出什么样的精神内容，或者说通过观察能发现其中有什么样的精神内容？

如果将其视为逻辑的问题，答案当然是这样的：单从我们能够有灵性地使用意义抽象的词这个事实出发，绝对推论不出任何精神内容方面的东西。显然，一个足够聪明的人能制造一台由嗅觉刺激来驱动的机器，每当有一条狗出现在它周围时，它就说"有一条狗"，而当有一只猫出现时，它就会向它扔石子。在这样的例子
214 中，说出"有一条狗"的行为以及扔石子的行为都同样是机械的。与诸如飞行或格斗之类的任何其他生物学上有用的运动集合相比，正确的言语并不自然而然地提供某种更充分的证据来表明精

神内容的存在。可以从语言中推论出来的全部东西就在于，一种共相的两个实例，甚至在有非常大的差别时，也可以导致同一个词的两个仅有非常轻微差别的实例被说出。就像我们在前一讲中所看到的那样，“狗”这个词是有用的，这部分是因为该词的两个实例要比（比如说）哈巴狗和丹麦大狗之间相似得多。因而，词的使用就是用两种相差极微且为同一共相之实例的殊相，来代替另外两种虽亦为同一共相——前一种共相是其名称——之实例但有广泛差别的殊相的一种方法。因此，从逻辑上说，我们完全可以自由地采纳经验观察所能允许的任何关于一般观念的理论。

巴克莱和休谟对“抽象观念”进行了猛烈的攻击。他们用观念来近似地意指我们所称的意象。洛克主张，他能形成一个一般的三角形的观念，同时又无需确定那个三角形是何种类型的。而巴克莱认为这是不可能的，他说：

“别人最好能告诉我，他们是否具有这种奇妙的抽象自己观念的能力：至于我本人，我敢肯定自己没有这样的能力。我真的发现，我确有能力想象或向自己表现我所感知的那些特殊事物的观念，亦有能力通过各种方式来组合和分离它们。我能想象一个拥有两个头的人，或者与马的躯体连在一起的一个人的上身。我能 215 思考单独地从身体其余部分抽象或分离出来的手、眼和鼻子。但是，这样一来，不管我想象什么样的手或眼，它都一定具有某种特殊的形态和颜色。同样地，我为自己所构造的一个人的观念，一定要么是关于一个白人的，要么是关于一个黑人的，要么是关于一个黄褐色人的，要么是关于一个腰板笔直的人的，要么是关于一个曲背的人的，要么是关于一个高个子的，要么是关于一个矮个子的，

要么是关于一个中等身材的人的。我不能通过思想上的任何努力来构想上面所描述的抽象观念。另外，对我来说，同样不可能脱离运动着的物体，来构造一种既不快亦不慢、既非曲线亦非直线的抽象运动的观念；而对于所有其他的不管何种类型的抽象一般观念而言，也可以作出这样的断言。坦率地说，在某种意义上我承认自己能够抽象；例如，对于结合在某个对象中的性质，如果其中的一些特殊部分确实有可能在没有其他部分的情况下存在着，我就能思考与其他部分相分离的这些特殊部分。但是，对于那些在被如此分离的情况下不可能存在的性质，我否认自己能对它们进行相互的抽象，或者说能单独地构想它们；或者，我否认自己能通过上述方式对殊相进行抽象而构造一个一般概念——后面的这些是抽象的两种原本的意义。而且，有理由认为绝大多数的人将会承认自己处在与我相同的境地。大多数人都是单纯而又无知的，它们绝不自诩具有抽象概念。抽象概念据说是深奥的，而且不付出汗水、不进行研究就不会被获得；我们因此可以合理地断定，假如存在这样的抽象概念，它们只限定于有学识的人。

“我继续考察人们在保卫抽象学说时能断言什么，并且试着看看我能否发现是什么东西倾向于使爱沉思的人拥有一种就像看起
216 来的那样远离常识的观点。有一位杰出的并理应受到尊重的已故哲学家，他似乎认为拥有抽象的一般观念把人和动物的理解最广泛地区别开来了，并且他无疑据此给予抽象学说很多的支持。他说：‘拥有一般观念把人和野兽完全区分开来了，而且是野兽的能力所绝未达到的一种优点。这是由于，我们在它们身上显然没有发现利用一般符号来代表一般观念的痕迹，而从这一点，我们有理

由想象它们没有抽象或者说制造一般观念的能力，因为它们没有使用语词或任何其他的一般符号。’过了一会儿，他又说：‘因此我认为，我们可以设想，正是在这一点上，兽类才有别于人，而且这就是将它们完全分离出来的那种适当的差别，并最终发展到一种如此悬殊的地步。因为假如它们终究拥有一些观念，而且不是单纯的机器（如一些人所设想的），我们就不能否认它们具有某种理性。依我看，在某些情形中，有些动物确实进行推理，而这一点正像它们拥有感觉一样明显；但是，这种推理仅在特殊的观念之间进行，并且仅当它们从感官中接受观念时才这样。最高级的动物也被限定在那些狭窄的范围内，并且没有能力通过某种类型的抽象来扩大那些范围’（《人类理解论》第二卷第十一章第十及第十一段）。我乐于同这位有学问的作者一道认为，野兽的能力绝没有达到抽象的地步。但是，这样一来，假如使这一点成为动物的那类区别性特征，我担心很多本被视为人的那些动物，也必须算在野兽当中。

这里所给出的说明我们没有根据认为野兽具有抽象的一般观念的 217
理由，就在于我们从它们身上看不到对语词或任何别的一般符号的使用；而这又基于这样的假定，即使用语词意味着拥有一般观念。我们由此还可以得出这样的结论，即使用语言的人能够抽象或概括他们的观念。这就是这位作者的意思和论证，而他对自己在另一处所提出的问题的回答将进一步表明了这一点。那个问题是：‘由于一切存在之物都只是殊相，我们如何获得一般词项呢？’他的回答是：‘词之所以成为一般的，是因为人们使它成了一般观念的符号’（《人类理解论》第三卷第三章第六段）。但是，一个词之所以成为一般的，似乎并不是因为人们使它成了一个抽象的一般

观念的符号，而是因为使其成了几个特殊观念的符号，并且它以中立的方式使心灵想到其中的任何一个。例如，当人们说‘运动的变化是与所受的力成比例的’或‘任何有广延的东西都是可分的’时，这些命题就被理解为是关于一般的运动和广延的。不过，我们不能由此断定，它们向我的思想暗示了一种没有物体在其中移动的运动的观念，或者一种没有任何确定的方向和速度的运动的观念；而且亦不能断定，我必须构想一种抽象的一般的广延观念，而此种广延既非线、亦非面、亦非体，既非大、亦非小，既非黑、亦非白、亦非红、亦非任何其他确定的颜色。这仅仅意味着，对于我所思考的任何特殊的运动，无论是快的还是慢的，无论是垂直的、水平的还是倾斜的，或无论发生在什么样的对象上，涉及它的那条原理都同样地是真的；而就每一种特殊的广延来说，另一条原理也都是成立的，无论我们的广延是线，是面，还是立体，也无论它具有这样或那样的规模或形状。

“通过观察观念是如何变成一般的，我们可以更好地判断词是
218 如何变成一般的。这里，人们将会注意到，我并不绝对地否认有一般观念，而只是否认有一些抽象的一般观念；这是因为，在我们上面所引的那些提及一般观念的段落中，人们总是假定，它们是依照我们在第八和第九节中所陈述的方式并通过抽象而形成的。现在，假如我们要为我们的词添加一种意义，并且只提及我们所能构想的东西，那么，我相信我们将承认下述这一点：一种观念从本质上看是特殊的，而当我们用它代表或象征同一种类的所有其他特殊观念时，它就成了一般的。为了通过一个例子使这一点变得明白，我们设想一个几何学家正在阐述一种把一条直线切割成两个

相等部分的方法。例如，他画了一条一英寸长的黑线：这本身是一条特殊的线，但它仍然是关于其一般的意义的，因为它在那儿被使用，就是为了代表一切特殊的线——不管是什么样的线；因此，我们围绕着它而作出的阐述，相当于围绕着所有的线而作出的阐述，即围绕着一条一般的线而作出的阐述。另外，正像那条特殊的线因成为一个符号而成了一般的一样，'线'这个名称，虽然绝对地看，是特殊的，但亦因成为一个符号而成了一般的。而且，正像前者不应将其一般性归因于它代表了一条抽象的或一般的线，而是代表了可能存在的所有特殊的线一样，我们因此也必须认为后者的一般性来自同一种原因，即它以无差别的方式指谓着各种各样特殊的线。"[①]

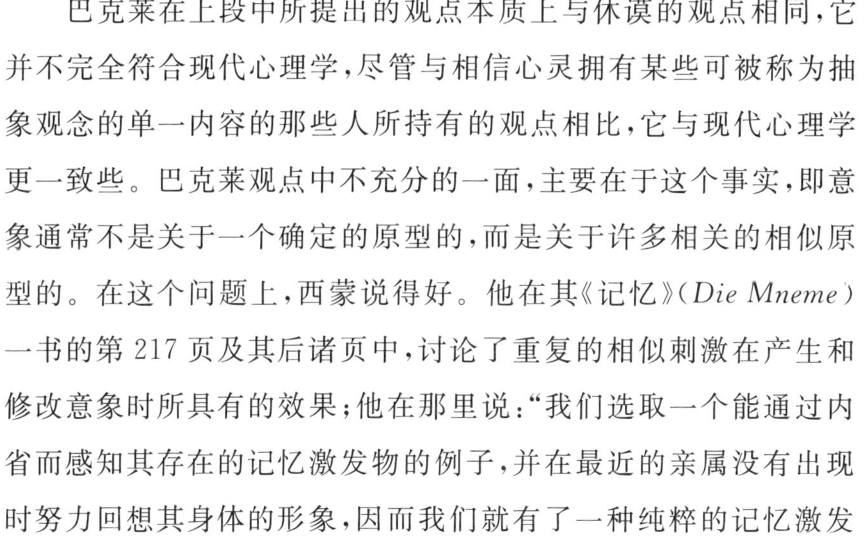

巴克莱在上段中所提出的观点本质上与休谟的观点相同，它并不完全符合现代心理学，尽管与相信心灵拥有某些可被称为抽象观念的单一内容的那些人所持有的观点相比，它与现代心理学更一致些。巴克莱观点中不充分的一面，主要在于这个事实，即意 219
象通常不是关于一个确定的原型的，而是关于许多相关的相似原型的。在这个问题上，西蒙说得好。他在其《记忆》(*Die Mneme*)一书的第 217 页及其后诸页中，讨论了重复的相似刺激在产生和修改意象时所具有的效果；他在那里说："我们选取一个能通过内省而感知其存在的记忆激发物的例子，并在最近的亲属没有出现时努力回想其身体的形象，因而我们就有了一种纯粹的记忆激发

① Introduction to *A Treatise Concerning the Principles of Human Knowledge*, paragraphs 10, 11, and 12.

物。首先,一种确定的完全具体的形象展现在我们的脑海中,但正当我们对一个我们与其有恒常接触的人发生兴趣时,我们将发现被回想的形象已在很大程度上具备了一种可谓一般性的特征。它有点类似于通过把许多不同头像的照片相互叠加在一张底版上而努力展示某一种类事物中一般性东西的那些美国照片。我们所遇到的这张面孔一度苍白,一度红润,一度愉快,一度热切,一度暴露在这样的光线下,一度又暴露在那样的光线下;而在我们看来,这些一般化就是由我们在这些极不相同的条件和状况下所遇到的同一面孔之不同形象的齐现(homophonic)活动所导致的。当我们不再让整个系列的重复在我们身上划一地回荡,而把注意力给予许多时刻中的一个特殊时刻时……这种特殊的记忆刺激立即就盖过了其同时被唤起的前行者与后来者,并且我们在那种特殊的状况下带着具体的确定性感知到了所说的这张面孔。”在稍后的一处,他又说:“结果导致了——至少在人,而且也可能在比较高级的

220 动物身上——一种心理学的抽象能力的发展。在没有增添其他的思想过程的情况下,记忆的齐现活动为我们提供了我们的朋友的一种形象 X,这个 X 在某种意义上是抽象的,而非在任何状况下都是具体的,但它摆脱了任何特殊的时间点。假如甚至将联带的记忆痕迹划定在更广的范围内,也会出现高一级的抽象形象:例如,一个白人或一个黑人。在我看来,第一种形式的一般抽象概念就是以这样的抽象形象为基础的。以上述所描写的方式出现的心理学抽象,是纯粹逻辑抽象的前驱。它绝非为人类所独有,而是通过各种不同的方式将自身显示于具有较高级组织的动物中间。”同一个问题在《记忆知觉》一书的第 16 章中得到了更为细致的探讨;

但他在那里所说的话，并未为包含于上述引文中的东西添加任何关键的内容。

不过，有必要区分模糊的东西与一般的东西。我们只要满足于西蒙的合成意象，就可以止步于模糊的东西。我认为，这种意象是否把我们带到了一般的东西那里，取决于另外一个问题，即除了这个一般化了的意象之外，我们是否也有关于它从中被合成的一些实例的特殊意象。例如，设想你在许多场合都见过一个黑人，并且你不知道这个黑人在这些各不同的场合是同一个人还是不同的人。设想你最后有了一种关于这个黑人在不同场合所表现出来的那些不同现象的抽象的记忆-意象，但你对那些现象中的任何单独的一种都没有形成记忆-意象。在这样的情况下，你的意象就会是模糊的。另一方面，假如你除了这个一般化了的意象之外还有若 221
干现象的特殊意象，并且这些特殊意象足够清晰，以致可以被认作不同的意象和这个一般化了的形象的实例，那么你将因此不会认为这个一般化了的形象对于任何一种特殊的现象来说都是充分的，并且你将能够使其充当一个一般的而非模糊的观念。假如这种看法是正确的，任何新的一般内容都无需补充到这个一般化了的意象中。所需要加以补充的，是与这个一般化了的意象构成了比较和对照的特殊意象。就我能通过内省来断定而言，这确实会实际地出现。以西蒙所举的关于一个朋友的面孔的情况为例。除非我们努力作出某种特殊的回忆，这张面孔很可能带着通常的表情出现在我们的脑海中，非常隐约而又模糊，但我们能随意地回忆起我们的朋友在某种令他高兴、愤怒或不愉快的特殊场合所表现出来的样子，并且这能使我们认识到这种模糊意象所具有的一般

化了的特征。

然而，还有另外一种区分模糊的东西、特殊的东西与一般的东西的方法，并且这不是通过它们的内容而是通过它们所产生的反应来区分的。例如，当一个词能应用于许多不同的作为个体的个体时，它就可以被说成是模糊的；又如，史密斯这个名字是模糊的：我们总想让它应用于一个人，但它适用于许多人中的每一个人。[①]另一方面，“人”这个词是一般的。我们说“这是史密斯”，但我们不说“这是人”，而说“这是一个人”。因而，我们可以说：当一个词的
222 效果对于一个个体是适当的，但对各种相似的个体都是相同的时，它就体现了一种模糊的观念，而当其效果不同于与诸个体相适合的效果时，它就体现了一种一般观念。然而，不易说明这种差别是什么。我倾向于认为，这种差别只在于我们知道没有任何个体被代表，所以把一个一般观念从一个模糊观念中区分出来的东西只在于某种伴随的信念的出现。假如这种观点是正确的，那么一般观念与模糊观念的差别有点类似于记忆-意象与想象-意象的差别。我们在记忆问题上也发现，差别只是由这样的事实构成的：一种记忆-意象为一种信念——在这种情况下它是涉及过去的信念——所伴随。

我们也应该说，意象即便是关于相当特殊的事件的，也总具有或多或少的模糊性。这就是说，在不导致我们的意象产生可识别的变化的前提下，事件可以在某些限度之内发生变化。为了获得

① 假如我们不能识别那些不同的被称作史密斯的人，“史密斯”就只是某些模糊语词的一种相当令人满意的代表。

一般的东西，我们必须能把它同许多相对精确并代表特殊事件的意象或语词进行对比；只要我们的所有意象和语词都是模糊的，我们就不能作出一般的东西由之得以定义的这种对比。这就证明了我在第 158 页从芮柏(Ribot)那里(见前面所引的那本书，第 32 页)所引用的观点，即智力的进步经历着从不确定的东西到确定的东西的过程，并且模糊的东西既先于特殊的东西也先于一般的东西而出现。

我所一直提倡的这种观点的要义是，一般观念是通过一个判断的出现而从模糊观念中区分出来的。我认为，这观点也是芮柏在说下面这段话(见前面所引的那本书，第 92 页)时所想要提出的：“一般的意象绝不是一个判断，而概念总是一个判断。我们知 223
道，对于逻辑学家来说(至少在形式上是这样的)，概念是简单的基本的成分；随之而来的是判断，它把两个或几个概念结合起来；随判断而来的是推理，它把两个或几个判断结合起来。相反，对心理学家来说，断言是基本的行为，而概念则是对排除差异的相似性进行判断(明显的或含蓄的)的结果。”

近年来人们在思想的心理学方面做了大量的工作，而这些工作都声称自己是实验性的。铁钦纳(Titchener)在其《关于思想过程的实验心理学讲演》(*Lectures on the Experimental Psychology of the Thought Processes*)(1909)中，对截至 1909 年人们在这方面所做的工作进行了充分的总结。瓦特(Watt)[①]、麦

① Henry J. Watt, *Experimentelle Beiträge zu einer Theorie des Denkens*, vol. iv (1905), pp. 289～436.

塞尔(Messer)[1]和比勒(Bühler)[2]在《全心理学档案》上所发表的三篇文章,含有大量的通过铁钦纳所谓的实验方法而收集起来的材料。

就我个人而言,我不能像许多心理学家那样认为这项工作是重要的。在我看来,他们所使用的方法几乎不能满足科学实验的条件。一般说来,他们所做的事情是这样的:向不同的人提出一组问题,他们的答案被记录下来,并且同样记录下他们自己对导致给出那些答案的思想过程的描述,而这些描述是基于内省的。依我看,他们过分相信了自己内省的正确性。我在前面已经谈过作为一种方法的内省(第六讲)。像华生教授一样,我不准备完全排斥
224 它;但我确实认为它是极其容易出错的,并且特别有可能在与事先构想的理论保持一致的情况下被人篡改。这就好像依赖于下述这样的情况:一个近视的人,在坚信一定是琼斯来了的某个时刻,陈述其所看到的沿路走来的那个人的情况。假如每一个人都是近视的,并在将会看到什么这个问题上痴迷于某些信念,那么我们也许不得不尽量利用这样的陈述,但我们需要注意搜集那些具有最分歧期待的人所同时提供的证据,来纠正其错误。没有证据表明所说的那些实验做到了这一点,并且也确实没有证据表明篡改内省所产生的理论上的影响终究被人充分地认识到了。我确信,假如华生教授是那组问题的回答者之一,他所给出的答案将会完全不同于所说的那些文章所记录下来的答案。关于这些研究,铁钦纳

---

① August Messer, *Experimentell-psychologische Untersuchungen über das Denken*, vol. iii (1906), pp. 1～224.

② Karl Bühler, *Über Gedanken*, vol. ix (1907), pp. 297～365.

引用了冯特的看法，而我觉得他的看法完全正确的。他说："这些实验，根本不是科学方法意义上的实验；它们是伪造的实验，并且之所以看似是讲方法的，只是因为它们通常是在心理学实验室中完成的，并且包含被声称为实验者和观察者的两个人的合作。事实上，它们几乎一点方法也不讲，它们不具备任何一种把实验心理学的内省从日常生活的因果的内省中区分出来的特征。"[①]当然，铁钦纳是不同意这种看法的，但我看不出他不同意的理由是充分的。不管怎么说，比勒使用了受过训练的心理学家作为他的试验对象；而仅仅是因为这一事实，我的怀疑便增加了。当然，一个受过训练的心理学家应该已获得了观察的习惯，但他至少同样可能已获得 225
一种发现他的理论需要什么的习惯。我们可以用比勒的《论思想》(*Über Gedanken*)为例，来说明这样的方法所产生的那种结果。他说(第 303 页)："当我们问自己一个一般问题，即'我们在思考时经验到了什么？'时，我们根本没有企图事先确定'思想'概念是什么，而只是为了分析才去选择每个人都会将其描述为思想过程的那些过程。"他说思考过程中最重要的事情是"感到……"(Bewusstheit dass)，并且他将其称作一种思想。他说，正是这种意义上的思想，对思考来说才是必要的。他认为，思考并不需要语言或感觉上的显现物。"我更愿意断言，每个对象原则上都能被清晰地加以思考(意指)，而无须借助于感觉上的显现物(Anschauungshilfen)。我能不通过感觉(unanschaulich)而完全清晰地思考挂于我房间的图画中的每种深浅度的蓝色，假如对象有可能在不借助于感觉的情况下

① 见前面所引的铁钦纳的那本书，第 79 页。

以另一种方式被提供给我。我们在后面将会看到这是如何可能的。”根据他的意思，他所说的“思想”（Gedanke）不可能还原为其他的精神事件。他认为，思想多半是由已知的规则组成的（第342页）。对这种理论的兴趣来说，显然重要的方面在于，比勒所提及的思想或规则无需用语词来表达，因为假如它们是用语词来表达的，我们立即就能按照行为主义者已让我们感到熟悉的那些路线来处理它们。还有一点也是清楚的：假想中的语词的不出现，唯一
226 地依赖于作为实验对象的那些人关于内省的描述。我认为，不能仅仅因为他们在思考过程中没有观察到词或词的等价物的出现，就充分肯定他们的否定性观察是可信赖的，而这种观察使我们接受困难的、革命性的思想观。我认为——特别是鉴于这个事实，即作为实验对象的那些人是受过高级教育的——更有可能的是，我们所涉及的是 短了的过程，而在这种过程中，习惯已经导致大量的中间条件被省略了，或者为了逃避观察而迅速地被忽视了。

我倾向于认为，相似的说法也适用于关于“无意象思考”的一般观念；而关于这种观念已有很多争论。无意象的思考的拥护者们并非只是主张能够存在纯粹文字性的思考；他们主张能够存在既非通过语词亦非通过意象而进行的思考。我自己的感觉是，在习惯已使思考成为不必要的行为的场合，他们贸然假定存在着思考。桑代克在用笼子里的动物做实验时，发现所建立起来的联系处于感觉刺激与身体的运动（不是关于身体运动的观念）之间，而无需假定任何一种非心理的中介物（见前面引用过的那本书，第100页及其后诸页）。依我看，同样的东西也适用于我们自己。某

种感觉状况在我们身上导致了某种身体的运动。有时，这种运动就是说出语词。偏见使我们猜想，一定有思想的过程出现在感觉刺激与语词的被说出之间；但是，似乎没有充分的理由来作这样的猜想。任何一种习惯行为，比如吃饭和穿衣，都可以在无需任何思想的情况下在适当的场合被完成，并且我们一大部分费神的谈话 227
似乎也是这样的。适用于被说出的言语的东西，当然也同样适用于未被说出的内在言语。因此，我依然完全不相信有任何既非由意象亦非由语词所组成的思考现象，或者说不相信“观念”必须作为精神现象所由构造的材料之一部分而添加到感觉与意象中。

关于我们的共相意识之性质的问题，在很大程度上受到了我们在意识与其对象的关系之一般性质方面的看法的影响。假如我们接受了布伦坦诺的观点，即所有心理内容都必然涉及一个对象，那么就可以自然地假定，有某种特殊的心理内容，并且其对象是一种共相而非殊相。根据这种观点，一种特殊的猫能够 感知或想象，而一只一般的“猫”是 构想出来的。但是，当一个心理事件与其“对象”的关系仅仅被视作间接的和因果的（这是我们已经采纳的观点）时，这种看待我们与共相打交道的整个方式必须被抛弃。当然，心理的内容总是特殊的，并且关于它“意指”什么（假如它意指某种东西）的问题，不能单纯通过考察心理内容的内在特征而得到解决，而只能通过了解它在相关的人的情形中的因果联系来解决。说某种思想“意指”一种共相而非一种模糊的或特殊的东西，就等于说某种极其复杂的事物。每当一匹马闻到一头熊时，它就将表现出某种行为，即便那种气味来自一张熊皮；也就是说，任何包含“熊的气味”这种共相之一个实例的环境都在马身上产生了极

228 其相似的行为，但我们并不说马意识到了这个共相。几乎同样没有什么理由认为一个人会意识到同样的共相，因为在同样的环境中他能够通过说“我闻到了一头熊”而作出反应。这种反应，像马的反应一样，只不过在不同场合是非常相似的，而环境则在那些不同的场合中提供了同一共相的诸多实例。其逻辑意义为共相的词因此能被正确地使用，而无需某种可以被称为关于共相的意识的东西。在唯一能说其存在的意义上，这样的意识是一个反省判断的问题，而其本质则在于对相似与差异的观察。共相绝不会通过被感知到的某种事物由以出现的那种方式而作为单一的对象出现在心灵面前。我认为能够从逻辑上证明共相是世界的结构的一部分，但它们是推论出来的部分，而不是我们的材料的一部分。存在于我们身上的东西是由各种因素组成的；在这些因素中，其中一些可以接受外界的观察，而另外一些只有通过内省才能发现。可以接受外界观察的那些因素主要是习惯；它们具有这样一种特性，即相互间在许多方面非常不同的刺激会产生非常相似的反应。马对熊的气味所作的反应是这方面的一个例子，而且在同样的环境下说出“熊”的那个人的反应也是一个例子。当然，从关于所谓的共相的知识的观点来看，文字性的反应是最重要的。总能在看见狗时使用“狗”这个词的人，在某种意义上可以说是知道“狗”这个词的意义的，并在那种意义上拥有关于“狗”这种共相的知识。但是，
229 当然还有一个更进一步的阶段，它是逻辑学家所达到的；在这个阶段中，逻辑学家不仅能用“狗”这个词作出反应，而且开始去发现环境中的何种东西使其在不同场合产生这种几乎相同的反应。这个更进一步的阶段，就在于关于相似与差异的知识；而对于“狗”这个

词的可应用性而言，相似性是必要的，而差异则是与这种可应用性相容的。我们关于这些相似与差异的知识是绝不会被穷尽的，并且我们关于共相之意义的知识也因此绝不会是完全的。

除了外部可观察的习惯(包括语词的习惯)以外，还有通过许多相似知觉的重叠或西蒙所谓的齐现而产生的通用的意象。只要其原型的多样性没有被认识到，这种意象是模糊的；但是，当它与其实例的更特殊的意象并存，并且我们熟练地将其与它们对照时，它就成了普遍的了。就像我们在前一讲中泛泛地讨论语词时所发现的那样，我们在这种情况下又一次发现，为了解释可观察的行为(在这种情况下就是有灵性的言语)，意象并不是逻辑上必需的。有灵性的言语能够作为一种运动习惯而存在，同时无需任何意象的伴随物。正像它适用于其意义相对特殊的语词一样，这个结论也适用于其意义为共相的语词。假如这个结论是有效的，那么我们就可以说，回避内省材料的行为主义心理学能成为一门独立的科学，并能解释他人行为中通常被视为思考的证据的那整个部分。必须承认，这个结论大大削弱了可以赋予内省材料的那种可靠性。只是因为我们似乎感知到了它们，而非因为它们对于解释外部观 230
察材料具有那种假想的必要性，我们才必须接受它们。

无论如何，只要我们与行为主义者一道接受关于物理世界的常识观点，这就是我们被迫得出的结论。但是，假如像我所主张的那样，物理世界本身，如所周知，完全充满了主观性，也就是说，假如就像相对论所揭示的那样，物理的宇宙包含着观察角度——我们习惯上认为这些角度明显地是心理的——的差异，那么通过这条不同的道路，我们发现有必要信任在某种重要的意义上属于私

人的观察。而且正是内省材料所具有的私人性，才导致行为主义者提出了许多反对它们的意见。

这表明了在不考虑别的科学的情况下构造一种充分的关于任何一门科学的哲学时所存在的困难。行为主义的心理学哲学，尽管从方法的角度看，在许多方面都是值得赞赏的，但依我看来，在最终的分析上仍是失败的，因为它是以一种不充分的物理学哲学为基础的。因此，尽管意象——无论是通用的还是特殊的——的证据只是内省的，但我还是不能认为，我们应该拒绝意象，或者说应该使其在我们关于时间或空间上遥远的事物的知识中所起的作用最小化。

第十二讲　信　　念 231

我们今天的主题是信念，这是心的分析的基本问题。相信似乎是我们所做的最具“精神性”的事情，它离由单纯的物质所做成的东西最遥远。整个理智生活就是由信念以及我们凭借所谓的“推理”由之从一个信念前往另一个信念的通道所组成的。信念提供知识与错误，它们是真和假的载体。心理学、知识论及形而上学都是以信念为中心的，并且我们的哲学见解主要依赖于我们所采取的关于信念的观点。

在着手对信念进行细致的分析之前，我们最好注意一下任何理论都要满足的某些必需的东西。

(1)正像词是以意义为特征的一样，信念是以真或假为特征的。正像意义就在于同被意指的对象的关系一样，真和假在于同信念之外的某种事物的关系。你可以认为某某马将会在德比马赛中获胜。到时候，你的马在比赛中赢了或者没有赢；根据这样的结果，你的信念是真的或假的。你可以相信六乘九是五十六；在这种情况下，也有一个使你的信念为假的事实。你可以相信美国是 232
1492 年被发现的，或者你相信它是 1066 年被发现的；你的信念在一种情况下是真的，而在另一种情况下是假的；在每一种情况下，它的真或假都依赖于哥伦布的行为，而不依赖于某种当前的或处于你的控制之下的事物。我把使信念为真或为假的东西称为“事实”。我把使一个给定的信念为真或为假的特殊事实称为它的“对象体”(objective)[①],并把这个信念与其对象体的关系称为它的“指涉”或“对象体指涉”。因而,假如我相信哥伦布在1492年横穿了大西洋,我的信念的“对象体”就是哥伦布的实际航行,而我的信念的“指涉”是我的信念与那次航行之间的关系,即那次航行由以使我的信念为真(在另一种情况下为假)的关系。信念的“指涉”在各方面都不同于词的“意义”,但二者的不同尤其在于这样的事实:前者拥有两种类型,即“真的”指涉和“假的”指涉。一个信念的“真”或“假”并不依赖于任何内在于信念的东西,而依赖于它与其对象体的关系。信念的内在性质能在不涉及使其为真或为假的东西的情况下得到探讨。在本讲的余下部分,我将忽略真与假,它是第十三讲的主题。我们今天将要讲的东西是信念的内在性质。

(2)我们必须区分相信与所信的东西。我可以相信哥伦布横穿了大西洋,所有的克里特人都是说谎者,二加二等于四,或九乘
233 六是五十六。在所有这些情况下,相信的行为是同样的,而所信的内容是不同的。我可以记得今天今晨的早餐、我上个礼拜的讲演,或者我第一次看到的纽约。在所有这些情况下,对记忆-信念的感受恰恰都是一样的,而只有所记得的东西有所不同。完全相似的说法也适用于期待。单纯的同意、记忆和期待都是信念的形式;所有这三种形式都不同于所信的东西,并且每种形式都有一种恒常的独立于所信东西的特性。

① 这个术语是迈农提出的,但并不完全与他的相同。

在第一讲中，我们批评了把一种表象分析为行为、内容与对象的做法。但我们的信念分析包含了三种非常相似的成分，即相信的行为、所信的东西和对象体。可是对行为的反对意见（在关于表象的情形中）是不能用来反对关于信念的情形中的相信行为的，因为相信是一种实际经验到的感受，而非像行为那样是某种假定的东西。但是，我们有必要首先完成对初步的必需的东西的列举，然后考察信念的内容。在这些工作之后，我们才将有能力回来探讨什么构成了相信。

（3）所信的东西和相信行为一定都是由发生在相信者身上的当前事件组成的，不管信念的对象体可能是什么。例如，设想我相信“恺撒越过卢比孔河”。我的信念的对象体是很久以前发生的一件事，我绝没有见过它，也不记得它。当我相信它发生过的时候，这个事件本身并不在我的心灵里。说我相信这个实际的事件，那是不正确的。我所信的东西是现在存在于我的心灵里的某种事物，也就是与这个事件相关的某种事物（以我们将在第十三讲中加以研究的某种方式与它相关联）；但它显然没有与这个事件混合在一起，因为这个事件并不是现在发生的，而相信的行为却是现在就 234
在发生的。一个人在某个时刻所相信的东西是完全确定的，假如我们知道那个时刻他的心灵的内容；但是，恺撒越过卢比孔河是一个历史的物理的事件，它与当前的每个心灵所拥有的当前内容都不同。所信的东西，不管可能怎样是真的，都不是使这个信念为真的实际事实，而是一个与那个事实相关的当前事件。当前的这个事件即所相信的东西，我称之为该信念的内容。就记忆-信念而言，我们已经有机会注意到内容与对象体的区分；在那里，内容就

是“这出现过”,而对象体就是过去的事件。

(4)内容与对象体之间有时存在一条很宽的鸿沟,比如就像在“恺撒越过卢比孔河”的例子中那样。当其首次被感觉到时,这条鸿沟可能会让我们产生一种感觉,即我们不能真正“知道”任何关于外部世界的东西。可以说,我们所能“知道”的一切,就是现在处于我们思想中的东西。假如恺撒和卢比孔河不能全部出现在我们的思想中,我们似乎一定不能获得关于它们的知识。我现在不会细致地讨论这种感觉,因为有必要首先定义“知道”——不过目前尚无法来定义。但是,我将预备性地提出这样一种处理方案:这种感觉假定了知道的一种目标,而我认为这种目标是相当错误的。如果它是精深的想法,那么它假定了某种类似于由知者与被知者所组成的神秘统一体的东西。人们时常说这两者通过认识这一事实而结合在一个统一体中;因此,当这个统一体明显不存在时,似乎就没有真正的认识。就我来说,我认为这样的理论和感觉是完

235 全错误的:我认为知道是一种非常外在的、复杂的关系,不能加以精确地定义,它依赖于因果律,而且不涉及统一性,这正如路标与其所指的城镇之间没有统一性一样。我在后面将会回到这个问题上来;现在,有了这些临时性的话,就一定足够了。

(5)一个信念的对象体指涉,是与其内容的全部或部分成分拥有意义这个事实相联系的。假如我说“恺撒征服了高卢”,一个知道组成我的陈述的词的意义的人,也就在同样的程度上知道了使我的陈述为真的那个对象体的性质。显然,一个信念的对象体指涉,一般说来是通过某种方式获自其内容中的词或意象的意义的。然而,有某些必须牢记心头的复杂性。首先,可以认为,记忆-意象

只是通过记忆-信念才获得意义的，而这会使得——至少就记忆来说——信念比意象的意义更基本。其次，单一的意义产生了双重的即真的和假的对象体指涉，此乃一件很不平常的事情。任何信念理论，如果要令人满意的话，都必须解释这个事实。

现在，应该离开这些预备性的必要的东西，并试图分析信念的内容了。

在所相信的东西即信念的内容问题上，要注意的第一件事情是：它总是复杂的。我们相信某个事物拥有某种属性，或者同别的某种事物拥有某种关系，或者曾出现过或者将会出现（在第九讲的末尾所讨论的那种意义上）；我们可以相信某个类的所有分子都拥 236
有某种属性，或者某种属性有时出现在一个类的分子中间；我们可以相信，假如一件事情发生了，那么另外一件事情也将发生（例如“假如下雨，我将带雨伞”）；我们可以相信某件事情没有发生，未曾发生或者不会发生（例如“不会下雨”），或者两件事情中的其中一件一定会发生（例如“要么你撤回你的指控，要么我将提出诽谤诉讼”）。我们所能相信的这些种类的事物的目录是无限的，但它们全都是复杂的。

语言有时隐藏了信念的复杂性。我们说一个人相信上帝，而且上帝好像构成了这个信念的全部内容。但是，真正所信的东西是上帝存在，而它远非是简单的。类似地，当一个人拥有一种带有记忆-信念的记忆-意象时，这种信念就是第九讲所解释过的那种意义上的“这出现过”，而“这出现过”并非是简单的。同样地，我们经过检查将会发现，在信念的内容乍看上去似乎简单的各种场合，我们都能证实内容总是复杂的这种观点。

信念的内容不仅包含多种成分，而且包含成分之间的明确的关系；如果只提供其成分，它就是不明确的。例如，“柏拉图早于亚里士多德”和“亚里士多德早于柏拉图”都是可以相信的内容；但是，尽管它们都是由完全相同的成分组成的，它们是不同的东西，并且甚至是不相容的。

一种信念的内容可以只由词组成，或者只由意象组成，或者由二者的一种混合体组成，或者由二者或二者之一加上一种或多种
237 感觉组成。它至少必须包含一种成分，即语词或意象，而且它可以包含、也可以不包含一种或多种感觉作为成分。一些例子将使这各种各样的可能性变得明显。

我们可以要么先以“这是某某类型的”这种形式的认识为例，要么先以“这以前出现过”这种形式的认识为例。在每一种情况下，当前的感觉都是一种成分。例如，你听到一种声音，并自言自语地说“电车”。这里，声音以及“电车”这个词都是你的信念的成分；这两者之间还有一种关系，它是由“那是电车”这个命题中的“是”来表达的。一旦你的认识行为通过“电车”这个词的说出而得以完成时，你的行为就受到了影响：假如你要赶电车，你将会加快脚步，而假如你要赶公共汽车，你将不再急着往前赶。在这种情况下，你的信念的内容是通过某种可称为断言的方式联系在一起的一种感觉（声音）和一个词（“电车”）。

同一种声音也可以把电车的视觉意象而非“电车”一词带入你的心灵。在这种情况下，你的信念是由适当地关联起来的一种感觉和一种意象组成的。这类信念就是所谓的“知觉判断”。就像我们在第八讲中所看到的那样，与一种感觉相联系的意象时常自发

而又有力地出现，以至于思想简单的人并不把它们从感觉中区分出来；只有心理学家和熟练的观察者才觉察到，有一种很大的记忆成分被补充到了感觉中，并以此来形成知觉。也许有人反对说，补充进来的东西仅仅是由不带信念的意象所组成的。无疑，情况有时是这样的；但确实有时也不是这样的。我们没有必要认为信念总是出现在知觉而非感觉中；就我们的目的而言，注意到以下这点就足够了：信念有时出现，并且当它出现时，它的内容是由适当地 238
关联起来的一种感觉和一种意象组成的。

在一种纯粹的记忆-信念中，只有意象出现。但是，词与意象的混合物在记忆中是非常普遍的。你有一种过去事件的意象，并且你对自己说："是的，它以前就是这样的。"这里，意象和词共同构成了这个信念的内容。而且，当对一个事件的回忆成为一种习惯时，它可以是纯粹文字性的，并且记忆-信念可以由词单独组成。

信念的更复杂的形式往往只由词组成。时常会有各种类型的意象伴随着它们，但它们往往是不相干的，而且并未形成实际所信的东西的一部分。例如，在想到太阳系时，你很可能拥有关于你所见过的下列事物之图象的模糊意象：云层环绕着的地球，土星及其光环，日蚀期间的太阳，以及诸如此类的东西；但在这些意象中，没有一种构成了行星在椭圆形轨道上绕日旋转这种信念的一部分。通常，唯一构成此类信念之一个实际部分的意象，是语词的意象。而且，由于我们在第八讲中所考虑过的那些理由，当语词的意象是说出语词所产生的动觉意象（即使不是通常如此，那也时常如此）时，它们不可能在任何确定的程度上同感觉区分开来。

一个信念不可能单独由感觉组成，除非就像在关于词的情形中那样，这些感觉同其他事物之间拥有某些使自己成为有意义的符号的联系。原因在于，对象体指涉对于信念来说是不可或缺的，而且它又是来自意义的。当我提到一种部分地由感觉、部分地由
239 词所组成的信念时，我并不想否认这些词（当它们不是单纯的意象时）是感觉的东西，而是想说它们是作为符号出现的，而非（打个比方）以其本身的资格出现的。回到电车的声音这个问题上来，当你听到这种声音并说“电车”时，这种声音和这个词都是感觉（假如你实际上说出了这个词），但是此种声音是使你的信念为真的这个事实的一部分，而这个词则不是这个事实的一部分。正是“电车”这个词的意义而非实际的词，形成了作为你的信念的对象体的这个事实的一部分。因而，这个词作为一个符号并凭借其意义出现在这个信念中，而声音则不仅形成了信念的一部分，而且形成了该信念之对象体的一部分。正是这一点，把作为符号的词的出现从凭其本身的资格而来的感觉的出现区分开来了：对象体包含凭其本身的资格而出现的感觉，但只包含作为符号而出现的词的意义。

为简单起见，我们可以不考虑凭其本身资格而来的感觉形成了信念内容之一部分的那些情况，并把我们自己限定于意象和语词上。我们也可以忽略意象和词二者都出现在一个信念的内容中的情况。因而，我们就限定于两种情况：(a)内容全由意象组成；(b)内容全由词组成。意象和词的混合的情况并不特别重要，忽略这种情况不会有任何坏处。

让我们以记忆的情况为例来加以说明。假设你正想到了某个熟悉的房间。你可能唤起了它的一种意象，并且在你的意象中窗户可能是在门的左边。在丝毫没有出现语词的情况下，你可能相

信你的意象是正确的。那么,你就有了一种信念,它全是由意象组成的,并且如果转换为文字,它就变成了“窗户在门的左边”。你自 240
己可以使用这些词,并继续相信它们。因而,你就从一种意象-内容过渡到了相应的语词-内容。在这两种情况下内容是不同的,但其对象体指涉则是相同的。这显示了在一种非常简单的情形下意象-信念与语词-信念所存在的关系。在比较复杂的情形中,这种关系远非简单的。

你可以说,甚至在这种非常简单的情形中,语词-内容的对象体指涉也不完全相同于意象-内容的对象体指涉;你可以说,意象拥有很多具体特征,当用语词来替换时,这些特征就会丢失;你也可以说,意象中的窗户不只是抽象的窗户,而是有某种形态和尺寸的窗户,不只是在门的左边,而是在左边的一定距离处,如此等等。作为答复,我可以立即承认,这种反对意见通常包含一定的真理成分。但有两点可以提出来,以使其力量减到最小。首先,意象的具体的细节,通常并未丰富到我们不可能用语词来充分表达它们的程度。它们是模糊的和不完全的。数目有限——尽管可能是一个很大的数目——的词就至少可以穷尽它们的有意义的特征。这是因为——此乃我们的第二点——意象通过它们能够拥有意义这个事实而构成信念的内容的一部分,而且它们的意义通常并不像它们那样复杂:它们的某些特征通常是缺乏意义的。因而,用语词提取出一种意象-内容中一切有意义的东西是很有可能的;既然这样,语词-内容和意象-内容就将拥有完全相同的对象体指涉。

一种信念的内容,当用语词表达出来时,与逻辑学中所说的“命题”是同一种东西(或者说,几近相同的东西)。一个命题就是 241

一系列用于表达能被断言或怀疑的那类事物的词(或者,有时是一个单一的词)。“所有人都是有死的”、“哥伦布发现了美洲”、“查理一世死在他的床上”以及“所有哲学家都是聪明的”,都是命题。并非任何一个系列的词都是命题,只有拥有“意义”——或者用我们的术语,“对象体指涉”——的词的系列才是命题。给定了单独的词的意义以及句法规则,一个命题的意义就是确定的。这就是我们能够理解我们以前从未听过的一个句子的原因。你以前大概从未听过“安达曼群岛的居民晚餐习惯吃炖河马”这个命题,但它理解起来并无困难。一个句子的意义与独立的词的意义之间的关系是难以搞清的,而且我现在不会探究它;我只是把它当作对命题性质的解释而提出来的。

我们可以对“命题”这个术语进行扩展,以使其包含由意象组成的信念所具有的意象-内容。因而,就回忆一个其窗户在门的左边的房间而言,当我们相信意象-内容时,命题就是由左边的窗户的意象与右边的门的意象共同组成的。我们将把这类命题当作“意象-命题”,而把用语词表达的命题当作“语词-命题”。我们可以一般地把命题等同于实际的及可能的信念的内容,而且我们可以说,正是命题才是真的或假的。在逻辑学中,我们所关心的是命
242 题而非信念,因为逻辑学并不感兴趣于人们实际所信的东西,而只感兴趣于决定可能的信念为真或为假的条件。每当有可能时,除非实际的信念是成问题的,研究命题通常是一种简便的做法。

意象-命题似乎比语词-命题更基本,而且它很可能先于语言而出现。没有什么理由可以表明,为非常简单的信念感所伴随并且我们将其确定为记忆之本质的记忆-意象不应该先于语言而出

现；确实，肯定性地断言这类记忆并不出现在高等动物中间，那将会是草率的。我们的更基本的信念，特别是那些为了形成知觉而被补充到感觉中的信念，时常停留在意象的层次上。例如，我们周围的绝大多数视觉对象都会唤醒触觉意象：我们在看沙发时的感受和我们看大理石时的感受是不一样的，而这种不同主要在于我们的触觉想象所受到的刺激是不同的。你可以说，触觉的意象只是当前的，而且并无任何伴随的信念；但我认为，这种观点之所以貌似合理地成为一个一般命题，是因为我们仅仅想到了明显的有意识的信念——尽管它有时是正确的。像我们的绝大多数希望一样，我们的绝大多数信念都是“无意识的”，因为我们从未向自己表明过我们拥有它们。当它们所唤醒的期待在某个方面没有实现时，这样的信念就将自身显示了出来。例如，假如某个人把茶（不含牛奶）倒入杯子，而你是在认为它将是啤酒的情况下把它喝了的；或者假如你走在似乎是一种铺有瓷砖的地板上，而结果那是一

种看似瓷砖的软地毯。在这类场合所表现出的惊愕，就使我们觉 243
察到了这些惯常作为我们的知觉之一部分的期待；这样的期待必须归入信念，尽管我们通常并没有注意到它们或把它们转化为语词。我记得有一次看到一只雄鸽反复冲向镜子的边缘，试图去报复一只特别可憎的鸟，因为它根据自己在镜子里的所见作出判断，以期在那里发现那只鸟。他一定每次都因为什么也未发现而经历了这种惊讶，而这一点容易导致人们适时接受巴克莱的感官对象只在心灵中的理论。我认为，它的期待尽管未用语词表达出来，但仍应该称为一种信念。

我现在讨论什么构成了相信这个问题，它与所信的内容形成

了对照。

首先，对同一种内容可以采取各种不同的态度。为论证起见，让我们设想你拥有你的早餐饭菜的一种视觉意象。当你早晨穿衣时，你可能会期待它；在你上班的过程中，你可能会记起它；当有人对你的想象力表示怀疑时，你可能拿不准它是否正确；当你入睡时，你可能只是拥有这种意象，而没有把它同任何外在的事物联系起来；假如你饿了，你可能想要它，或者假如你病了，你可能反感它。为明确起见，假设这种内容是“早餐吃鸡蛋”。于是，你拥有下列态度：“我期待早餐将会吃鸡蛋”，“我记得早餐吃鸡蛋了”，“早餐吃鸡蛋了吗？”“早餐吃鸡蛋：嗯，这有什么关系呢？”“我希望早餐吃
244 鸡蛋”，“我恐怕早餐吃鸡蛋了，那一定是糟糕的。”我并不说这是对待这个问题的全部可能态度的一个清单；我只是说，它们是不同的态度，并且所有态度都涉及一个内容，即“早餐吃鸡蛋”。

这些态度并非都是同样终极的。我们在第三讲中讨论了那些涉及欲望与反感的态度。现在，我们仅仅关心认识性的态度。在谈及记忆时，我们区分了对待同一种内容的三种信念，即记忆、期待以及在信念感中没有时间之确定的单纯同意。在详细阐述这种观点以前，我们必须考察另外两种理论；这两种理论也许可以被认为是与信念有关的，并且与我所希望提倡的理论相比，它们在某些方面与行为主义的观点更一致。

(1)我将要考察的第一种理论认为，信念的差异在于其因果功效。我不想指出是哪一位作者提出了这种理论：我只希望假设性地详细阐述它，以便我们可以判断它能否站得住脚。

我们通过因果功效，也就是通过联想，来定义一种意象或一个

词的意义：我们说，一种意象或一个词通过与其所意指的东西使人产生相同的联想而获得意义。

我们打算通过一种不同的因果功效，即产生自愿的运动这样的功效，来假设性地定义“信念”。（自愿的运动被定义为因涉及更高级的神经中枢而有别于反射的运动的那些生命运动。我不想凭借像“意识”或“意志”这样的概念来区分它们，因为我认为这些概念并非始终在任何可确定的意义上都是合适的。然而，我们正在 245
考察的这种理论的意图将尽可能地是心理学的和行为主义的，并且假如我们采用像“意识”或“意志”这样的概念，这种意图就没有达到。不过，为了我们的目的，有必要发现某种区分自愿的运动与反射的运动的方法，因为假如我们说反射的运动也包含信念，结果就会是过分悖理的。）根据这种定义，一种内容，当导致我们做出运动时，据说就被“相信”了。假如你对我说“设想有一只溜出来的老虎正沿街走来”，并且假如你又对我说“有一只溜出来的老虎正沿街走来”，那么这两句话所引起的意象是相同的。但是，我的行为在两种情况下将是非常不同的：在第一种情况下，我将保持镇静，在第二种情况下，我也许不可能保持镇静。我们正在思考的这种理论表明，效果上的差异构成了下述说法所意指的东西：在第二种情况下，我相信所暗示的这个命题，而在第一种情况下，我不相信该命题。根据这种观点，意象和词，当导致身体的运动时，就被人“相信”了。

我认为这种理论是不充分的，但我认为它提示着真理之所在，而且不像乍看上去那样容易反驳。

也许可以对该理论提出这样的反对意见，即我们所确实相信的许多事情并不要求做出一些身体运动。我相信大不列颠是一个岛屿，鲸是哺乳动物，查理一世是被处死的，如此等等；而且乍一看，这样的信念通常似乎显然不要求我做出某种行为。但是，当我们更仔细地研究这个问题时，事情就变得比较可疑了。首先，我们
246 必须把作为单纯的倾向的信念从实际的主动的信念中区分出来。我们说起来似乎总是相信查理一世是被处死的，但那只意味着，当这个问题出现时，我们总是乐意相信它。我们所要分析的现象是主动的信念，而非永久的倾向。那么，我们在什么时候会主动相信查理一世是被处死的呢？主要是：考察的时候，那时我们会实施记录它的身体运动；谈话的时候，那时我们会为了展示历史的博学而断言它；政治演讲的时候，那时我们会忙于表明苏维埃政府导致了什么。在所有这些情况下，身体的运动（写或说）都是从我们的信念中产生的。

但是，依然存在只出现在"思考"中的信念。一个人可以开始回忆他所一直在阅读的某个历史片断，并且他所回忆的东西是被相信了的，尽管它可能并不引起任何一种身体运动。确实，我们所信的东西总是可以影响行为。假设人们请求我做格鲁吉亚国王：我发现前景诱人，于是赶往库克旅行社，准备买一张三等车票，以便到我的新王国去。在最后一刻，我记起了查理一世以及所有其他的君王都落得个糟糕的结局；因此，我改变了想法，并走了出来，而没有完成交易。但这样的事件是罕见的，并且不能构成查理一世被处死这种信念的全部。结论似乎是，一种信念，尽管在与实际问题相关时总是可以影响行为，但时常主动（而非作为一种单纯的倾向）存在，而又并不产生任何自愿的运动。假如真是这样，我们就不能根据对自愿的运动所产生的效果来定义信念。

还有另外一种更理论化的拒绝我们正在考察的这种观点的理 247
由。显然，一个命题可以被相信或单纯地被考虑，并且在两种情况下内容都是一样的。我们能够期待早餐吃鸡蛋，或者仅仅持有早餐可能吃鸡蛋的假设。刚才，我考虑过被邀请担任格鲁吉亚国王的可能性，但我认为不会发生这样的情况。现在，似乎清楚的是，由于相信与考虑两种行为拥有不同效果（假如一种产生身体的运动而另一种不产生），它们之间一定存在某种内在的差别；[①]因为，假如它们是精确相似的，它们的效果也会是精确相似的。我们已看到，相信一个命题和仅仅考虑该命题之间所存在的差别并不在于内容；因此，在其中的一种或两种情况下，一定有某种另外的东西添加到内容中去了，这种东西把信念的出现从对同一种内容的单纯考虑中区分开来了。就理论的论证而言，这种额外的成分可以仅仅存在于信念中，或者仅仅存在于考虑中，或者在信念的情形中可能有一类成分，而在考虑的情形中可能有另一类成分。这把我们带到了我们不得不考察的第二种观点。

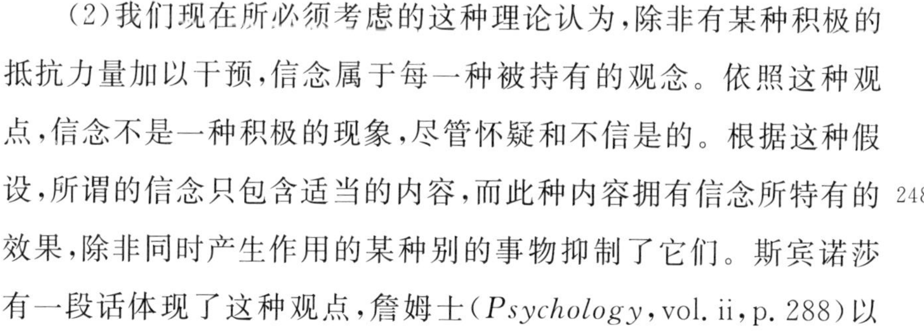

（2）我们现在所必须考虑的这种理论认为，除非有某种积极的抵抗力量加以干预，信念属于每一种被持有的观念。依照这种观点，信念不是一种积极的现象，尽管怀疑和不信是的。根据这种假
设，所谓的信念只包含适当的内容，而此种内容拥有信念所特有的 248
效果，除非同时产生作用的某种别的事物抑制了它们。斯宾诺莎有一段话体现了这种观点，詹姆士（*Psychology*，vol. ii，p. 288）以

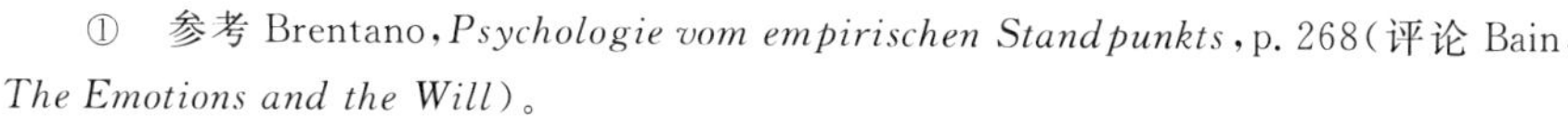

① 参考 Brentano，*Psychologie vom empirischen Standpunkts*，p. 268（评论 Bain，*The Emotions and the Will*）。

赞同的口吻(尽管不准确)引用了这段话:

“让我们设想一个男孩正在想象一匹马,而没有注意任何其他事物。由于这种想象包含了马的存在,*而且这个男孩又没有取消其存在的知觉*(詹姆士将这句话改成了斜体),他必然认为这匹马就在当前,而且不管他多么不能确定其存在,他也不能怀疑其存在。我否认一个人在想象[percipit]时什么也不会肯定。这是因为,想象一匹有翅膀的马,除了肯定马[即那匹马]是有翅膀的以外,还能是什么呢?这是因为,假如心灵中只有带翅膀的马而无别的东西,那么心灵会认为这种东西就在当前,而且没有理由怀疑其存在,也没有任何力量否认其存在,除非对这匹带翅膀的马的想象被结合到一种能否定[tollit]其存在的观念中”(《伦理学》第二卷,命题 49,附释)。

詹姆士完全同意这种学说,而且还用斜体字补充了一句:

“任何未遭否定的对象,据事实本身就是被相信的,并被认为是一种绝对的实在。”

假如这种观点是正确的,那么就可以断定说(尽管詹姆士没有作出这样的推断),不需要任何被称作“信念”的特殊感受,单纯的意象之存在就会产生一切所需要的东西。如果在一种心灵状态中,我们只是考虑而并未相信或不相信一个命题,那么这种状态就将表现为一种复杂的产物,即某种竞争性力量的结果;所说的这种
249 竞争力量把一种积极的可称为悬疑或无信念(non-belief)的感受——这可比作一个即将准备赛跑并在等待起跑信号的人所具有的那种感受——补充到了意象-命题中。那个准备赛跑的人虽尚未做出运动,但其状况非常不同于静心休息的人所处的状况。因

此，正在考虑而并未相信一个命题的人同样处于一种紧张的状态，并正在抑制那种按照这个命题去行动的自然的倾向——如果没有什么东西加以妨碍，此种倾向就会展示出来。按照这种观点，信念基本上只在于没有遇到任何抵消力量的适当意象之存在。

有大量的赞同这种观点的话可说，并且对于是否应将其视作不充分的，我有点举棋不定。它令人赞叹地解释了做梦现象和幻觉意象，并且因为同精神的发展相吻合而为人所接受。对判断的怀疑、悬疑和不相信似乎全都迟于完全的非反思的同意，并且也比后者更复杂。按照这种观点，作为一种积极现象的信念，假如存在的话，可以视作一种怀疑的产物，一种辩论之后的决断，一种不仅对这个而且对这个而非那个的接受。不难设想一条狗拥有其不在场的主人的意象或者其梦想去逐猎的兔子的意象(可能是嗅觉的)，但很难设想他能拥有未获同意的单纯的想象-意象。

我认为必须承认，在不补充某种能被称为“信念”的积极感受的情况下，一种单纯的意象容易拥有某种能动的力量，并且在这种意义上，一种未经辩论的意象拥有一种信念的力量。但是，尽管情况可以是这样的，它只对信念领域中一些最简单的现象有价值。
它解释不了(比如说)记忆。它也不能解释并不产生任何直接行为 250
的信念，比如关于数学的信念。因此，我断定，一定存在与怀疑感或不相信感处于同一等级的信念感，尽管有些非常类似于信念感的现象能够由单纯的未被否定的意象所产生。

(3)现在来讨论我所希望提倡的信念观。依我看，至少有三种信念，即记忆、期待以及单纯的同意。我认为，这三种信念中的每一种都是由附属在所信的内容上的某种感受或复合的感觉所构成的。我们可以通过一个例子来说明。设想我正在通过意象而非语词来相信天将要下雨。我们有两种相互关联的成分，即内容与期待。内容是由(比如说)雨的视觉现象的意象、潮湿的感受及雨滴的嗒嗒声组成的，并且这些东西大致是按某种方式相互关联起来的，而所说的这种方式就是天在下雨时把那些相关的感觉关联在一起的方式。因而，内容是由意象所构成的复杂的事实。完全同样的内容也可以进入“当时正在下雨”(it was raining)这样的记忆或“有雨”(rain occurs)这样的单纯同意。这些例子相互之间以及它们与期待的不同之处，不在于内容。这种不同在于信念感的性质。就本人而言，我并不声称有能力分析那些分别构成记忆、期待和同意的感觉；但我不准备说它们不能加以分析。在(例如)析取和蕴涵中可能有另外一些信念感，而在不相信感中可能也会有。

单有内容和信念感的共存还不够：二者之间尚需一种特殊的关系，这就是由内容是所信的东西这种说法所表达的那类关系。
251 假如这一点不是显而易见的，那么可以通过论证使其变得明白。假如单有内容和信念感的共存就足够了，那么每当我们正在拥有(比如说)一种记忆感时，我们同时就应该是在回忆任何进入我们心灵的命题。但是情况并不是这样的，因为我们可以同时回忆一个命题，并仅仅考虑另一个命题。

就对一个并非用语词来表达的命题的单纯同意而言，我们可以将我们的分析总结如下：(a)我们拥有一个由相互关联的意象并且可能部分地由感觉所组成的命题；(b)我们拥有一种同意感，这种同意感大概是一种需要加以分析的复合感觉；(c)我们拥有一种实际存在于同意与命题之间的关系，此种关系被该命题就是所同意的东西这种说法表达出来了。对于其他形式的信念感或内容，我们只需在这种分析中作出必要的替换即可。

假如我们的信念分析是正确的，那么对表达信念的语词的使用就是容易使人误解的。不存在一种用语词来区分对关于过去事物之命题的回忆和同意的方式："我吃过早餐"和"恺撒征服过高卢"拥有同一种语词形式，尽管（假设我记得早餐）它们表达了心理上非常不同的事件。在一种情况下，所发生的事情是我记得"吃过早餐"这种内容；在另一种情况下，我同意"恺撒对高卢的征服出现过"这种内容。在后一种而非前一种情况下，过去性（pastness）是所相信的内容的一部分。完全相似的说法，也适用于诸如我们在等待闪电之后的雷声时所拥有的期待和诸如我们在一切关于什么 252
将会出现的推论知识的情形中所拥有的对关于未来的命题的同意之间的那种差别。我认为，在用文字来表达信念的时间因素时所存在的这种困难，已成为在考虑时间问题时阻碍哲学发展的原因之一。

除了对诸如记忆和期待这样的信念感进行了种类的区分外，我所提倡的这种信念观几乎不包含什么新的东西。因而，詹姆士说："每一个人都知道想象一个事物与知道其存在之间的差别，即设想一个命题和默认它是真的之间的差别……*在其内在性质方面，信念或者说实在感同情感之间，比同任何其他事物之间拥有更多的联系*"（詹姆士对这句话使用了斜体。*Psychology*, vol. ii, p. 283）。他接着指出，醉酒，甚至氧化亚氮中毒，将会增强信念感：他说，在后一种情况下，人的心灵可以具有一种狂热的信念，而且他始终不能完全说出他所确信的是什么。在这样的情况下，信念感

似乎孤立地存在着，与所信的内容之间没有通常的那种关系，而这正像熟悉感有时可以在不和任何明确的熟悉对象相关联的情况下出现一样。当以这种孤立的、增强了的形式出现时，信念感通常导致我们去寻找与其有联系的内容。许多冒充神示或神秘洞察的东西可能都是通过这种方式出现的：信念感以其异常的力量，将自身或多或少偶然地与我们在适当的时刻碰巧想到的某种内容联系在一起。但这仅仅是一种推测，我对此不想过多地强调。

第十三讲　真与假 253

我们今天的话题是真与假的定义，它完全处于我们的总题目即心的分析的范围以外。从心理学的立场看，可能有不同类型的信念以及不同程度的确定性，但不可能有某种区分真信念与假信念的纯粹心理学的方法。一个信念是通过与一个事实的关系而成为真或假的，而那个事实则处于持有该信念的那个人的经验之外。除了在关于涉及我们自己心灵的信念的情形中以外，真和假依赖于精神事件同外部事物的关系，并且因而把我们带到了对精神事件本身的分析之外。不过，我们几乎不能避免考虑真与假。我们希望相信，我们的信念至少有时会产生知识，并且一种信念仅当是真的时才会产生知识。问题在于，我们的心灵是否是知识的工具，并且假如是的，那么在什么意义上，这个问题是如此重要，以至于对人们提出的任何心灵分析的考察都必须结合它来进行。忽略了这个问题，就类似于描述一种记时仪却又不考虑其作为钟表的准确性，或者类似于描述一种温度计却又不提及它是用来测量温度的这一事实。

许多困难的问题都是与知识相联系而出现的。对知识进行定 254
义是困难的；确定我们是否拥有知识是困难的；即使承认我们有时拥有知识，发现我们是否总能知道我们在这种或那种特殊情形中

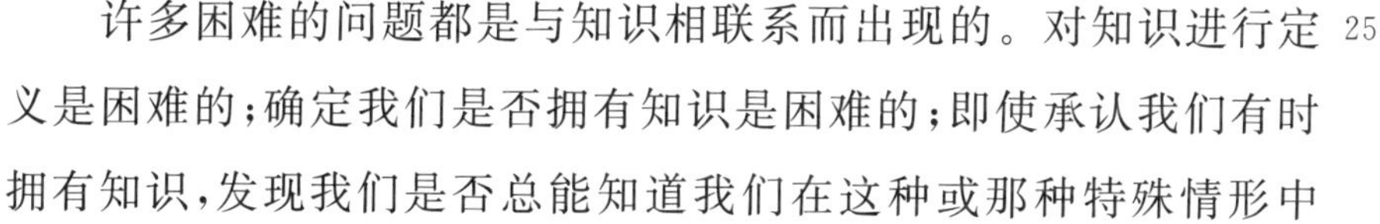

拥有知识也是困难的。我将把这种讨论分为四个部分：

I. 从行为主义的立场看，我们可以认为知识展现在对环境所作的某种类型的反应中。这种反应必须拥有某种与科学仪器的反应所共有的特征，但也必须拥有为知识所独有的另外一些特征。我们将会发现，这种观点是重要的，但并未穷尽知识的性质。

II. 我们可以认为，构成知识的信念，或者因为单个信念的固有属性，或者因为信念体系的固有属性，而区别于错误的或不确定的信念；而且在这两种情况下，我们都无须参照外部事实就可以发现它们。这种类型的观点广泛地为哲学家们所持有，但我们将发现没有理由接受它们。

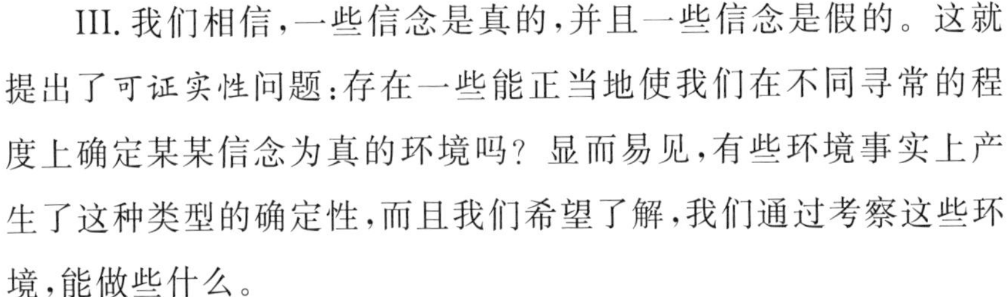

III. 我们相信，一些信念是真的，并且一些信念是假的。这就提出了可证实性问题：存在一些能正当地使我们在不同寻常的程度上确定某某信念为真的环境吗？显而易见，有些环境事实上产生了这种类型的确定性，而且我们希望了解，我们通过考察这些环境，能做些什么。

IV. 最后，还有定义真与假以及从一个命题的成分语词中获得其对象体指涉这种形式上的问题。

我们将依次考虑这四个问题。

255 I. 我们可以把一个人看作一种仪器，这种仪器会对不同的刺激作出不同的反应。假如我们从外部观察这些反应，那么当它们表现出两种特征即*准确*与*适当*时，我们将认为它们显示了知识。这两种特征是相当分明的，有时甚至是不相容的。假如我被一只老虎追赶，那么准确就在于回头看着它，而适当就在于跑开并且不再企图对这头野兽作进一步的了解。我将在后面回到适当问题上来，而现在准确才是我所希望考虑的。

当我们正在从外部看一个人时，并非他的信念而是他的身体运动才是我们所能观察的。他的知识必须从他的身体的运动，尤其从他所说和所写的东西中推断出来。目前，我们可忽略信念，并认为一个人的知识实际上就在于他所说和所做的。也就是说，我们将尽可能为真与假构造一种行为主义的解释。

假如你问一个男孩“二的两倍是多少”，并且这个男孩回答说“四”，那么你可以认为，这明显地证明了这个男孩知道二的两倍是多少。但是，假如继续问三的两倍是多少，四的两倍是多少，五的两倍是多少，如此等等，并且这个男孩总是回答说“四”，那么到头来你会断定这个孩子根本不知道二的两倍是多少。完全相似的论述也适用于科学仪器。我知道某种风信鸡，它有一种悲观的习惯，即总是指向东北。假如你在寒冷的三月的某一天第一次看到它，你会认为它是一只性能优良的风信鸡；但伴随第一个温暖的春日的到来，你的自信就会动摇。男孩和风信鸡都具有同样的缺点：当 256
环境变化时他们却不改变自己的反应。一种良好的仪器或一个知识丰富的人，将会对在相关方面有所不同的刺激作出不同的反应。这是在定义反应的准确时第一个关键之处。

我们现在将假定有另一个男孩：当你第一次问他时，他也断言二的两倍是四。但对于这个男孩，你不再问他不同的问题，而是养成了一种习惯即在每天吃早餐时问他同一个问题。你发现他回答说五，或者六，或者七，或者任意一个其他数目，于是你断定他也不知道二的两倍是多少，尽管他第一次由于运气好而答对了。这个男孩也像一只风信鸡，但这只风信鸡不再被牢牢地固定住了，而是

始终在团团转，并且是在风向没有发生任何变化的情况下而转动的。这个男孩和风信鸡的缺点和先前那一对的缺点是相反的：它们对未在任何相关方面发生改变的刺激作出了不同的反应。

我们已经有机会结合记忆的模糊性考虑了准确的定义。忽略我们先前讨论中的某些细节问题，我们可以说，一种仪器是准确的，当它避免了这两个男孩和两个风信鸡的缺点时，也就是说，当——

(a)它对在某些相关方面不同的刺激作出不同的反应时；

(b)它对在某些相关方面并无差异的刺激作出相同的反应时。

这个问题，即何谓相关方面，取决于仪器的性质和用途。就风信鸡
257 而言，风的方向是相关的，而风的力度是不相关的；就男孩而言，你的问题中的词的意义是相关的，而你的声音的大小或者你是他的父亲还是校长是不相关的。然而，假如你是一个与他同龄的男孩，那就会是相关的，并且适当的反应也会有所不同。

显然，知识是通过对某些类型的刺激——例如考试——作出准确的反应而得到展现的。反过来，我们能说它全是由反应所具备的这样的准确性所构成的吗？我认为，我们不能这样说；但是我们能够沿着这个方向再往前走一段距离。为此，我们必须更小心地定义可以期待着在有知识的地方去发现的这种准确和这种反应。

从我们当前的观点看，从知识中排除知觉是困难的；无论如何，知识是通过以知觉为基础的行为而得到展现的。一只飞行于树丛中的鸟避免撞到树枝，而这种避免就是对视感觉的一种反应。

这种反应大体上是准确的，并使得我们说这只鸟通过视觉而“知道”其周围有什么样的对象。对于一个行为主义者来说，这确实必须算作知识，不管分析心理学如何看待它。既然这样，所知的东西大体上就是刺激；但在更高级的知识中，刺激和所知的东西是不同的。例如，你查看日历，并发现下一年复活节来得早。这里的刺激就是日历，而反应则涉及未来。甚至这一点也类似于仪器：晴雨表的行为拥有一种当前的刺激，但却预报未来，以至于在某种意义上 258
可以说晴雨表知道未来。不管情况怎样，我在知识问题上所要强调的，就在于所知的东西可以极不相同于刺激，而且不是知识-反应的原因的一部分。只是在感官-知识中，刺激和被知的东西才可以有条件地等同。在关于未来的知识中，它们显然是完全有别的，因为要不然反应就会出现在刺激之前。在抽象的知识中，它们也是有别的，因为抽象的事实没有日期。关于过去的知识是复杂的，我们对此必须加以简单地考察。

从我们目前的立场来看，每一种记忆形式在某种意义上都是一种延迟的反应。但是，这种说法并未完全清楚地表达它所意指的东西。假如你点燃一根导火索，并且把它与一堆炸药连接起来，那么在某种意义上，炸药的爆炸可以说成是对你点燃导火索所产生的一种延迟的反应。但那仅仅意味着，它是一个连续过程的稍微靠后的部分，而其比较靠前的部分较少具有使人激动的兴趣。习惯不是这样的。习惯的展现有两种原因：(a)产生习惯的过去事件；(b)使其活动起来的当前事件。当你往脚趾上投下一重物，并说出你所确实说出的话时，习惯已由你对不合意的相关事件的模仿而产生，但却是由你投下重物所激活的。我们的绝大部分知识

都是这种意义上的习惯：每当有人问我是何时出生的时，我单纯通过习惯就作出正确的回答。说出生是刺激而我的回答是一种延迟的反应，几乎是不正确的。但在记忆的情形中，这种说法包含一种
259 真理的成分。在一种习惯性记忆中，被回忆的事件显然是习惯形成之刺激的一个必不可少的部分。把习惯激活起来的当前刺激所产生的反应，不同于习惯不存在时它所产生的反应。因而，习惯构成了反应的起因的一部分，而习惯的原因则隔着一段距离做到了这一点。由此可断定，被记住的事件是我们记忆之原因的一个必不可少的部分。

然而，尽管所知的东西有时是知识的原因的一个不可或缺的部分，但我认为，这种情况不牵涉我们所关心的总问题，即对何种刺激的何种反应可以被视为展现了知识。反应必须拥有这样的一种特征，即它必须是由自愿的运动组成的。对这种特征的需求是与适当这一特征相联系的，但到现在为止我仍不希望考虑后者。目前，我只希望获得一种比较清晰的关于知识-反应所必须拥有的那类准确性的观念。许多例子清楚地表明，在其他情况下，准确可以是纯粹机械性的。准确的最完备形式在于对问题给出正确的答案，或者说在于一种成功，而在这种成功方面，计算机是远超过人的。在向计算机提问时，你必须使用它的语言：你不可以用英语同它说话，正像你不可以用汉语同一个英国人说话一样。但是，假如你使用它所理解的语言同它说话，它将告诉你 34521 乘以 19987 是多少，而且它在告诉你时无需片刻的犹豫，也不会有丝毫的不准
260 确。我们并不说这台机器知道答案，因为它在提供答案时没有其自己的意图：它不希望给你留下聪明的印象，或者不希望让你对它

是这样的好机器而觉得骄傲。但仅就准确性而言，这台机器是完美无缺的。

在回答问题的情形中，反应的准确是一个完全清晰的概念，但在其他情形中它是非常模糊的。我们可以一般地说，一个对象，无论它是有生命的还是无生命的，对环境中的某种特征都是敏感的，假如它依据那种特征的出现或不出现而做出不同行为。因而，铁对任何有磁性的东西都是敏感的。但是敏感性并不构成知识，并且就像我们在从刺激中区分出已知的事实时所见的那样，关于一种无法感觉到的事实的知识并不是对那种事实的敏感。一旦我们超出了简单的问答情形，凭借行为对知识进行定义时就需要考虑意图了。一只信鸽飞回家，于是我们就说它“知道”回家的路。但是假如它只是飞到了任意的某个地方，我们就不应该说它“知道”前往那个地方的路，正如我们不能说一块滚落山下的石头知道通往山谷的路一样。

如果不提及意图，那么从行为主义的观点看，关于把知识从通常的反应之准确中区分开来的这些特征，没有很多的东西可说。但是，下述的考虑可以表明，除了反应的准确之外，还需要某种其他的东西：设想有两个人，凡其中一人所相信的东西，另一个人就都不相信，而凡他所不相信的东西，另一个人就都相信。单纯就反应的准确与敏感而言，这两个人是不相上下的。一个温度计如果
天气转暖就下降，并且天气转冷就上升，那么它也许恰和通常的温 261
度计一样准确；而一个总是抱有假信念的人，恰和一个总是抱有真信念的人一样，也是一台敏感的仪器。他们之间可观察的和实际的差别在于，始终抱有假信念的人会很快落得一个糟糕的结局。

这再一次说明，对刺激的反应的准确并不单独显示知识，而必须由适当性，即对于实现一个人的意图的妥当性来增援。甚至在回答问题这种显然简单的情形中，这一点也是适用的：假如回答的目的在于欺骗，那么这些回答之虚假性而非真实性，就将是知识存在的证据。在知识的定义中，适当性与准确性之结合的比例是难以确定的；情况似乎是这样的：两者都进入了其中，但适当只在通常类型的反应中才是必需的，而在每个个别的例子中则并非如此。

II. 迄今为止，我假定我们无法怀疑这样的观点，即一种信念的真或假在于它同某个事实（即它的对象体）的一种关系。然而，这种观点却时常被人怀疑。哲学家们已经找到一些能够区分真假
262 信念的内在标准。① 我恐怕，他们进行这种寻找的主要理由，是希望在什么是真的及什么是假的这个问题上获得一种确定性——否则似乎就将获得一种可能性。假如我们能够通过考察一个信念的内在特征或者它作为其一部分的某个信念集合的内在特征而发现它是真的，那么我们认为，对真的追求，与其本来所显现的相比，将会是一件不太费力的事情。但是，人们朝着这个方向所作的尝试

① 其观点在任何程度上都来自黑格尔的那些人，一般都认为这样的标准是存在的。下面这段来自 Lossky，*The Intuitive Basis of Knowledge*（Macmillan，1919，p. 268）的文字可以用来阐明这样的看法："严格说来，一个假判断根本不是判断。谓词并不单独来自主词 S，而是来自主词及某个附加物 C，而这个 C 在任何意义上都不属于该判断的内容。所发生的事情可能是一个观念的联想过程、一个想象的过程或类似的东西，但不是一个判断的过程。通过仔细观察，一个有经验的心理学家将能发现，这个判断的过程恰恰需要那种特别的成分即谓词对主词的客观的依赖，而此种依赖是判断的特征。然而，必须承认，为了通过内省把单纯的观念结合从判断中区分出来，我们需要一种特别的观察力。"

并不是令人鼓舞的。我将以人们所提出过的两个标准为例:(1)自明,(2)相互融贯。假如我们能够表明这两个标准是不充分的,我们就完全可以肯定,迄今为止人们所提出的任何内在标准都不足以把真信念从假信念中区分出来。

(1)自明。我们的一些信念似乎是特别不可怀疑的。人们可以引证如下的信念:二加二等于四,两种事物不可能同时出现在同一个地方,一个事物也不可能出现在两个地方,或者我们正在看到的一朵具体的金凤花是黄色的。我们将要考察的这种建议是,这样的信念拥有某种可识别的性质,而此种性质保证了它们是真的,也保证了根据自明的推论原则从它们当中演绎出来的任何东西都是真的。例如,迈农在其《我们知识的经验基础》一书中就提出了这种理论。

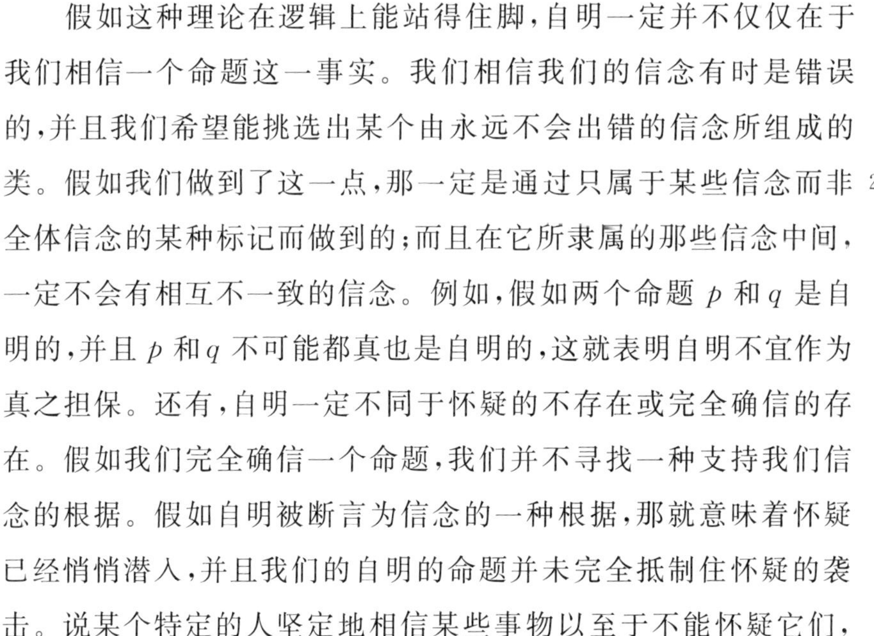

假如这种理论在逻辑上能站得住脚,自明一定并不仅仅在于我们相信一个命题这一事实。我们相信我们的信念有时是错误的,并且我们希望能挑选出某个由永远不会出错的信念所组成的类。假如我们做到了这一点,那一定是通过只属于某些信念而非 263
全体信念的某种标记而做到的;而且在它所隶属的那些信念中间,一定不会有相互不一致的信念。例如,假如两个命题 p 和 q 是自明的,并且 p 和 q 不可能都真也是自明的,这就表明自明不宜作为真之担保。还有,自明一定不同于怀疑的不存在或完全确信的存在。假如我们完全确信一个命题,我们并不寻找一种支持我们信念的根据。假如自明被断言为信念的一种根据,那就意味着怀疑已经悄悄潜入,并且我们的自明的命题并未完全抵制住怀疑的袭击。说某个特定的人坚定地相信某些事物以至于不能怀疑它们,

这毫无疑问是真的。他将愿意把这样的信念用作推理的前提，并且对他本人来说，它们似乎拥有任何信念都需要的那样多的证据。但是，在一个人发现无可怀疑的那些命题中间，另一个人将会发现对其中的一些加以怀疑是完全可能的。地球的另一面[1]不可能有人这一点以前似乎是自明的，因为如果有的话，他们就会掉下去，或者就算往最好处着想，他们也会因为倒立而感到头晕。但是新西兰人发现，这个命题之虚假性是自明的。因而，假如自明是真的担保，那么当我们的先人认为自己关于澳大利亚和新西兰人的信念是自明的时，他们就是错误的。迈农通过下述的说法来对付这种困难：一些信念被错误地认为是自明的，但就另外一些信念来说，它们是自明的这一点是自明的，并且这些是完全可靠的。然而，甚至连这种说法也不能消除实际的出错的危险，因为我们可能
264 错误地相信某个信念是自明的这一点是自明的。为了消除所有出错的危险，我们将需要一个无穷无尽且愈益复杂的自明信念之系列，而事实上这样的系列是不可能实现的。因此，自明作为真之保证的一种实际标准，似乎是无用的。

通过考察一些例子，我们可以得出同样的结论。假如我们举这次讨论开始时所提及的四个例子，那么我们将发现其中的三个是逻辑的，而第四个是一个知觉判断。二加二等于四这个命题纯粹是从一些定义中逻辑地演绎出来的：它意味着，它的真不是来自对象的属性，而是来自符号的意义。现在，在数学中，符号意味着

[1] 这里指澳大利亚和新西兰，这两个国家和英国在地球上的位置正好相对。——译者注

我们所选择的东西；因而，在这样的情况下，自明感似乎可以通过整个事情都处于我们的掌控之中这一事实来解释。我不想断言这就是关于数学命题的全体真理，因为这个问题是复杂的，而且我不知道全体真理是什么。但我确实希望暗示数学命题中的自明感与下述事实有关：它们所涉及的是符号的意义，而非外部观察可以揭示的世界的属性。

类似的考虑也适用于这样的情况，即一个事物不可能同时出现在两个地方，或者两个事物不可能同时出现在一个地方。假如我没有弄错的话，这些不可能性逻辑地来自关于一个事物及一个地点的定义。这就是说，它们并不是物理学定律，而只是我们为了利用物理学而制造出来的知识装置的一部分。假如情况是这样的话，它们的自明只在于这个事实，即它们代表着我们在词的用法而 265
非物理对象的属性问题上所作出的决定。

诸如“这朵金凤花是黄色的”这样的知觉判断，就其所处的地位来看，完全不同于逻辑判断，而且它们的自明必须拥有一种不同的解释。为了抓住这样的判断的本质，我们将尽可能不使用“金凤花”及“黄色的”这些词，因为它们把我们带离了当前的事实。构成一朵金凤花是黄色的这种知觉之基础的最简单的判断，似乎是关于同时看到的两种颜色之相似性的知觉。设想我们看到了两朵金凤花，并且我们感知到它们的颜色是相似的。这种相似是一个物理的事实，而非一个符号或语词问题；并且在许多判断都在某个方面是不可怀疑的这种意义上，它似乎也确实是不可怀疑的。

关于这样的判断，要观察的第一件事情是，就实际情况而言，它们是模糊的。“相似的”这个词是模糊的，因为有诸多程度的相似性，并且没有人能说出相似性在什么地方结束，又在什么地方开始。我们的两朵金凤花不太可能拥有完全相同的颜色，并且假如我们断定它们拥有，那么我们就完全走出了自明的地带。为了使我们的命题更精确，让我们设想我们同时也看见了一朵红玫瑰。于是，我们可以断定，两朵金凤花相互之间在颜色上要比它们与红玫瑰之间更相似。这个判断似乎是比较复杂的，但确实增加了精确性。然而，甚至现在，它们也没有达到完全的精确，因为相似性并不是明显地可测量的，而且若要确定我们用或多或少的相似性
266 意指什么，我们需要进行很多讨论。追求精确的过程，严格说来是没有限度的。

要观察的第二件事情（尽管我个人并不怀疑我们的绝大多数知觉判断都是真的）是，要定义我们通过其内在性质就能知道其永远不会出错的任何由这样的知觉判断所组成的类，是非常困难的。我们的绝大多数知觉判断都包含一些相互关系，这就像当我们判断某种声音来自一辆路过的马车时的情况那样。这样的判断显然全都是容易出错的，因为不存在我们有权肯定其不会改变的某种相互关系。其他的知觉判断来源于认识，这就像当我们说“这是一朵金凤花”，甚或只说“这是黄色的”时的情况那样。所有这样的判断都包含某种错误的危险，尽管有时可能是一种非常小的错误；有些花看起来像金凤花，但却是万寿菊，而且有些人所称的黄色，别人也许称为橙色。我们的主观的确定性通常是一种习惯的结果，并且当我们处于我们未觉察到其某些方面是不同寻常的环境中时，它可以使我们误入歧途。

由于这样的一些原因，任何形式的自明似乎都不能提供一种

绝对的真之标准。不过，相比于其他的判断，拥有高度的主观确定性的判断也许确实更容易成为真的。但是，假如情况是这样的，它就是一种将要被证明的结论，而非一个在定义真和假时由之出发的前提。因而，作为一种初始的担保，无论自明，还是主观的确定性，都不能作为充分的东西接受下来。

（2）*融贯*。作为真的定义的融贯，得到了唯心论者的拥护，尤其得到了基本上是追随黑格尔的那些人的拥护。约阿希姆（Joachim）先生的《真的性质》（*The Nature of Truth*，Oxford，1906）一书出 267
色地阐述了这种理论。根据这种观点，任何一个不同于全体真理的命题的集合，都可以依据纯粹逻辑的理由被宣布为内在地不一致的；一个单个的命题，如果就是我们通常所谓的假命题，那么就无可补救地否定了自身；而假如它是我们通常所谓的真命题，那么它拥有一些蕴涵，这些蕴涵迫使我们承认其他命题，而其他命题反过来又导致另外的其他命题，如此等等，直到我们发现自己达到了全体真理。这可以用一个非常简单的例子来说明：假如我说“某某是一个已婚男子”，那么这并不是一个自立的命题。我们不能逻辑地构想一个该命题在其中构成了全体真理的宇宙。一定还有一个已婚妇女，她嫁给了所说的这个具体的男子。我们正在考虑的这种观点认为，我们关于任何对象所能说的一切东西都是相关的，而相关的方式与“某某是一个已婚男子”的情形是一样的。但是根据这种观点，一切事物不是和一两个其他事物相关联，而是和所有其他事物相关联，以至于全体真理能从一丁点儿的真理中推论出来。

这种观点所遇到的根本的反对意见是逻辑的，并且就在于对

其关系学说的批评。我已在其他地方详细阐述过这种论证步骤，[1]这里将略过它。现在，我将满足于说，在我看来，与这种理论所假定的相比，逻辑的力量似乎小得多。如果对其加以严肃的考虑，那么其拥护者应该承认任何一种真都可以逻辑地从任何其他
268 的真中推论出来，并且(例如)恺撒征服高卢这个事实，若被充分考虑，能使我们发现明日的天气将是什么样的。实际上没有人提出任何这样的主张，而且经验观察的必要性并未被否定；但根据这种理论，它却应该被否认。

另一种反对意见是，没有人极力来表明，我们不能构造一个或部分地或全部地由假命题所组成的前后一致的全体——就像在小说一样。莱布尼茨关于多个可能世界的构想，似乎非常充分地同现代逻辑以及现在普遍流行的实用经验论相融洽。试图通过纯粹的思想来推断世界是富有吸引力的，而且从前人们在很大程度上设想这样的尝试能够成功。但是，现在绝大多数人都承认，信念必须通过观察来检验，而非仅仅通过它们与其他信念相一致这个事实来检验。一个前后一致的童话故事和真不是一码事，不管它可以多么精彩。但是，继续研究这个题目会把我们带入复杂的技术性细节。不再作进一步的论证，我将因此假定，融贯作为真理的定义是不充分的。

III. 许多困难的问题出现在信念的可证实性方面。我们相信各种不同的事物，并且当我们相信它们时，我们认为我们知道它

[1] 见 *Philosophical Essays* (Longmans，1910)中的文章"The Monistic Theory of Truth"。该文重印自 the Proceedings of the Aristotelian Society，1906-1907。

们。但有时结果表明我们是错误的，或者至少我们开始认为我们
错了。我们一定或者错在先前的意见上，或者错在随后的放弃主
张上；因此，我们的信念并不全都是正确的，而且有些信念的情形
并不是知识的情形。可证实性问题本质上这样的：我们能够发现
某组永不错误的信念，或者发现某种在合适的时候总能使我们辨
别真信念与假信念的检验方法吗？以如此笼统而又抽象的方式来 269
提问，答案一定是否定的。迄今为止，尚未有人发现能够全部消除
错误之危险的方法，也没有绝对可靠的标准。假如我们相信我们
已经发现了一个标准，那么这种信念本身一定是错误的；而假如我
们试图通过把这个标准应用于自身来检验这个标准，那么我们就
是在以尚未解决的问题作为论据。

但是，尽管关于绝对标准的概念是一种空想，仍然可以有一些提高真的概率的相对标准。常识和科学认为有这样的相对标准。让我们来看看它们所不得不说的东西。

证实的最简单的情况之一——或许最终是唯一的情况——就在于所期待的某种事物出现了。你去车站，因为你相信某个时间会有火车；你发现了火车，你上了车，并且火车在你所期待的时刻开动了。这种情况就构成了证实，并且是一种完全确定的经验。在某种意义上，它同记忆相反：我们不是先有感觉，然后有由信念所伴随的意象，而是先有由信念所伴随的意象，然后才有感觉。在记忆和期待这两种情形中，除了在时序及所伴随的感受方面有所差异外，意象和感觉的关系都是极其相似的；它是一种在因果功效方面有所差异的相似性关系：总的说来，意象拥有心理的效果，但不拥有感觉所会拥有的物理的效果。当一种由期待-信念所伴随

的意象如此被一种作为该意象之“意义”的感觉所接替时，我们就说期待-信念已被证实了。这种意义上的证实经验是极其常见的；在吃饭、走路、谈话以及我们的所有日常事务中，每当我们习惯了的活动拥有一些并不令人吃惊的结果时，证实就发生了。

270 但是，尽管这种经验是常见的，要对它进行一种理论上的解释并不是特别容易的。我们怎么知道感觉类似于先前的意象呢？意象在感觉出现时会继续存在，以至于我们能对二者进行比较吗？另外，即使某种意象确实继续存在，我们怎么知道它是尚未改变的先前的意象呢？这种探询方法似乎并不提供很多达至成功的希望。我认为，在期待同被期待的事件之间的关系问题上，最好采取一种更外在的并更具因果性的观点。当这个事件出现时，假如它给了我们被期待的感受，并且假如期待事先能使我们以某种证明适宜于这个事件的方式做出行为，那么必须认为这构成了最大限度的证实。我们首先拥有一种期待，然后拥有一种感觉，并且这种感觉拥有被期待的感受，而这感受是与对期待的记忆相联系的。当其出现时，这全部的经验可以被定义为证实，并可以认为构成了期待的真。在期待期间，适当的行为可以视为附带的证实，但它并非必不可少的。这整个过程可以通过查找一段熟悉的引文，并在书的被期待的文字及被期待的部分中发现它而得到阐明。在这种情况下，我们能够通过写下我们所期待去发现的文字来加强这种证实。

我认为，所有的证实最终都是上述这种类型的。通过推断关于未来的结果，并且随后的经验证实这些结果，我们就间接地证实了一种科学假说。假如某人要怀疑恺撒是否越过了卢比孔河，那

么证实只能从未来获得。我们能够继续向历史怀疑论者展示手稿，这些手稿说明恺撒做出过这样的行动。我们能够提出一些可 271
被未来的经验所证实的论证，以便从质地及颜色等方面证明手稿是古物。我们能够发现一些在其他方面与历史学家的记载相吻合并有助于表明他们的记载大体准确的碑刻。我们的论证所假定的因果律，能够通过由这些论证所推论出来的事件在未来的发生而得到证实。确实，因果律的存在及继续存在必须视作一种幸运的偶然的事实，并且我们说不清它会持续多久。与此同时，证实在实际上依然时常是可能的。而且由于它有时是可能的，我们能够逐渐发现哪些类型的信念容易为经验所证实，而哪些类型的信念又容易为经验所证伪；对于前者，我们提升同意它们的程度，而对于后者，我们降低同意它们的程度。这种方法不是绝对的或者说绝对可靠的，但我们已经发现，它能筛选信念并逐步建立科学。它没有对怀疑论者提出任何理论上的反驳。从逻辑上来看，怀疑论的立场一定仍然是攻不破的；但是，假如我们拒斥了完全的怀疑论，那么它就提供了一种实际的方法，而通过这种方法，我们的信念体系就逐渐朝着获得完美无缺的知识这一无法实现的目标发展。

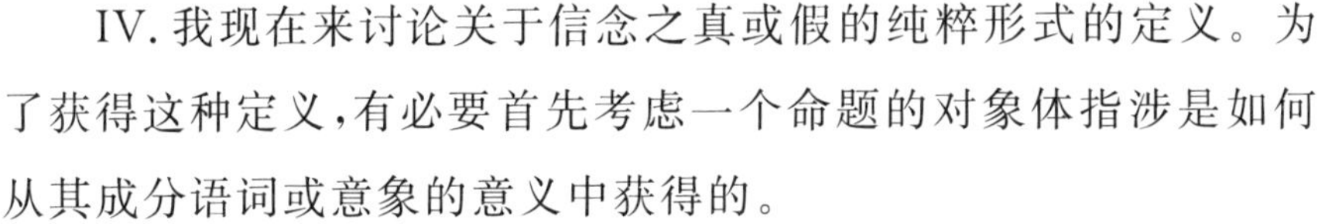

IV. 我现在来讨论关于信念之真或假的纯粹形式的定义。为了获得这种定义，有必要首先考虑一个命题的对象体指涉是如何从其成分语词或意象的意义中获得的。

恰如一个词拥有意义，一个命题因此也拥有一种对象体指涉。一个命题的对象体指涉是其成分语词的意义的一种函数(数学意义上的)。但是，因为具有真或假这种二重性，对象体指涉不同于词的意义。当今天事实上是星期二以及当今天不是星期二时，你 272

都可能相信“今天是星期二”这个命题。假如今天不是星期二，这个事实就是你的信念即今天是星期二的对象体；但在这种情况下，你的信念同这个事实的关系显然不同于今天是星期二的情况下的那种关系。我们可以打个比方说，当今天是星期二时，你的信念即今天是星期二就指向这个事实，而当今天不是星期二时，你的信念就指离这个事实。因而，信念的对象体指涉并非由单纯的事实所决定，而是由信念之朝着或离开这个事实的方向所决定的。[①] 假如在一个星期二，一个人相信那天是星期二，而另一个人相信那天不是星期二，那么他们的信念拥有同一种对象体即今天是星期二这个事实，但是真信念指向这个事实，而假信念指离它。因而，为了定义一个命题的指涉，我们不得不既要考虑对象体，也要考虑所指的方向，即在一个真命题的情况下指向对象体，而在一个假命题的情况下指离对象体。

存在真命题和假命题而非真事实和假事实这一情况，使得这种陈述一个命题的对象体指涉之性质的方式成为必需的。假如今天是星期二，那么并不存在这样一种假的对象体即“今天不是星期二”，它能成为假的信念即“今天不是星期二”的对象体。这就是为什么两种相互矛盾的信念拥有同一种对象体的原因。然而，存在
273 一种实际的不便，即我们不能根据这种定义确定一个命题的对象体指涉，除非我们知道这个命题是真的还是假的。为了避免这种不便，最好采用一种稍有不同的表达方式，并说：“今天是星期二”这个命题的“意义”，就在于指向“今天是星期二”这个事实——假

① 我把看待问题的这种方式归功于我的朋友路德维希·维特根斯坦。

如那是一个事实，或者指离“今天不是星期二”这个事实——假如那是一个事实。“今天不是星期二”这个命题的“意义”将完全与其相反。通过这种假言形式，我们能够提及一个命题的意义而无需要知道它是真的还是假的。根据这种定义，当我们知道什么东西使其为真以及什么东西使其为假时，即使我们不知道它事实上是真的还是假的，我们也将知道它的意义。

一个命题的意义来源于其成分语词的意义。命题是成对出现的，这种成对的命题是通过“并非”这个词的出现或不出现而得到区分的（在简单的情形中）。两个这样的命题拥有同一种对象体，但拥有相反的意义：当一个为真时，另一个为假，而当一个为假时，另一个为真。

真和假的纯粹形式的定义几乎没有呈现出什么困难。所需要的东西是对下述事实的一种形式化的表达：一个命题，当指向其对象体时就是真的，而当指离其对象体时就是假的。在非常简单的情形中，我们能对此进行一种非常简单的描述：我们能说，真命题在某方面实际上类似于它们的对象体，而假命题在那个方面则不类似于其对象体。但是，为此有必要回过头来讨论意象-命题，而不再讨论语词-命题。让我们再次举一个熟悉的房间的记忆-意象
的例子，并且让我们设想，在意象中窗户出现在门的左边。假如窗 274
户事实上就是在门的左边，那么在意象和对象体之间就存在一种符合，并且窗户和门之间的关系和这二者的意象之间的关系是相同的。意象-记忆就在于窗户的意象出现在门的意象的左边。当这是真的时，恰好相同的关系也把对象体的项（即窗户和门）关联起来了，而这种关联所采用的方式和它们所意指的意象之间的关

联方式是一样的。在这种情况下，构成真的符合是非常简单的。

在我们刚刚一直考虑的这种情形中，对象体是由拥有某种关系（左-右关系）的两个部分组成的，而命题则是由恰好拥有相同关系的这两个部分的意象组成的。同一个命题，如果是假的，就会与其对象体之间拥有一种并非那么简单的形式的关系。假如意象-命题是由窗户的意象出现在门的意象的左边所构成的，而事实上窗户却并不在门的左边，那么这个命题并不是单纯地通过把原型替换为意象而得到的。因而，在这种异常简单的情形中，我们可以说，一个真命题在一种形式的意义上“符合”于其对象体，而在同一种意义上，一个假命题并不拥有这样的“符合”。以某种方式来修改这种关于形式符合的概念，以使其具有更广泛的适用性，也许是可能的；但假如这样的话，所需的这些修改将不会是细微的。这样说的理由现在就必须加以考虑。

首先，当用词来代替意象时，我们一直在展现的这种简单符合几乎不可能出现，因为在语词-命题中，关系是用语词来表达的，而
275 语词本身并不是关系。以“苏格拉底早于柏拉图”这样一个命题为例。这里，“早于”这个词恰恰和“苏格拉底”和“柏拉图”这些词一样实在，它意指一种关系，但不是一种关系。因而，使我们的命题为真的对象体是由拥有某种关系的两个项组成的，而我们的命题则是由拥有一种顺序关系的三个项组成的。当然，理论上完全有可能不通过某些词而通过其他词之间的关系，来揭示少数几种挑选出来的关系。“苏格拉底-柏拉图”可以用来意指“苏格拉底早于柏拉图”，“柏拉-苏格拉底-图”可以用来意指“柏拉图生于苏格拉底之前，并死于其后”，如此等等。但是，这样的一种方法的前景是

非常有限度的。据我所知，有的语言可能使用了这种方法，但我并不熟悉这些语言。因此，无论如何，考虑到我们所要表达的关系的多样性，如果没有表示关系的词，任何语言都不能获得长足的发展。但是，一旦我们拥有表示关系的词，相比起它们所指涉的事实，语词-命题必然拥有更多的项，而且因此不能像一些意象-命题一样，简单地与它们的对象体相符合。

对否定命题及否定事实的考虑带来了更进一步的复杂性。一个意象-命题必然是肯定的：我们能够想象窗户在门的左边或门的右边，但对于“窗户不在门的左边”这种单纯否定性的东西，我们不能形成任何意象。我们可以不信由“窗户在门的左边”所表达的意象-命题，并且假如窗户不在门的左边，我们的不信将会是真

的。但对于窗户不在门的左边这个事实，我们不能形成任何意象。276
时常有人企图否认这样的否定事实，但是由于我在别的地方[①]所给出的理由，我认为这些企图是错误的，并且我将假定存在否定事实。

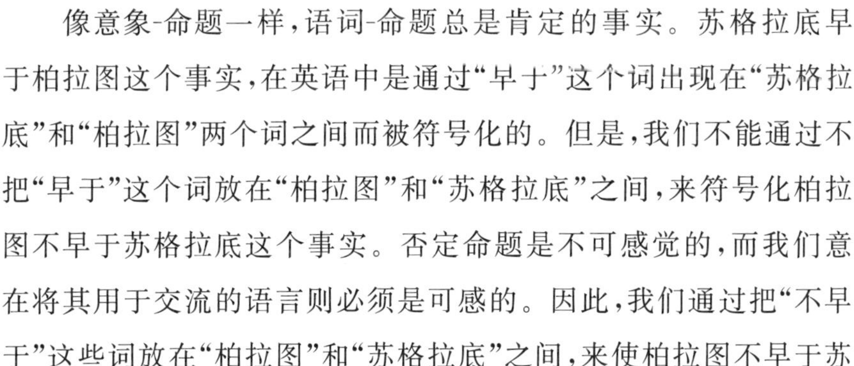

像意象-命题一样，语词-命题总是肯定的事实。苏格拉底早于柏拉图这个事实，在英语中是通过“早于”这个词出现在“苏格拉底”和“柏拉图”两个词之间而被符号化的。但是，我们不能通过不把“早于”这个词放在“柏拉图”和“苏格拉底”之间，来符号化柏拉图不早于苏格拉底这个事实。否定命题是不可感觉的，而我们意在将其用于交流的语言则必须是可感的。因此，我们通过把“不早于”这些词放在“柏拉图”和“苏格拉底”之间，来使柏拉图不早于苏

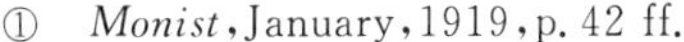

① *Monist*, January, 1919, p. 42 ff.

格拉底这个事实符号化。我们因而获得了一个词系列，这个系列恰和“苏格拉底早于柏拉图”这个词系列一样是肯定的事实。断言否定事实的命题自身就是肯定事实；只不过相比于那些断言肯定事实的命题，它们是不同的肯定事实。

因而，就肯定和否定的对立而言，依照我们是讨论事实、意象-命题还是语词-命题，我们拥有三种不同类型的二重性。也就是说，我们拥有：

(1)肯定的和否定的事实；

(2)意象-命题：它们可以被人相信，也可以被人怀疑，但不容许有与肯定的及否定的事实相对应的任何内容方面的二重性；

277 (3)语词-命题：它们总是肯定的事实，但有两种类型，一种为肯定的对象体所证实，另一种为否定的对象体所证实。

由于这些复杂性，当涉及否定的事实或者否定的命题时，不可能出现那类最简单的符合。

甚至当我们把自己限定于两个全为意象的项之间的关系时，要形成一个意象-命题，并且该命题中项的关系由意象所具有的同一种关系所代表，也许同样是不可能的。假设我们说“恺撒在福煦(Foch)[①]之前二千年”，那么我们就表达了恺撒和福煦之间的某种时间关系；但是我们不能承认二千年的时间流逝在恺撒的意象和福煦的意象之间。这也许不是一个恰当的例子，因为“之前二千年”不是一种直接的关系。试以一种具有直接关系的情况为例，比

① 福煦(1851～1929)，系法国元帅。——译者注

如说，“太阳比月亮明亮”。我们能够形成日光和月光的意象；并且可能出现这样的情况即日光的意象可能是这两种意象中比较明亮的那一种，但这绝非必要的，也非充分的。暗含于我们的判断中的比较行为，不仅仅在于两种意象——并且其中一种事实上比另一种更明亮——的单纯共存。假如我们要研究当我们作出这个判断时实际发生了什么，那将使我们过分地远离主题。为了表明在这种情形中信念与其对象体的符合比窗户出现在门的左边那种情形中更复杂，我们已经说得够多了，而且这就是所须证明的一切。

尽管存在这些复杂性，但在我们的例子中，造就真的形式符合 278
的一般性质是清楚的。有一类比较简单的命题，即我所说的“原子”命题，这类命题中只有一个表达关系的词；就这类命题而言，假设没有出现“并非”这个词，那么将会证实我们的命题的对象体，是通过用其中的每个词所意指的东西来替换每个词，并用其他的词的意义之间的关系来替换意指这种关系的词而获得的。例如，假如我们的命题是“苏格拉底早于柏拉图”，那么证实它的对象体，是通过用苏格拉底替换“苏格拉底”这个词、用柏拉图替换“柏拉图”这个词，并用出现在苏格拉底与柏拉图之间的早于关系替换“早于”这个词而得到的。假如这种过程的结果是一个事实，那么这个命题就是真的；假如它不是一个事实，那么这个命题就是假的。当我们的命题是“苏格拉底不早于柏拉图”时，真和假的条件是正好颠倒过来的。更复杂的命题可以按照同样的思路来处理。事实上，我们在最后这部分所讨论的纯粹形式的问题，并未呈现任何非常可怕的困难。

我不相信上述的形式化的理论是不正确的，但我确实相信它

是不充分的。例如,它没有对我们为什么偏爱真信念而非假信念作出某种阐明。只有考虑到信念的因果功效以及产生于真信念的反应所具有的更大程度的适当性,这种偏爱才是可解释的。但是,适当性依赖于意图,并且意图因此就成了知识论的一个极其关键的部分。

第十四讲　情感与意志 279

关于本讲的两个主题，我没有什么新的东西可说。我讨论它们，只是为了结束对我的主要论题的讨论。这个主要论题就是：一切精神现象都只是从感觉和意象中构造出来的。

传统上，情感被心理学家视为一类独立的精神事件。当然，我不想否认这个明显的事实，即它们拥有一些使得我们有必要对它们进行专门研究的特征。我所关心的是情感的分析。显然，情感本质上是复杂的，并且我们必须研究它究竟是否包含某种不能还原成感觉、意象及二者之关系的非生理的材料。

尽管我们所特别关心的是情感的分析，但我们将发现，更重要的问题是情感的生理起因。在这个问题上，人们已经做了许多有价值并极有趣的工作，而单纯的情感分析最终证明在某种程度上是无结果的。鉴于这个事实，即我们已经通过其生理的起因定义了知觉、感觉及意象，我们的情感分析问题显然也是与其生理的起 280
因问题有关的。

情感起因问题上的现代观点，肇始于所谓的詹姆士-兰格(James-Lange)理论。詹姆士以下述方式陈述了这种观点（*Psychology*，vol. ii，p. 449）：

“我们思考悲伤、害怕、愤怒以及热爱这类粗糙情感的自然方式是，关于某个事实的精神的知觉激起了被称为情感的精神属性，并且这后一种心灵状态产生了身体上的表现。恰恰相反，我的理论是这样的：身体的变化直接跟随着关于令人激动的事实的知觉，并且当同样的这些变化出现时，我们关于它们的感受**就是**情感（詹姆士对这句话使用了斜体）。常识说，我们失去了财富，我们感到难过，并因而哭泣；我们遇到了一头熊，我们感到害怕，并因而跑开；我们受到了竞争对手的侮辱，我们愤怒，并因而发起进攻。将在这里得到辩护的这个假说指出，这种先后次序是不正确的，一种精神状态不是立即由另一种所导致的，一定先有身体上的表露介乎二者之间，并且更合理的陈述是，我们因为哭泣而感到难过，我们因为进攻而感到愤怒，我们因为颤抖而感到害怕，而不是因为——视具体情况而定——我们感到难过、愤怒或害怕而哭喊、攻击或颤抖。如果身体的状态不是起于知觉，后者在形式上就会是纯粹认识性的，并且是苍白、平淡、缺乏热烈的情感的。”

有大量的文献围绕这个假说而产生。它战胜其早期所遇到的批评以及与谢灵顿（Sherrington）和坎农（Cannon）的现代实验工作之纠纷的历史，由詹姆士·R.安吉尔（James R. Angell）在一篇叫做
281 《结合近来的批评重新考虑詹姆士的情感理论》（A Reconsideration of James's Theory of Emotion in the Light of Recent Criticisms）[①]的文章中充分地陈述了。在这篇文章中，安吉尔为詹姆士的理论进行辩护，并且我认为——尽管我是在胆怯地论述一个我对其几乎没有自信的问题——他的辩护总体上是成功的。

---

① *Psychological Review*，1916.

谢灵顿通过关于狗的实验表明，甚至当在颈部的较低处切断脊髓，从而使内脏与脑的一切联系——除了通过某些颅神经而存在的联系——被割断时，情感的许多通常的标记也会出现在它们的行为中。他提到了各种“有助于揭示与动物在脊髓手术前所曾显示给我们的那些情感同样生动的情感之存在”[①]的记号。他推论说，内脏的生理状况不可能是这类情况下所展示的情感的原因，并且他断定：“我们被迫回到这样的可能性，即情感的内脏表达从属于同精神状态一同出现的脑行为……我们可以和詹姆士一道把内脏的和器官的感觉以及对它们的回忆和联想作为基本情感的促成因素接受下来，但我们必须认为它们加强而非促发了精神失常。”[②]

安吉尔指出，这类情形中的情感展现的原因可能在于过去的经验，后者产生了一些仅需脑的反射弧的刺激作用的习惯。然而，愤怒和某些形式的害怕，他认为，可以在无需脑的情况下得到表现。坎农专门研究了愤怒和害怕，他的工作极其重要。他在其《身 282
体在疼痛、饥饿、害怕及愤怒时的变化》(*Bodily Changes in Pain, Hunger, Fear and Rage*, D. Appleton and Co., 1916)一书中给出了研究结果。

坎农这本书的最有趣部分，在于对肾上腺素分泌所产生的效果的研究。肾上腺素是一种从肾上腺中分泌到血液里的物质。这种东西属于无管腺，它在生理学上及情感方面的功能只是近年来

① 这是安吉尔在其上述的文章中所引用的。

② 这是安吉尔在其上述的文章中所引用的。

才开始为人所了解。坎农发现，疼痛、害怕和愤怒出现在影响肾上腺素供应的环境中，而且人为地注射肾上腺素能（例如）产生一切害怕的征兆。他研究了肾上腺素对身体不同部位所产生的效果；他发现，它导致瞳孔扩大，头发直竖，血管收 ，等等。假如我们把所说的这些部分从身体上移除下来并通过人为的方式使其保持鲜活，那么这些结果仍然可以产生。[①]

假如我正确地理解了坎农，那么他反对詹姆士的主要论证就在于，内脏的相似属性可以伴随不相似的情感，尤其是害怕和恐惧。各种不同的情感都可以使我们哭泣，而且我们因此不能正确地像詹姆士那样说我们“因为哭泣而感到难过”，这是由于我们有时会在感到高兴的时候哭泣。然而，用这个论证来反对詹姆士是起不了决定性作用的，因为我们不能表明不同的情感没有任何内
283 在的差异；而且情况确实不可能是这样的，这就像安吉尔所说（在与前述引文相同的地方）的那样：“害怕和高兴都会引起心脏的颤动，但在一种情况下，我们发现了附属于骨骼的肌肉的高度紧张，而在另一种情况下，我们发现了松弛和通常的微弱的感觉。”

在讨论了谢灵顿和坎农的实验之后，安吉尔得出的结论是：“我因此会认为，就这两位心理学家所提出的批评意见而言，詹姆士的基本主张并不受到实质性的影响。”假如我在这个问题上有必要支持一方，那么我会同意这个结论；但是我认为，可以坚持我关

① 坎农的工作同莫梭（Mosso）的工作并非是没有联系的；后者认为，作为许多实验工作的结果，“情感的处所位于交感神经系统。”戈达德（Goddard）在其 *Psychology of the Normal and Sub-normal*（Kegan Paul，1919），chap. vii and Appendix 中对这两人的工作进行了描述。

于情感分析的观点，同时对于生理问题的那些可疑部分，我们却无需有一种可能不成熟的结论。

根据我们的定义，若詹姆士是正确的，则可认为一种情感包含关于参与其因果作用的内脏的混乱的知觉，而若坎农和谢灵顿是正确的，则可认为一种情感包含关于其外在的刺激的混乱的知觉。这是从第八讲所说的话中得出的结论。我们在那儿把一种知觉定义为外在于脑的一个或多个对象的现象——不管这种现象怎样地不规则。而且，为了成为一个或多个对象的现象，只需所说的这个事件通过一种连续的链条与它们相联结，并且当它们充分地变化时也随之变化。因而，一个精神事件能否称为一种知觉，就取决于我们能否从中推论出某种关于其脑外的原因的东西：假如这样的推论是可能的，所说的这个事件就将处于知觉的定义的范围内；而且，既然这样，根据第八讲的定义，它的非记忆成分就将是感觉。

因而，根据我们的定义，无论情感是由内脏的变化还是由可感对象 284
所导致的，它们都包含感觉的成分。

当然，整体地看，一种情感是某种比知觉复杂得多的东西。一种情感本质上是一种过程，而且只有人们可以称之为情感的横切面的东西才会是——根据詹姆士——关于一种身体状况的知觉，或者（在某些情况下）才会是——根据其对手——关于一种外在对象的知觉。一种情感总体上包含一种动力的成分，比如引起运动的冲动、欲望、愉悦以及痛苦等。根据在第三讲中所采纳的理论，欲望、愉悦和痛苦是过程的特征，而非孤立的成分的特征。一种情感——例如，愤怒——将是某种由知觉及身体的运动（一般说来）所组成的过程。所涉及的欲望、愉悦和痛苦是这个过程的属性，而非这种情感由以组成的材料之孤立的项。假如我们的分析是正确的,那么从我们的立场来看,除了包含在第三讲所考虑过的那些过程中的成分以外,一种情感中的动力成分不包含其他东西。一种情感的成分只是感觉、意象和依据某种方式相互连接起来的身体的运动。有了这个结论,我们就可以离开情感而过渡到对意志的考虑了。

当我们讨论意志问题时,需要加以定义的第一种东西是自愿的运动。我们已经定义了生命的运动,并且我们主张,从行为主义的立场看,不可能在这样的运动中区分出反射的和自愿的运动。
285 不过,确实存在某种区分。当我们在清晨决定起床时,我们随后的运动就是自愿的。另一方面,心脏的跳动是非自愿的:我们既不能导致它,也不能通过我们自己的任何决定来阻止它,除非(例如)通过间接地使用药品。呼吸介于二者之间:我们无需意志的帮忙就能正常地呼吸,但是假如我们愿意的话,我们就能改变或阻止我们的呼吸。

詹姆士(*Psychology*,chap. xxvi)认为,自愿行为的唯一区别性特征在于,它包含一种关于将要被实施的那种运动的观念,而此种观念是由同一种运动在以前某个场合发生时我们所拥有的运动感觉的记忆-意象构成的。他指出,根据这种观点,任何运动,除非先前非自愿地发生过,都不可能成为自愿的。[①]

我看不出有什么理由怀疑这种观点的正确性。因此,我们将说,由运动的感觉所伴随的运动容易为这些感觉的意象所引起,并

---

① *Psychology*,vol. ii,pp. 492~493.

且当它们这样被引起时，它们就被称为自愿的。

显著的意志力有行使，包含某种不只是自愿运动的东西。我所想到的这类东西是深思后的决断。自愿的运动是这种东西的一部分，但并非全部；除了它们之外，还有一种判断即“这是我所要做的”，而在怀疑时亦有一种紧张的感觉，跟随这种紧张感的是我们在决断时所拥有的一种不同的感觉。我看不出有任何理由来设想有任何新的特殊成分；感觉和意象，连同它们的关系及因果律，产生了在分析意志和动觉意象往往引起与其相联系的运动这个事实时似乎所需的一切。在这种显著的意志的起因中，欲望的冲突当 286
然是关键的：在一段时间内将有不相容运动的动觉意象，而跟随其后的唯有据说是所要实施的运动的意象。因而，意志似乎没有为心灵的分析添加新的不可还原的成分。

287 # 第十五讲 精神现象的特征

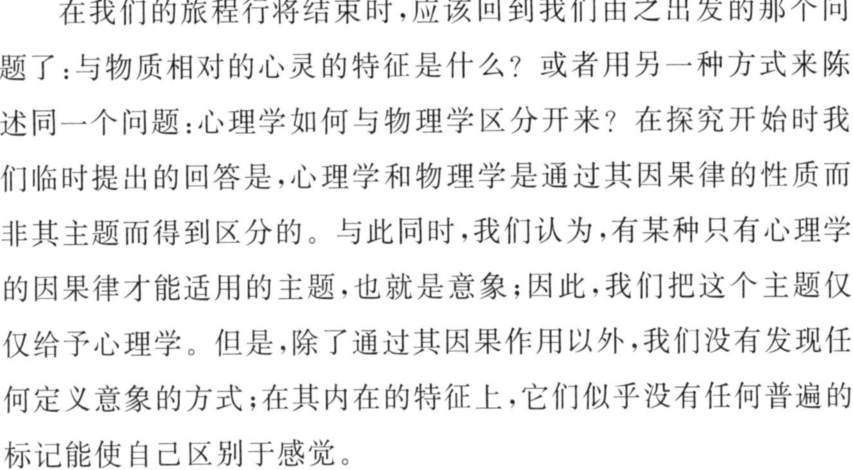

在我们的旅程行将结束时，应该回到我们由之出发的那个问题了：与物质相对的心灵的特征是什么？或者用另一种方式来陈述同一个问题：心理学如何与物理学区分开来？在探究开始时我们临时提出的回答是，心理学和物理学是通过其因果律的性质而非其主题而得到区分的。与此同时，我们认为，有某种只有心理学的因果律才能适用的主题，也就是意象；因此，我们把这个主题仅仅给予心理学。但是，除了通过其因果作用以外，我们没有发现任何定义意象的方式；在其内在的特征上，它们似乎没有任何普遍的标记能使自己区别于感觉。

在这最后一讲中，我打算逐一检查先前提出的种种不同的把心灵从物质中区分出来的方法。因此，我将简要地描述那门基础科学，即我心目中的真正形而上学的性质；在这门科学中，心灵和物质同样地被看作产生于一种中立的材料，此种材料的因果律不具有心理学所具有的那种二重性，但构成了物理学和心理学都可以建立于其上的基础。

288 为寻找“精神现象”的定义，让我们从“意识”开始，这种东西时常被视作心灵的本质。在第一讲中，我进行了种种不同的论证，以反对意识是根本的这种观点，但我没有尝试着说明意识是什么。

假如我们要确定无疑地断定它不是根本的，我们必须为它找到一个定义。正是为了证明它不是根本的，我们现在才必须努力断定它是什么。

那些视其为基本的东西的人，把“意识”看作分布于我们精神生活的一种特征；它有别于感觉、意象、记忆、信念以及欲望，但出现在所有这些东西中。[①] 亨利·黑德博士在我于第三讲所引用的一篇论文中，把感觉从纯粹的生理事件中区分了开来；他说：“严格意义上的感觉需要意识的存在”（第 184 页）。这个陈述乍一看容易让人同意，但我认为，假如我们这样做了，我们就错了。感觉是我们可以意识到的某种东西，但不是我们必须意识到的一种事物。在我们的研究过程中，我们已经不得不承认有无意识的信念及无意识的欲望。就我所能发现的而言，不存在任何每当其发生时我们总会意识到的精神事件或其他事件的类。

要注意的第一件事情是，意识必须是关于某种东西的。考虑到这一点，我应当根据意象或语词同对象的那种关系来定义“意识”，而那种关系在第十一讲中被我们定义为“意义”。当一种感觉
由一种作为其“复制品”的意象所跟随时，我认为就可以说这种意 289
象的存在构成了对这种感觉的意识，假如它是由一种信念所伴随的，并且当我们反思它时，这种信念会使我们觉得这种意象是不同于其自身的某种东西的“符号”。在记忆的情形中，我们用“这出现过”这些词表达过这种信念；在知觉判断的情形中，它使我们相信与当前的感觉相互关联的那些性质，而所说的相互关联类似于（例

① 参见第六讲。

如)触觉性质和视觉性质之间的那种关联。增加某种信念成分似乎是必需的,因为单纯的想象并不包含对某物的意识,而且不可能有任何不是关于某物的意识。假如单纯的意象构成了对其原型的意识,那么事实上拥有原型的想象-意象就会包含对原型的意识;由于情况不是这样的,所以在定义意识时必须把一种信念成分补充到意象中。这种信念一定属于构成过去的或当前的对象体指涉的那一类。根据我们的定义,一种意象,连同与其相关的一种此类信念,构成了对该意象的原型的意识。

但是,当我们从对感觉的意识过渡到对知觉对象的意识时,就出现了某些进一步的问题,它们要求我们对上述的定义作一种补充。我们可以说,一个知觉判断,是由一种感觉的核心连同相伴随的意象,以及关于感觉和意象以某种难以分析的方式去指称的一种对象之当前存在的信念所组成的。也许我们可以说,这种信念
290 根本不是某种当前存在的东西,而类似于一种期待:例如,当我们看见一个对象时,假如我们继续触摸它,我们会期待某些感觉产生。这样的话,知觉就将由一种当前的感觉连同对未来的感觉的某些期待组成。(当然,这是一种反省的分析,而非对知觉由之呈现给未经检查的内省的方式的描述。)但是所有这样的期待都有可能是错误的,因为它们是以通常的而非不可改变的相互关联为基础的。在特殊的情形中,任何这样的相互关联都可能误导我们,例如当我们以为镜中的映象是“实在的”并试图触摸它时,就会是这样的。由于记忆是可错的,在关于过去对象的意识问题上出现了一种相似的困难。说我们能够“意识到”一种并不存在或不曾存在的事物,似乎会是奇怪的。避免此种说法之笨拙的唯一方式,就在

于为我们的定义补充一个限制性条件，即包含在意识中的信念必须是真的。

其次，出现了这样一个问题，即我们能否意识到意象。假如把我们的定义应用到这种情形中，这似乎要求有意象的意象。例如，为了意识到一只猫的意象，根据这个定义的字面意义，我们将需要另一种意象，它是这只猫的意象的复制品，并且它把后者当作了原型。好，作为一个观察的问题，几乎不可能存在同感觉之意象相对的意象之意象。我们可以通过两种方式来对付这个困难：或者勇敢地否认关于意象的意识，或者发现一种意义，在这种意义上，凭借一种不同的伴随信念，一种意象不再意指其原型，而是能够意指同一种原型的另一种意象。

第一种方法否定了关于意象的意识，我们在第六讲中处理内省问题时就已讨论过它了。那时候我们判定，在某种意义上一定 291
有关于意象的意识。因此，在如何处理关于意象的知识的问题上，我们只剩下了第二种方法。根据这第二种假设，同一种原型可以有两种意象，并且其中的一种意指另一种，而不再意指原型。我们将会记住，我们是通过联想来定义意义的：我们说过，一个词或一种意象意指一个对象，当它与对象拥有相同的联想时。但是，我们一定不能过分绝对地解释这个定义：一个词或一种意象不会与其所意指的对象拥有完全一样的联想。“猫”(cat)这个词可以与“席子”(mat)这个词联系在一起，但是除非有偶然的原因，一只猫不会与一张席子联系在一起；而且，类似地，一种意象可以使人产生其原型所不会使人产生的某些联想，例如与“意象”这个词联系在一起。当这些联想起作用时，一种意象意指一种意象，而非意指其

原型。假如我多次拥有一个特定原型的意象，那么在这些意象中，我能意指与其余意象形成对照的其中一种意象，而方法则在于回想那一场合的时间及地点或任何其他的相关物。例如，当一个地点使我们回想起我们先前在那个地点所拥有的某种思想时，这种情况就出现了；所以我们记得一种与其所指涉的事件相对的思想。我们因此可以说，我们想到了意象A，当我们拥有一种相似的意象B，并且B与对同A相关联——而非同A的原型或同一原型的其他意象相关联——的某些情况的回忆联系在一起时。通过这种方法，我们无需任何新的精神内容的储备，而仅仅借助于新的联想，
292 就感到有意象。就我所能发现的而言，无需类似奈特·邓莱普——我们在第六讲中讨论过他的观点——所提出的那类极端措施，这种理论就解决了关于内省知识的问题。

根据我们所讲过的，感觉自身不是意识，尽管倾向于紧接在感觉之后出现的当下的记忆是意识。一种被记住的感觉，一旦开始被记住时，就成了意识的对象；它通常几乎是在刚刚出现（假如终究出现了）之后就开始被记住了，但是当它存在时，它并不是意识的一个对象。然而，假如它是关于——比如说——某个熟人的一种知觉的一部分，那么我们可以说，被感知到的这个人并不是意识的一个对象；这是因为，在这种情况下，感觉是被感知到的这个对象的一个符号，这几乎就像一种记忆-意象是一个被记得的对象的符号一样。“意识”和“思想”的基本的实际的功能在于，它们能使我们针对时空中遥远的东西而作出行动，即使那种东西当前并没有刺激我们的感官。通过联想与习惯，对未出现的对象的这种指涉是可能的。实际的感觉本身并不是意识，因为它们没有指涉未

出现的东西。但是，它们与意识的联系是非常密切的，这种联系既是通过当下的记忆，也是通过把感觉转换为知觉的那些相互关联而发生的。

我相信，为了表明意识因太过复杂和偶然以致不能被视作心灵的基本特征，我已经说得够多了。我们已经看到，信念和意象都是意识的组成部分。就像我们在先前的一讲中所看到的那样，信念本身是复杂的。因此，假如我们的意识分析暗示着某种关于心灵的定义，那么意象就是我们会自然而然地联想到的东西。但是，293
由于我们发现意象只能通过因果联系来定义，若非联系物理学与心理学的因果律之间的差别，我们就无法讨论这种联想。

我接下来开始讨论产生自记忆的因果关系的精神现象的那些特征。针对没有明显出现的东西而作出行动的可能性，可以视作心灵的一个特征。我们先试举一个非常简单的例子。假设你夜间待在一个熟悉的房间中，并且灯突然息了。你无需费很多力气而凭借你头脑中所拥有的这个房间的印象，就将能够摸索到门口。在这种情况下，视觉意象确实以某种并不完美的方式，服务于原本为视觉所服务的意图。刺激视觉意象生成的东西就是走出房间的欲望，而根据我们在第三讲中的发现，欲望本质上是由当前的感觉以及由它们所导致的运动冲动所组成的。还有，听到的或看到的词能使你针对它们提供了关于其知识的事情而作出行动；这里，一种当前的明显的刺激，凭借过去形成的习惯，又能使你以某种适合于一个没有明显出现的对象的方式而作出行动。“思想”的实际功效的全部本质就在于对符号的敏感性：作为 B 的当前的或未来的存在的一种符号，A 的可感的出现能使我们以一种适合于 B 的方

式作出行动。关于这一点，词是最好的例子，因为它们作为符号时的效果是巨大的，而它们独自作为可感事件时的内在吸引力通常是非常微弱的。

294 符号在起作用时可以为或者可以不为意识所伴随。假如一种可感的刺激 A 唤起了 B 的一种意象，并且我们因此针对 B 而作出行动，那么我们就拥有了可称为关于 B 的意识的东西。但是，一旦 A 出现时，习惯能使我们以一种适合于 B 的方式作出行动，而确实无需拥有 B 的一种意象。在这种情况下，尽管 A 是作为一个符号在起作用的，但它并未得到意识的帮忙。一般说来，一种非常熟悉的符号倾向于以这种方式直接地起作用，意识的干预标志着一种没有得到完善地确立的习惯。

人和动物的特征在于其获得经验的力量；这种力量是下述一般规律的一个例子：在记忆的因果关系中，原因的单元不是处于某一时间的一个事件，而是处于两个或更多时间中的两个或更多事件。[①] 烧伤过的孩子怕火，也就是说，一个有过烧伤感觉的孩子，相比于未曾有过这种感觉的孩子，接近火会对他产生一种不同的结果。更正确地说，当被烧伤过的孩子接近火时，所观察到的结果不仅仅是以接近火作为原因的，而且是以接近火连同先前的烧伤经验作为原因的。当一个动物已经通过某个事件 A 而获得经验时，一般的规律是，如果 B 在未来的某个时间出现，那么已经历过 A 的动物，相比于没有经历过 A 的动物，将会以不同的方式作出行动。因而，我们必须把 A 和 B 共同地——而非单独把其中

① 参见第四讲。

之一——视作这个动物的行为的原因，除非我们考虑到 A 在改变该动物的神经组织方面所产生的结果——但除了在非常特殊的情况下，这样的结果对于外在的观察而言并不显著。伴随着这种可能性，我们被带回到了因果律，以及这样的提示，即许多本质上看 295
似精神领域的事物其实是神经方面的。也许正是神经而非心灵获得了经验。假如这样的话，获取经验的可能性就不能用来定义心灵。[①]

非常相似的考虑也适用于记忆，假如记忆被视作心灵的本质。回忆是由现在所发生的某件事情引起的，但它不同于在被回忆的事件未曾发生的情况下当前事件将会产生的效果。这可以由过去事件对脑所产生的物理的效果来解释；比起产生于一种不同经验的脑，这种效果使得它成了一种不同的工具。因此，记忆的因果的特征可以有一种生理学的解释。这种可能性使我们重新面对每一类特殊的精神现象。假如心理学终究是一门独立的科学，我们必须为这种独立性另寻一种比我们迄今为止所考虑过的更广泛的根据。

我们已经发现，“意识”因太过狭窄而不成为精神现象的特征，而记忆的因果关系又太宽泛了。我现在来讨论一种特征，这种特征尽管难以定义，但离我们所需要的东西要近得多，那就是主观性。

我们曾在第七讲中联系知觉的定义，考虑过作为心理现象的一种特征的主观性。我们在那儿断定，构成物理世界的殊相可以通过两种方式被归并为集合，一种方式把所有作为来自不同地点

① 参见第四讲。

的一个给定事物之现象的殊相全部集成一束，而另一种方式把所
296 有作为来自一个给定地点的不同事物之现象的殊相全部集成一束。一个给定时间中的后面这类殊相束被称为一种“视景”；若从一个整个的时间段来考虑，它就被称为一部“个体历史”。主观性是视景和个体历史的特征，这种特征就在于给出了从某一地点所看到的世界。我们在第七讲中看到，这种特征并不包含通常与诸如意识、经验及记忆之类的精神现象联系在一起的任何其他特征；事实上，我们发现，一种照相底版，以及严格说来与那些拥有第七讲所定义的那种意义上的同一个被动“地点”的殊相一起被考虑的任何殊相，都展示了这种特征。形成一种视景的那些殊相主要是通过同时性而联系在一起的，而形成一部个体历史的那些殊相主要是因为它们之间拥有直接的时间关系而联系在一起的。获自透视律的种种关系将会被补充到这些殊相中间。就像通常所理解的那样，在所有这一切中，我们显然并未处于心理学的领域，但是我们也几乎并不处于物理学的领域。而且，视景和个体历史的定义，尽管并不产生通常所谓的“精神的”东西，却是精神现象存在的前提；例如，它就作为前提预设在记忆的因果关系中：记忆的因果关系产生西蒙所谓的记忆痕迹，在这种关系中，原因的单元是一种视景的全部——并非任何一种视景的全部，而是出现在一个有神经组织（或者至少是某种活性组织）的地点的一种视景的全部。就像我们看到的，知觉也只能通过视景来定义。因而，主观性概念，即关于一种殊相的“被动的”地点的概念，尽管单独看来并不足以定义心灵，但却明显是这个定义的一个基本成分。

297 在这些讲演中，我始终认为，就内在性质而言，心理学的材料

与物理学的材料没有什么差异。我认为，感觉是心理学的材料，也同样是物理学的材料，而意象在某种意义上可以仅仅是心理学的材料，并且只能通过它们之间的相互关联而非通过它们本身所是的东西从感觉中区分出来。然而，现在有必要考察“材料”的概念，并获得——假如有可能的话——这个概念的定义。

“材料”这个概念在全部科学中都是常见的，并且科学人士处理起这个概念来通常让人觉得它似乎是完全清晰的。另一方面，心理学家在这个概念中发现了极大的麻烦。“材料”自然而然地是通过知识论而得到定义的：材料就是那些无需论证我们就能知其为真的命题，因此它们可以用作证明其他命题的前提。而且，当一个作为材料的命题断言某种事物存在时，我们就说这某种事物和断言其存在的命题都是一种材料。因而，我们通过知觉而肯定其存在的那些对象都被说成是材料。

要把“材料”的这种认识论的定义与我们对知识的心理学分析联系起来，是存在某种困难的；但是，直到我们获得了这样的一种联系，我们才有权使用“材料”概念。

首先，明显不可能有离开信念的材料。一种仅仅自生自灭的感觉并不是材料，只有被人记住时它才成为一种材料。类似地，在知觉方面，除非我们拥有知觉判断，否则我们也不会拥有材料。当对象（与命题形成了对照）是材料时，说我们所意识到的那些对象 298
也是材料似乎是自然的。但是，就如我们所看到的那样，意识是一个复杂的概念，它既涉及信念，也涉及知觉和记忆所需要的那些记忆现象。因而可以断定，任何材料在理论上都不是不可怀疑的，因为任何信念都不是不可错的；也可以断定，每一种材料都有一种或多或少的模糊性，因为在记忆及意象的意义方面总有某种模糊性。

材料并不是我们在时间上最早意识到的那些事物。从我们有能力思考之后，在生命的每一阶段，都有一些信念是通过推论而获得的，而另外一些则不是的。一个信念可以从其中的一类转入另一类，并因而可以成为或者不再成为提供材料的信念。在以下的论述中，当我说到材料时，我不是指在科学研究开始前我们对其感到确信的那些事物，而是指当一门科学得以充分发展时作为向这门科学的其他部分提供根据的东西而出现的那些事物，并且它们自己无需根据观察以外的任何理由而被人相信。这就是说，我假定了一个经过训练的并具有分析的注意力的观察者，他了解将要被寻找的那类事物以及将会具有重要性的那类事物。在他已经达到的科学阶段，他所观察到的东西是他的科学的一种材料。这种材料正与他在其基础上建立起来的那些理论一样先进和精致，因为只有经过训练而来的习惯以及更多的实践才能使一个人作出这种将会在科学上具有启发意义的观察。不过，一旦它已被观察到时，他之相信它就不再是基于推论和推理，而只是因为他已经看到过了它。在这方面，材料的逻辑地位不同于通过它而得到证明的那些理论的地位。

299 在不同于心理学的任何一门科学中，材料都主要是知觉，而在知觉中，最终并且在理论上，唯有其感觉的核心才是材料，尽管一些把感觉转变为知觉的添加物实际上是不可避免的。但是，如果我们假定了一个理想的观察者，那么他将能够分离出这种感觉，并把它单独作为一种材料来对待。因此，在一种重要的意义上，我们可以说，如果我们尽到了本应尽到的力量去分析，那么心理学之外

的材料也是由感觉组成的，而这些感觉自身包含某些空间的及时间的关系。

把这种看法应用于生理学，我们发现，作为物理对象的神经和脑并不是真正的材料；在科学的理想结构中，它们将会由生理学家据说由之感知到它们的那些感觉来代替。从这些感觉通往作为物理对象的神经和脑的通道，其实属于物理学理论的起步阶段，并且应该被置于论证的部分，而不应放在被设想为观察的部分。说我们看见了神经，类似于说我们听到了夜莺；两者都是方便但并不准确的表达。我们听到的是一种声音，我们相信这种声音因果地与夜莺联系在一起；并且我们看见的是一种景象，我们相信这种景象因果地与一种神经联系在一起。但在每种情况下，严格说来，唯有感觉才应该被称为材料。现在，感觉当然是心理学的材料。因此，物理科学的所有材料也都是心理学的材料。仍然有待探询的是，心理学的所有材料是否也都是物理科学——尤其是生理学——的材料。

假如我们的心灵分析是正确的，那么心理学的终极材料只是感觉、意象以及它们的关系。信念、欲望及意志力等等在我们看来 300
都是复杂的现象，并且是由以各种方式相互关联起来的感觉和意象组成的。因而，似乎明显地最具精神特性并最远离物理学的事件（除了某些关系外），就如物理对象一样，也是构造和推论出来的，而非理想科学的原始材料库的一部分。因此，从两端出发，物理学和心理学材料的差别就 小了。最终会没有差别吗？或者说，意象依然不可还原地并唯一地属于心理学吗？考虑到我们对意象和感觉之间的差异所下的因果的定义，这把我们带到了一个

新的问题，即：心理学的因果律不同于任何其他科学的因果律吗？或者说，它们真的属于心理学吗？

在这个问题能得到充分地讨论之前，我们必须清除某些含糊之处。

首先，粗略而又近似的规律与看似精确和一般的规律之间是有区别的。我很快就会回来讨论前者，而现在我想讨论后者。

就像在第五讲的末尾所定义的那样，物质是一种逻辑的虚构；它之所以被发明出来，是因为它提供了一种方便的陈述因果律的方法。除了在某些拥有完美的规则的现象（我们不可能拥有关于它们的经验）的情形中，一片物质的实际现象并不是那个由有规则的现象所构成的理想系统——这个系统被界定为所说的物质——的成员。但是，物质毕竟是从其现象中推论出来的，而现象是用来证实物理学定律的。因而，就物理学是一门经验的及可证实的科学而言，它必须假定或者证明从现象到物质的推论一般说来是正
301 当的，并且必须或多或少能说明我们应当期待什么样的现象。正是因为可证实性及经验上对经验的可应用性这个问题，我们才提出如我所主张的这样一种物质理论。从对这个问题的考虑中，我们得出这样的结论：就其是一门经验科学而非一种逻辑的想象而言，物理学所关心的是殊相，这些殊相与心理学所考虑的并被称为感觉的那些殊相恰好属于同一类型。以这种方式来解释的物理学的因果律之所以有别于心理学的因果律，仅仅是因为下面这个事实，即它们把一个殊相与同一片物质的其他殊相而非同一视景中的其他殊相联系到一起了。这就是说，它们把拥有同一个“主动的”地点的殊相归集了起来，而心理学则把拥有同一个“被动的”地

点的殊相归集了起来。一些殊相，比如意象，并不拥有“积极的”地点，因而就唯一地属于心理学。

我们现在能够理解物理学与心理学的区别了。神经和脑是物质：我们看它们时所产生的视觉可以是——而且我认为是——构成此种物质之不规则的现象的系统中的成员，但并不是整个系统。心理学尤其关心的，是我们看见一片物质时所产生的感觉，而不是我们所看见的那片物质。假定——就像我们必须假定的那样——我们的感觉拥有物理的原因，它们的因果律仍然完全不同于物理学定律，因为对一种单一感觉的考虑要求我们拆开它作为其一个成员的那个组。当一种感觉被用来证实物理学时，它仅仅被用作某种物质现象的一个代表(sign)，即它作为其成员的一组殊相的代表；但是，当它为心理学所研究时，它就被从那个组中分离了出
来，并被放入一种完全不同的背景中，在这种背景中，它导致了意 302
象及自愿的运动的产生。主要是这种不同的分组方法，构成了与包括生理学在内的一切物理科学相对照的心理学的特征；一种次要的差别在于，属于心理学的意象不容易被包含在构成一个物理事物或一片物质的那些样形中。

然而，还有一个重要的问题：在断言物理事件并不因果地依赖于精神事件的意义上，精神事件因果地依赖于物理事件吗？在我们能够讨论这个问题的答案之前，我们必须首先弄清我们的问题是什么。

当给定了A，就有可能推出B，而给定了B，则不可能推出A时，我们就说，B在某种意义上依赖于A，而A并不在同一种意义上依赖于B。用逻辑的方式来陈述，这就等于说，当我们知道A

对 B 的一种多对一的关系时，B 就在这种关系方面依赖于 A。假如这种关系是一种因果律，我们就说 B 因果地依赖于 A。我们主要关心的例子是一个物理对象的现象系统。一般说来，我们能够从近处的现象推知远处的现象，但反过来不行。当处于一英里之远时，所有的人看起来都是相似的，因此当我们看见一英里以外的一个人时，我们不能说出他离我们只有一码之远时看起来将会是什么样子。但是，当我们看见他在一码之远时，我们能说出他处于一英里之远时看起来将是什么样子。因而，近处的景观给了我们更有价值的信息，并且远处的景观在某种意义上因果地依赖于近处的景观，而近处的景观并不同一种意义上因果地依赖于远处的景观。

303 正是近处的现象所拥有的这种更大的因果效能，才使物理学根据最近处的现象愈益与其接近的那些规则现象所构成的系统来陈述其因果律，并使其看重获自显微镜或望远镜的信息。被视为物理对象之不规则现象的感觉，显然具有这种属于相对遥远的现象的因果依赖性；因此，在我们的感觉生活中，我们因果地依赖于物理学的定律。

然而，这并不是我们问题中最重要或最有趣的部分。意象的因果关系才是关键的。我们已经看到，它们取决于记忆的因果关系，而后者可以还原到神经组织中通常的物理的因果关系。对于这个问题，我们的态度必须转向所谓的唯物论。唯物论的一种意义就在于它认为，在上述所定义的因果依赖性的意义上，所有精神现象都因果地依赖于物理现象。至于情况是否如此，我并不声称自己知道。在我看来，这个问题就是在问记忆的因果关系是否是终极的,而我们在第四讲中已经考虑过该问题了,但没有做出结论。但是,我认为大部分的证据都指向了更具可能性的唯物论的答案。

在考虑心理学的因果律时,把大致的归纳和准确的规律区分开来是重要的。心理学中有许多大致的归纳,它们分为两类,一类支配我们相互间的日常行为,另一类近乎科学归纳。习惯和联想就属于这样的规律。我将给出我们所能获得的这类规律的一个例
子。假设一个人频繁地在非常靠近的时间中经验到 A 和 B,一种 304
联系就将在思想中被建立起来,以至于 A 或 A 的一种意象容易引起 B 的一种意象。这就出现了一个问题:这种联想将在两个方向上活动,拟或只在从先出现的东西到后出现的东西这个方向上活动?沃尔格穆斯先生在一篇叫作“联想的方向”(The Direction of Association)(*British Journal of Psychology*, vol. v, part iv, March,1913)的论文中,声称通过实验证实了下述这样的观点:就运动记忆(即动作记忆)而言,联想只在从先到后这样的方向上活动,然而在视觉和听觉的记忆中情况不是这样的,而是两种靠近的经验中的后者可以使人想起前者,就像前者可以使人想起后者一样。有人提出,运动记忆是生理的,而视觉和听觉记忆更真正地是心理的。但在这个例子中,这并不是我们所关心的核心问题。我们所关心的核心问题在于,通过纯粹的心理观察所建立起来的联想律是纯粹的心理学定律,并在发现这样的规律方面可以充当可能的东西的一个样本。然而,它依然只不过是一种大致的归纳,即一种统计学上意义的平均数。它不能告诉我们,在一个特定的场合从一种特定的原因中可以产生什么结果。它是一种倾向性的规律,而不是物理学定律所欲成为的那类精确而又不变的规律。

假如我们希望从作为一种倾向和平均数陈述出来的习惯规律过渡到某种更精确的和不可改变的东西，我们似乎被引至神经系统。我们或多或少地能猜测到一个事件如何使脑产生一种变化，
305 并且它的重复又如何逐渐地产生某种类似于河道——水沿着河道要比在邻近的通道中更容易流动——的东西。我们能感觉到，如果我们在这方面拥有更多的知识，那么通过重复而形成习惯的倾向，可以用对使得习惯终会从中形成的此种改变的过程中的每个事件之效果的精确描述来代替。正是这样的考虑使得心理-生理学研究者们在方法上成为唯物论的。当然，有一些例外，例如J. S. 霍尔丹教授[1]就认为，从理论上看，不可能获得关于精神现象的生理学解释，或者生理现象的物理学解释。但我认为，大部分的专家的意见实际上处于另一面。

是否有可能获得精确的因果律，并且其中的原因是心理的而非物质的，是一个细致研究的问题。我已尽我所能地弄清了这个问题的性质，但我认为迄今为止仍不可能带着某种自信来回答它。它似乎绝不是一个不可解决的问题，而且我们可以期待科学将来有能力拿出充分的根据，使我们可以认为一种答案比另一种答案的可能性大得多。但是，目前我看不出我们如何能获得一种结论。

然而，我认为，根据第五讲和第七讲中所解释的物质理论，在我们发现是物理学和心理学的决定性差别之所在的地方，对终究发生了什么事——假如可以弄清楚的话——所作的一种终极的科

① 参见他的书：*The New Physiology and Other Addresses*（Charles Griffin & Co.，1919）。

学的描述，将会类似于心理学而非物理学。这也就是说，我认为，这样的一种描述将不会——甚至在形式上——满足于使人觉得本是逻辑虚构的物质好像是最终的实在。我认为，假如我们的科学 306
知识能够胜任这项任务——它既不能胜任也不可能变得能胜任——那么它将会展示构成一个物质单元之一种瞬间状况的那些殊相之间的关联规律，并将会根据这些殊相而非根据物质来陈述世界的因果律。① 我相信，经过如此陈述的因果律将会既适用于心理学，也同样地适用于物理学；它们在其中被陈述的那门科学，将会成功地获得形而上学所徒劳地加以尝试的东西，即对实际发生的事情的一种统一的描述，而这种描述即使不是真理的全部，也将完全是真的，并将不再拥有一切方便的虚构或关于形而上学实体的不合法的假定。一种适用于殊相的因果律将会算作一种物理学的定律，假如它能够根据由规则现象所构成的那些作为物质的虚构系统而得到陈述；而假如情况不是这样的，并且其中的一种殊相是感觉或者意象，即它受制于记忆的因果关系，它就将算作一种心理学的定律。我认为，认识到一个物质单元的复杂性，并把它分析为类似于感觉的成分，对于哲学来说是极其重要的，而且对于在某种意义上理解心灵与物质的关系，即我们的知觉与它们所感知到的世界的关系，也是至关重要的。我坚信，若要寻找许多古老困惑的解决方案，我们就必须朝着这个方向走。

关于精神事件的整个科学，尤其是在其初始定义所涉及的地

① 假如量子理论是正确的，那么在一种理想的科学中，因果律将采用微分方程或有限差分方程的形式。

307 方，很有可能因为这门基本的统一科学的发展而得以简化；而在这门基本的统一科学中，我们所要寻找的是殊相的因果律，而非构成物理学中的物质之单元的那些殊相系统的因果律。在关于原子构造的理论使得化学可从物理学中导出的那种程度上，这门基本的科学也将会使得物理学变成可导出的；它也会使心理学显得不再那样唯一和孤立。假如我们在这一点上是对的，那么正是一种错误的物质哲学导致了心灵哲学中的许多困难，而一种正确的物质哲学将会使这些困难消失。

我们已经得出的结论可以总结如下：

I. 物理学和心理学并不是通过它们的材料而得以区分的。心灵和物质同样都是逻辑的构造；它们由之构造出来或者说从中推论出来的那些殊相拥有各种不同的关系，其中的一些是物理学所研究的，而另外的一些是心理学所研究的。一般说来，物理学通过殊相的主动的地点把殊相归为一组，而心理学通过殊相的被动的地点把殊相归为一组。

II. 因果律自然地被称作心理的，其最基本的两个特征是*主观性和记忆的因果关系*；这些特征不是没有联系的，因为记忆的因果关系中的原因单元是在一个特定时间拥有一个特定的被动地点的一组殊相，而正是通过这种分组方式，主观性才得到了定义。

Ⅲ. 习惯、记忆和思想全都是记忆的因果关系的发展结果。记忆的因果关系很有可能——尽管不是确定的——来自神经（及其他）组织中通常的物理的因果关系。

308 IV. 意识是精神现象的一种复杂的特征，但远非一般的特征。

V. 心灵是一个程度的问题，这种程度主要体现在习惯的数量与复杂性上。

VI. 我们的所有材料，包括物理学的和心理学的，都服从于心理学的因果律；但物理学的因果律，至少是传统物理学中的因果律，只能根据物质来陈述，而物质既是推论的，也是构造的，并且绝非一种材料。在这方面，心理学更接近于实际。

309 索　　引①

（数字表示原书页码，即本书边码）

① 凡本索引中没有标注中文译法的，表示该词仅出现在本书的注释中，且未被译出。——译者注

图书在版编目(CIP)数据

心的分析/(英)伯特兰·罗素著;贾可春译.—北京:商务印书馆,2017
(汉译世界学术名著丛书:120年纪念版:珍藏本)
ISBN 978-7-100-14644-9

Ⅰ.①心… Ⅱ.①伯… ②贾… Ⅲ.①哲学理论—英国—现代 Ⅳ.①B561.54

中国版本图书馆CIP数据核字(2017)第152235号

汉译世界学术名著丛书
(120年纪念版·珍藏本)
心的分析
〔英〕伯特兰·罗素 著
贾可春 译

商 务 印 书 馆 出 版
(北京王府井大街36号 邮政编码100710)
商 务 印 书 馆 发 行
北京松源印刷有限公司印刷
ISBN 978-7-100-14644-9

2017年12月第1版 开本710×1000 1/16
2017年12月北京第1次印刷 印张18
定价:90.00元